U0861655

国家级技工教育规划教材
全国技工院校医药类专业教材

医药物流实务

厉　欢　闫四清　主编

中国劳动社会保障出版社

图书在版编目（CIP）数据

医药物流实务/厉欢，闫四清主编．--北京：中国劳动社会保障出版社，2023
全国技工院校医药类专业教材
ISBN 978－7－5167－5856－4

Ⅰ．①医…　Ⅱ．①厉…　②闫…　Ⅲ．①药品－物流管理－技工学校－教材　Ⅳ．①F724.73

中国国家版本馆 CIP 数据核字（2023）第 096500 号

中国劳动社会保障出版社出版发行

（北京市惠新东街 1 号　邮政编码：100029）

*

北京市科星印刷有限责任公司印刷装订　　新华书店经销

787 毫米×1092 毫米　16 开本　15.25 印张　327 千字
2023 年 6 月第 1 版　　2023 年 6 月第 1 次印刷

定价：44.00 元

营销中心电话：400－606－6496
出版社网址：http://www.class.com.cn

《医药物流实务》编审委员会

主　　编　厉　欢　闫四清

副 主 编　房茂林　杨维桢　宋　楠　黄晟盛

编　　者　**（以姓氏笔画为序）**

厉　欢（河南医药健康技师学院）

皮丽芳（江西省医药技师学院）

刘津华（河南医药健康技师学院）

闫四清（杭州第一技师学院）

杨维桢（杭州第一技师学院）

宋　楠（河南医药健康技师学院）

周琳杰（杭州第一技师学院）

房茂林（河南医药健康技师学院）

黄晟盛（杭州第一技师学院）

谭彦琦（湖南食品药品职业学院）

主　　审　**（以姓氏笔画为序）**

张晓军（杭州第一技师学院）

鲁燕君（江西省医药技师学院）

滕　晟［国药集团先进（上海）医疗器械有限公司］

总前言

为了深入贯彻党的二十大精神和习近平总书记关于大力发展技工教育的重要指示精神，落实中共中央办公厅、国务院办公厅印发的《关于推动现代职业教育高质量发展的意见》，推进技工教育高质量发展，全面推进技工院校工学一体化人才培养模式改革，适应技工院校教学模式改革创新，同时为更好地适应技工院校医药类专业的教学要求，全面提升教学质量，我们组织有关学校的一线教师和行业、企业专家，在充分调研企业生产和学校教学情况、广泛听取教师意见的基础上，吸收和借鉴各地技工院校教学改革的成功经验，组织编写了本套全国技工院校医药类专业教材。

总体来看，本套教材具有以下特色：

第一，坚持知识性、准确性、适用性、先进性，体现专业特点。教材编写过程中，努力做到以市场需求为导向，根据医药行业发展现状和趋势，合理选择教材内容，做到“适用、管用、够用”。同时，在严格执行国家有关技术标准的基础上，尽可能多地在教材中介绍医药行业的新知识、新技术、新工艺和新设备，突出教材的先进性。

第二，突出职业教育特色，重视实践能力的培养。以职业能力为本位，根据医药专业毕业生所从事职业的实际需要，适当调整专业知识的深度和难度，合理确定学生应具备的知识结构和能力结构。同时，进一步加强实践性教学的内容，以满足企业对技能型人才的要求。

第三，创新教材编写模式，激发学生学习兴趣。按照教学规律和学生的认知规律，合理安排教材内容，并注重利用图表、实物照片辅助讲解知识点和技能点，为学生营造生动、直观的学习环境。部分教材采用工作手册式、新型活页式，全流程体现产教融合、校企合作，实现理论知识与企业岗位标准、技能要求的高度融合。部分教材在印刷工艺上采用了四色印刷，增强了教材的表现力。

本套教材配有习题册和多媒体电子课件等教学资源，方便教师上课使用，可以通过技工教育网（http://jg.class.com.cn）下载。另外，在部分教材中针对教学重点和难点制作了演示视频、音频等多媒体素材，学生可扫描二维码在线观看或收听相应内容。

本套教材的编写工作得到了河南、浙江、山东、江苏、江西、四川、广西、广东等省（自治区）人力资源社会保障厅及有关学校的大力支持，教材编审人员做了大量的工作，在此我们表示诚挚的谢意。同时，恳切希望广大读者对教材提出宝贵的意见和建议。

本书前言

本教材为全国技工院校医药类专业教材之一，根据医药物流实务课程标准的基本要求和课程特点编写而成，是高级工层次医药类专业通用教材。本教材以医药商品流通企业物流工作流程为主线，以《药品经营质量管理规范》及医药商品物流相关法律、法规为依据，以医药商品流通企业相关岗位工作人员所需专业知识和职业能力为核心，引出医药商品物流的基础知识、工作流程和工作要求，紧跟医药商品物流行业发展趋势，引入医药商品物流行业新业态介绍，让使用者熟悉医药商品物流相关的基础知识，掌握医药商品物流工作的基本流程及工作要求，了解医药商品物流新业态的发展趋势，培养使用者的专业知识和职业能力。

本教材内容上涵盖了医药物流概述、医药物流设施设备、医药商品采购、医药商品仓储、医药商品运输、医药商品冷链物流、第三方医药物流与医院院内物流、医药物流和电子商务、医药商品供应链管理九部分内容。本教材由具有丰富实践经验的一线教师参与编写而成，有较强的专业性、实用性和针对性。

本教材由厉欢、闫四清担任主编，并分别负责第四章和第三章编写。谭彦琦参与编写第一章、皮丽芳参与编写第二章、房茂林参与编写第四章、黄晟盛参与编写第五章、杨维桢参与编写第六章、宋楠参与编写第七章、刘津华参与编写第八章、周琳杰参与编写第九章。

本教材在编写过程中，得到了河南医药健康技师学院、杭州第一技师学院、江西省医药技师学院、湖南食品药品职业学院、国药集团先进（上海）医疗器械有限公司等学校和企业的大力支持与帮助，在此一并表示由衷的感谢。

由于编者水平与经验有限，书中难免存在疏漏之处，敬请广大读者批评指正。

编者

2023 年 1 月

目 录

第一章

医药物流概述

导学情景

物流职能环环相扣

云南双鹤医药有限公司是北京双鹤药业股份有限公司这艘医药航母部署在西南战区的一艘战舰，是一个以市场为核心、以现代医药科技为先导、以金融支持为框架的新型公司，是西南地区经营药品品种较多、较全的医药专业公司。

虽然，云南双鹤医药有限公司已形成规模化的产品生产和网络化的市场销售，但其在流通过程中物流管理严重滞后，造成物流成本居高不下，不能形成价格优势。这严重阻碍了物流服务的开拓与发展，成为公司业务发展的“瓶颈”。装卸搬运活动是衔接物流各环节活动，确保物流正常进行的关键，而云南双鹤医药有限公司恰好忽视了这一点，由于装卸搬运设备的现代化程度低，只有几个小型货架和手推车，大多数作业仍处于人工作业为主的原始状态，工作效率低，且易损坏商品。此外仓库设计的不合理，造成需要进行长距离搬运。并且库内作业流程混乱，形成重复搬运，大约有70%为无效搬运，这种过多的搬运，损坏了商品，也浪费了时间。

§1－1　物流的定义与分类

学习目标

1. 了解物流的概念。
2. 了解物流的起源。
3. 掌握物流的分类方法。

一、物流的起源及定义

1. 物流的起源

物流概念的提出可以追溯到20世纪初。

1901年，格罗威尔在美国政府的《工业委员会关于农场产品配送的报告》中，第一次论述了对农产品配送成本产生影响的各种因素，自此人们开始认识物流。

1918年，英国的哈姆勋爵成立了即时送货股份有限公司，公司的宗旨是在全国范围内，把商品及时送到批发商、零售商以及用户的手中。这一举动被以后的一些物流学者誉为“有关物流活动的早期文献记载”。

1921年，美国经济学家阿奇·萧在《市场流通中的若干问题》一书中提出，物流是与创造需求不同的一个问题，销售过程的物流指的是时间和空间的转移，物资经过时间或空间的转移，会产生附加价值。此时的物流指的是销售过程中的物流，是为了配合销售而进行的相关运输与仓储活动。

1935年，美国销售协会对当时还被称为实体配送的物流概念进行了定义，实体配送是指包含于销售之中的物质资料和服务在从生产地点到消费地点流动的过程中所伴随的种种经济活动。这个概念是有关物流的最早定义，它将物流看成销售过程中的一个环节，从属于销售，强调了与产品销售有关的输出物流，没有包括输入物流环节。

第二次世界大战后，西方经济进入大量生产与销售时期，后勤管理的理念和方法开始被引入工业部门和商业部门，被人们称为“工业后勤”和“商业后勤”，实体配送的概念也逐渐被物流取代。

在20世纪50年代到70年代，由于人们研究的对象主要是与商品销售有关的物流活动，是实物流通过程中的商品实体运动，因此，对于物流概念通常采用的是“physical distribution”一词。1963年，美国物流管理协会对物流的定义是：为计划、实施和控制原材料、在制品库存及制成品从起源地到消费地的有效率的流动而进行的两种或多种活动的集成。这些活动包括顾客服务、需求预测、交通、库存控制、物流搬运、订货处理、零件及服务支持、工厂及仓库选址、采购、包装、退货处理、废弃物回收、运输、仓储管理。

1985年，美国物流管理协会对物流定义进行了修订，将原定义中的“原材料、在制品、制成品”修改为“货物、服务”。这大大拓展了物流的内涵与外延，既包括生产物流，也包括服务物流。同年，美国物流管理协会将物流定义为：为了迎合顾客的需要所发生的从生产地到销售地的货物、服务以及相关信息的流动过程，以及为使保管能有效、低成本而进行的计划、实施和控制行为。

随着市场竞争的加剧和企业运营理念的变化，人们对物流的认识进一步深入。1998年，美国物流管理协会对物流的最新定义是：物流是供应链流程的一部分，是为满足客户需求而对货物、服务及相关信息从原产地到消费地的正向和反向的有效率、有效益的流动与储存，进行计划、实施与控制的过程。

这一新定义，不仅把物流纳入了企业间互相协作关系的管理范畴，而且要求企业在更广阔的背景下考虑自身的物流运作，不仅要考虑自己的客户，而且要考虑自己的供应商；不仅要考虑客户的客户，而且要考虑供应商的供应商；不仅要致力于降低某项具体物流作业的成本，而且要考虑使整个供应链流程的总成本最低。这个定义反映了随着供应链管理（supply chain management）对供应链设计的全部活动进行计划、组织、协调与控制思想的出现，美国物流界对物流的认识更加深入，强调物流是供应链流程的一部分。

在我国，孙中山先生就曾主张“货畅其流”，可以说是我国物流思想的起源。而开始使用物流一词，始于1979年。同年6月，我国物资工作者代表团赴日本参加第三届国际物流会议，回国后在考察报告中第一次引用和使用“物流”这一术语。曾有人认为物流一词来自国外，准备把“物流中心”称为“储运中心”。其实，储存和运输虽是物流的主体，但物流还有更广的外延。物流作为“实体流通”的简称，既科学合理，又确切易懂。

1989年4月，第八届国际物流会议在北京召开，物流一词开始正式在我国使用。

2. 物流的定义

中华人民共和国国家标准《物流术语》（GB/T 18354—2021）中对物流的定义是：根据实际需要，将运输、储存、装卸、搬运、包装、流通加工、配送、信息处理等基本功能实施有机结合，使物品从供应地向接收地进行实体流动的过程。

1998年美国物流管理协会对物流进行了最新定义。

日本通商产业省运输综合研究所《物流手册》中提出，物流是将货物由供应者向需求者的物理移动，它由一系列创造时间价值和空间价值的经济活动组成，包括运输、保管、包装、装卸、流通加工、配送及物流信息处理等多项基本活动。

联合国物流委员会1999年对物流作出的新界定指出，物流是为了满足消费者需要而进行的从起点到终点的原材料、中间过程库存、最终产品和相关信息有效流动和存储计划、实施和控制管理的过程。

因此，物流是指为了满足客户需要，以最低的成本，通过运输、保管、配送等方式，实现原材料、半成品、成品及相关信息由商品产地到商品消费地所进行的计划、实施和管理的全过程。物流一般由对商品的运输、仓储、包装、搬运装卸、流通加工，以及相关物流信息处理等环节构成，是对各个环节进行综合和复合化后所形成的最优系统。对物流的管理就是如何按时、按质、按量且以最低成本费用把所需的材料、商品运到生产和流通领域中任何一个所需要的地方，以满足人们对商品在空间和时间上的需求。

【知识链接】

中华人民共和国国家标准《物流术语》（GB/T 18354—2021）

物流是个高速发展的行业。随着经济的迅速发展和高新技术的不断涌现，物流界对物流活动的认识不断提高，对物流术语的定义、范围有了新的要求，继而赋予它更新、更深的内涵和全新的概念。物流业由此进入了一个标准化、规范化的发展阶段。

由全国物流标准化技术委员会提出、中国物流与采购联合会等单位起草的《物流术语》（GB/T 18354—2021），规范了我国当前物流业发展中的基本概念，以适应物流业规范化发展和国际接轨的需要。

该标准界定了物流活动中的物流基础术语、物流作业服务术语、物流技术与设施设备术语、物流信息术语、物流管理术语、国际物流术语及其定义等，适用于物流及相关领域的信息处理和信息交换。

二、物流的分类

物流的分类方法很多，按空间可分为国际物流、区域物流、国内物流和地区物流；按性质可分为社会物流、行业物流和企业物流；按物流在社会再生产中的作用可分为宏观物流和微观物流；按物流过程可分为采购物流、生产物流、销售物流、废弃物物流和回收物流等。

按物流过程分类主要是对企业物流进行分类，企业物流是以购进生产所需的原材料、设备为起点，经过劳动加工形成新的产品，然后供应给社会需要部门为终点的全过程。

1. 采购物流

采购物流是指包括原材料等一切生产物资的采购、进货运输、仓储、库存管理、用料管理和供应管理，也称为原材料采购物流。它是生产物流系统中独立性较强的子系统，并且和生产系统、财务系统等生产企业各部门以及企业外部的资源市场、运输部门有着密切联系。

采购物流是企业为保证生产节奏，不断组织原材料、零部件、燃料、辅助材料供应的物流活动，这种活动对企业生产的正常高效进行发挥着保障作用。采购物流要实现保证供应的目标，而且要在低成本、少消耗、高可靠性的限制条件下来组织采购物流活动，因此难度很大。

2. 生产物流

生产物流是指企业生产过程中的原材料、在制品、半成品、产成品等的物流活动，包括生产计划与控制、厂内运输（搬运）、在制品仓储与管理等活动。

3. 销售物流

销售物流是指企业出售商品过程中所发生的物流活动，包括产成品的库存管理、仓储发货运输、订货处理与顾客服务等活动。

4. 废弃物物流

废弃物物流是指经济活动中失去原有使用价值的物品，根据实际需要进行收集、分类、加工、包装、搬运、储存等，并分送到专门处理场所的物流活动。

5. 回收物流

回收物流是指退货、返修商品和周转使用的包装容器等从需求方返回供应方所引发的物流活动。

§1－2　物流活动的构成要素

学习目标

1. 了解运输、存货管理、装卸搬运、配送、包装、流通加工及信息管理的基本概念、基本内涵。

2. 了解物流活动构成要素在物流中的地位和作用。

3. 掌握物流活动构成要素的实践应用。

物流的基本职能活动，包括运输、存货管理、装卸搬运、配送、包装、流通加工以及与其相关的信息管理。它们相互联系，构成物流系统的功能要素。

一、运输

1. 运输概述

《物流术语》（GB/T 18354—2021）对运输（transport）的定义为，利用载运工具、设施设备及人力等运力资源，使货物在较大空间上产生位置移动的活动。

在物流中，运输主要有以下两个职能：其一，实现物质资料的移动，这是运输的基本职能；其二，对物质资料进行短期存储，即运输工具成为物质资料的短期存储场所。

在物流活动中，运输是形成空间效用的主要手段。对运输辅以装卸搬运及配送活动，就能圆满地完成改变物质资料空间状态的全部任务。离开了运输，企业生产所需的庞大的原材料、零部件将供应不上，企业生产出来的产品将无法到达市场，会使企业的生产经营乃至整个国民经济处于停顿状态。

（1）运输的特性

1）运输是生产过程的继续。商品交易的空间障碍造就了对货物运输的需求。商品只有经过运输后才能开始消费，实现商品的效用。因此，运输是生产过程在流通过程内的继续。

2）运输是服务。货物运输属于现代服务业范畴，是为社会生产和消费服务的，其产品就是一种服务。

3）运输具有社会公共事务的特性。运输业是国民经济的纽带，与百姓生活息息相关，对国家的军事战略、公共安全具有不可估量的作用，具有鲜明的社会公共实务的特性。铁路、公路、码头等设施建设需要巨额投资，单一的私人资本不可能完成，需要政府重视运输业，担负起运输设施建设投资和管理的公共职能。

（2）运输的原则

1）及时。按照用户需要的时间把货物送到消费地，或把货物及时运到销售地，尽量缩短货物的在途时间。

2）准确。在货物运输过程中，切实预防各种差错事故发生，做到不错不乱，准确无误地完成运输任务。

3）经济。以最经济的方法调运货物，降低运输成本。

4）安全。在货物运输过程中，保证工作人员的人身安全和所运货物的财产安全。

（3）运输系统的基本要素

1）运输对象。运输对象统称为货物。根据货物对运输、装卸和储存的环境和技术要求，货物可以分为成件物品、散碎物品、液态物品、超长超重物品等。

2）运输手段。主要包括运输工具、运输线路（通道）、运输站点及配套设施等。

3）运输参与者。运输是物流活动，活动的主体就是参与者，活动的作用对象是货物客体。货物可能属于参与者，也可能不属于参与者。运输必须由货主和运输参与者共同参与才能进行。

【知识链接】

国家高速公路网规划

《国家高速公路网规划》（以下简称《规划》）于2004年经国务院审议通过，这是我国历史上第一个“终极”的高速公路骨架布局，同时也是我国公路网中最高层次的公路通道。《规划》采用放射线与纵横网格相结合的布局方案，形成由中心城市向外放射以及横贯东西、纵贯南北的大通道，其由7条首都放射线、9条南北纵向线和18条东西横向线组成，简称“7918网”，总规模约8.5万千米，其中，主线约6.8万千米，地区环线、联络线等其他路线约1.7万千米。

2. 运输方式

运输方式主要有五种：铁路运输、公路运输、水路运输、航空运输和管道运输。每种运输方式各有作用，掌握其各自的特点，有利于选择合适的运输方式，提高运输管理的效果。

（1）铁路运输

铁路运输是在相对固定的列车线路上，利用铁路设施、设备进行运送的一种运输方式。从1825年第一条铁路在英国诞生起，到19世纪后半期，全球都大量建设铁路。铁路运输主要承担中长距离、大批量的货运。在缺乏水路运输条件的地区，几乎所有大批量货物的长距离运输都依靠铁路运输。在发达国家，铁路运输是陆上货物运输的主力军。

1）铁路运输的优缺点

①铁路运输的优点：连续性好，运行速度较快，运输能力强，受自然条件限制较小；运行比较平稳，安全可靠，到发时间准确性较高；平均运距较长，能耗较少，成本较低。

②铁路运输的缺点：工程量大，建设周期较长，投资额高；灵活性较差。

由此可见，铁路适合于内陆地区运送中长距离、大运量、时间性强、可靠性要求高的一般货物和特种货物。从投资效果看，在运输量比较大的地区之间建设铁路比较合理。

2）铁路运输办理种类。根据发货人托运的货物数量、性质、体积、状态等条件，铁路运输办理种类有整车运输、零担运输和集装箱运输。

①整车运输，是指托运一个批次货物至少占用一节货车车厢进行的铁路运输。一批货物的质量、体积、形状或性质，需要一节或一节以上的货车车厢装运的，应按整车运输方式办理运输。

②零担运输，是指一张货物运单（一批）托运的货物质量或容积不够装一节货车车厢的铁路运输（即不够整车运输条件）。例如，当托运一批次货物数量较少时，装不足一节货车车厢，这时进行运输在经济上不合算，就统一由运输部门安排和其他托运货物拼装后再进行运输。

③集装箱运输，是指使用集装单元器或利用捆扎方法，将裸装货物、散装货物、体积较小的成品货物，组合成一定规格的单元进行运输的铁路运输。

【知识链接】

铁路线路的等级划分

根据中华人民共和国行业标准《铁路线路设计规范》（TB 10098—2017）的规定，铁路等级根据其在路网中的作用、性质、设计速度和客货运量确定，分为高速铁路、城际铁路、客货共线铁路、重载铁路。

国际铁路联盟根据铁路线路允许运行的最高速度将铁路分为常速铁路、中速铁路、准高速铁路、高速铁路和超高速铁路。常速铁路的运行速度为 100～120 km/h；中速铁路的运行速度为 120～160 km/h；准高速铁路的运行速度为 160～200 km/h；高速铁路的运行速度为 200～400 km/h；超高速铁路的运行速度为 400 km/h 以上。

我国客货共线铁路分为Ⅰ级、Ⅱ级、Ⅲ级和Ⅳ级 4 个等级。

等　　级	铁路在路网中的意义	近期年客货运量/万吨
Ⅰ级铁路	在路网中起骨干作用	≥2 000
Ⅱ级铁路	在路网中起联络、辅助作用	<2 000 且≥1 000
Ⅲ级铁路	为某一地区或企业服务	<1 000 且≥500
Ⅳ级铁路	为某一地区或企业服务	<500

（2）公路运输

公路运输是使用公路设施、设备在公路上进行运送的运输方式。公路运输是 19 世纪末随着现代汽车的诞生而产生的，初期主要承担短途运输业务。第一次世界大战结束后，基于汽车工业的发展和公路里程的增加，公路运输走向发展阶段，不仅是短途运输的主力，而且进入长途运输的领域。第二次世界大战结束后，公路运输发展迅速，欧洲许多国家和美国、日本等国已建成比较发达的公路网，汽车工业为公路运输提供了雄厚的物质基础，促使公路运输在运输业中跃至主导地位。近年来，我国交通基础设施和运输装备不断改善，为公路运输的快速发展创造了有利条件，也使公路客货运输的平均运距不断延长。目前，我国公路运输正处于快速发展的成长期，在国民经济运行和增长中发挥着日益重要的作用。

1）公路运输的优缺点

①公路运输的优点：机动灵活，可以实现门到门运输；投资少，修建普通公路的材料和技术比较容易解决，在全社会易广泛发展。

②公路运输的缺点：运输能力比较小，运输能耗较高；运输成本比较高，劳动生产率比较低。

由此可见，公路运输比较适宜在内陆地区进行短途货物运输。因此，可以与铁路、水路、航空联运，为铁路、港口、机场集疏运货物，也可以深入山区及偏僻的农村进行货物运输，还可以在远离铁路的区域从事干线运输。

2）公路运输的作用

①公路运输满足了短途运输的需要。公路运输可以将两种或多种运输方式衔接起来，实现多种运输方式联合运输，做到货物运输的门到门服务。

②公路运输在综合运输体系中发挥着“微血管”和“大动脉”的双重作用。公路运输具有覆盖广、通达深的优势，可延伸至社会各个角落，恰似综合运输体系中的“微血管”。

随着高速公路以及公路国道干线网中高等级公路不断增加，公路运输在综合运输体系中的功能不断增强。除担负传统的短途运输，以及为其他运输方式进行集散运输外，公路运输还通过高速公路担负起城市间、区域间的大规模直达运输，形成新的运输“大动脉”。

【知识链接】

货物运输车辆超限认定标准

为加强超限运输车辆行驶公路管理，保障公路设施和人民生命财产安全，根据《中华人民共和国公路法》《公路安全保护条例》等法律、行政法规，交通运输部于2021年修订了《超限运输车辆行驶公路管理规定》，该规定所称超限运输车辆，是指有下列情形之一的货物运输车辆：

1. 车货总高度从地面算起超过4 m；
2. 车货总宽度超过2.55 m；
3. 车货总长度超过18.1 m；
4. 二轴货车，其车货总质量超过18 000 kg；
5. 三轴货车，其车货总质量超过25 000 kg；三轴汽车列车，其车货总质量超过27 000 kg；
6. 四轴货车，其车货总质量超过31 000 kg；四轴汽车列车，其车货总质量超过36 000 kg；
7. 五轴汽车列车，其车货总质量超过43 000 kg；
8. 六轴及六轴以上汽车列车，其车货总质量超过49 000 kg，其中牵引车驱动轴为单轴的，其车货总质量超过46 000 kg。

（3）水路运输

水路运输是利用船舶、排筏和其他浮运工具，在江、河、湖泊、人工水道以及海洋上运送旅客和货物的一种运输方式。水路运输按其航行的区域，大体上可划分为远洋运输、沿海运输和内河运输三种形式。远洋运输通常是指除沿海运输以外所有的海上运输。沿海运输是指利用船舶在本国沿海区域各地之间的运输。内河运输是指利用船舶、排筏和其他浮运工具，在江、河、湖泊、水库及人工水道上从事的运输。

1）水路运输的优缺点

①水路运输的优点：运输能力大，通用性好，可以运送各种货物，尤其是大件货物；建设投资少，运输成本低；平均运距长，劳动生产率高。

②水路运输的缺点：受自然条件影响较大；运送速度慢，在途时间长。

由此可见，水路运输的综合优势较为突出，适宜运距长、运量大、时间性不太强的各种大宗物资运输。

2）水路运输的作用

①水运基础为江河湖海等“天然航道”，投资少、能耗小，条件便利，通航能力限制小。以内河运输为例，其成本仅为公路运输的1/3。

②水运可以实现长程、巨量运输，一次性成本投入，非常适合大宗货物的运输。

③水运在开展国际贸易中具有不可替代的作用，从古至今都是沿海国家经济往来的主要载体。一些国家水路运输的货物周转量占各种运输方式总货物周转量的10%～20%，个别国家超过50%。

（4）航空运输

航空运输是使用飞机或其他航空器进行运输的一种形式。航空运输工具主要是飞机。航空运输包括班机运输和包机运输。班机运输是指固定时间、固定航线、固定始发站和目的站进行的飞机运输。包机运输是指包租整架飞机或由几个发货人联合包租一架飞机来运送货物，适合于运送数量较大的货物。

1）航空运输的优缺点

①航空运输的优点：运行速度快；机动性能好。

②航空运输的缺点：飞机造价高、能耗大，运输能力小，运输成本高；技术复杂。

由此可见，航空运输最适合承担运量较少、距离大、对时间要求紧、运费负担能力较强的任务。

2）航空运输的发展。随着国民经济的发展和人民生活水平的提高，航空运输不再是其他运输方式的点缀，在国内长途旅客运输和国际旅客运输中担任重要角色。并且，随着货物运输结构和社会经济需求的演变，航空货物运输正以快于航空旅客运输的发展速度快速增长，成为航空运输的新增长点。

（5）管道运输

管道运输是利用管道输送气体、液体和粉状固体的一种运输方式。

1）管道运输的优点：低噪声、低维护费用；结构紧凑、无活动件、体积小；配置标准管件，安装方便。

2）管道运输的缺点：专业性强；管道运输量与最高运输量间的幅度小。

二、存货管理

1. 存货概述

存货（inventory）是指为今后预定目的使用所储备的物质资料。在生产企业中，存货的形态包括原材料或零部件、产成品、备件、低值易耗品、在制品等：在流通企业中，存货的形态主要表现为用于销售的各种商品以及各种低值易耗品。

（1）存货的类型

按照其功能的不同，存货可以分为以下几种不同的类型。

1）周转存货（cycle stock）是指在正常的生产经营状态下，为满足日常生产和经营需要而建立的存货，由于两次订货之间有一定的周期，周转的目的就在于满足两次订货周期之间的正常需求。

2）安全存货（safety stock）是指为了防止和减少生产和市场供应、需求过程中所存在的各种不确定性因素造成的损失而在周转存货的基础上所额外增加的一定数量的存货。

3）中转存货（transit stock）是指已经订货但所订货物尚未到达企业而形成的存货。加快企业运输速度，提高运输效率，就可以减少中转存货的数量，进而减少中转存货对资金的占压。

4）在制存货（work-in-process stock）是指处于加工状态的原材料、零部件、半成品形成的存货。加快生产线的运转速度，有助于减少在制存货的资金占压。

5）积压存货（deal stock）是指产品不适合市场销售的需要或产品因超过其保质期而失去使用价值而形成的存货。积压存货是一种纯粹的浪费，应坚决予以杜绝。

6）促销存货（promotional stock）是指企业为了满足促销可能形成的产品销售增长而提前储备一定数量的产品而形成的存货。

7）季节性存货（seasonal stock）是指企业为应付原材料或零部件供应的季节性短缺以及产成品的季节性旺销而储存原材料、零部件及产成品形成的存货。

8）投机性存货（speculative stock）是指在预测原材料、零部件或产成品的价格可能因短缺而上涨的情况下，出于投机获利的动机，预先囤积一定数量的货物而形成的存货。

（2）存货的功能

对于企业而言，理想情况是在接到客户订单之后再进行采购和生产，将存货水平降为零。若要实现完全按订单进行生产，要求企业具有较强的快速反应能力，能够消除各种不确定因素。但要满足这些条件，具有很大的难度，在这种情况下，保持一定的存货数量就具有经济合理性。存货的功能具体体现在以下几个方面。

1）提高客户服务水平。为节约生产成本，有些产品的生产需要靠近原材料或能源的产地，有些产品的生产需要选择劳动力资源丰富的地方。而且，许多行业的生产具有很强的规模经济性，存在生产非常集中，而客户分布在各地的现象。为了有效提高对分散的客户的服务水平，避免缺货现象的发生，企业需要在各地备货。在生产工厂，也有必要储备一定的产成品，以备不时之需。

2）平衡供求关系。对于企业而言，根据季节性高峰需求来设计生产能力是不科学的，会导致淡季时生产能力的严重闲置。较好的办法是在全年实现平衡生产，从而将淡季生产出来的产品储备下来一部分，以满足旺季的消费需求。

3）实现物流合理化。物流合理化是一个系统工程，涉及不同物流构成要素之间的密切配合，不能从孤立的角度看待物流合理化问题。在保证既定的物流服务水平的前提条件下实现物流总费用最小化，需要在存货费用与其他物流费用之间寻求平衡。

4）降低生产成本。保持生产线的长期稳定运转有助于降低单位生产成本，这就意味着在需求存在波动的情况下必然会形成一定的产成品存货。对于企业而言，需要权衡因此降低的生产成本与增加的存货费用之间的关系，只要前者大于后者，保持生产线的长期稳定运转就是合理的。

5）规避经营风险。原材料、零部件的适当库存，可以避免由于紧急情况的出现（如由于供应商延迟交货或发生重大事故而导致原材料、零部件供应不及时等）而造成企业停产的现象。对于存在潜在涨价因素的原材料、零部件，企业如果能够提前购进，进行一定数量的储备，则能够获得较大的利益。

（3）存货费用的种类

1）订货费用。订货费用包括与订货有关的管理、物料、通信等费用。订货费用与订货批量成反比，即订货批量越大，单位订货费用越低；订货批量越小，单位订货费用越高。

2）价格折扣损失。在订货批量较小的情况下，企业不能获得价格折扣，或者所获得的价格折扣很低，形成价格折扣损失。

3）资金占用费用。在企业存货所需资金来源于贷款的情况下，资金占用费用表现为银行贷款利息支出。如果企业存货所需资金来源于自有资金，则需要考察资金的机会成本，即至少应该以银行存款利息作为资金占用费用。

4）仓储保管费用。在仓库为企业自有仓库的情况下，仓储保管费用包括仓库及相关设备的折旧费、仓库保管人员工资、仓库保管的物料消耗以及水电费、取暖费等费用。在租赁仓库的情况下，无须核算仓库及相关设备的折旧费等费用，而需要考虑租金。

5）货物损耗。货物损耗是指物质资料在仓储过程中由于受自然条件影响、保管不善等而对其使用价值构成的损耗。

6）缺货损失。缺货损失是指企业在生产过程中由于原材料、零部件的缺乏或在顾客订货时由于产成品的缺乏而造成的损失。

（4）存货管理的内容

存货管理的任务是，在满足存货各项功能的前提条件下，尽可能降低存货费用，以提高存货管理的效率。具体而言，存货管理包括以下两个方面的内容。

1）开展订货决策。即合理确定原材料、零部件、产成品的存货水平，以实现订货费用、价格折扣损失、资金占用费用、缺货损失等存货费用的最小化。

2）开展仓储管理。即确保所有存货得到良好、安全的保管，充分利用仓储面积和容量，以降低仓储保管费用，减少货物损耗。

2. 订货决策方式

（1）定期订货

定期订货是按照预先确定的订货间隔期进行补充订货的一种订货决策方式。

定期订货的关键是确定订货间隔期（订货周期）。在采用定期订货时，每次订货间隔期不变，订货量则发生变化。订货量可以通过以下公式计算得出：

订货量 = 最高库存量 − 现有库存量 − 订货未到量 + 顾客延期购买量

定期订货的优点是在订货间隔期确定后，可以同时订购多种货物，降低单位订货费用和运输费用。

定期订货的缺点是遇到预料之外的大量需求时，容易造成缺货损失。

（2）定量订货

定量订货是指当库存量下降到预定的最低库存量（订货点）时，按照事先确定的数量（通常以经济订货批量为标准）进行补充订货的一种订货决策方式。订货量可以通过以下公式计算得出：

订货量 = 存货日平均消耗量 × 平均到货天数 + 安全存货量

定量订货的优点是订货时间和订货量不受人们随机判断的影响，客观性较强；按照经济订货批量订货，有助于节约年总存货成本。同时，每次订货量固定，便于安排仓储面积。

定量订货的缺点是按照经济订货批量实施订货，虽然力图实现订货费用和存储费用总和的最小化，但存储费用只考虑资金占用费用、仓储保管费用、货物损耗，而忽略了货物的变价损失。因此，必然影响存货量确定的科学性，容易造成存货量过大的现象。

（3）ABC 分类法

ABC 分类法是指将存货按照其重要程度分为特别重要的存货（A 类存货）、一般重要的存货（B 类存货）、不重要的存货（C 类存货）三个等级，再针对不同等级的存货实施不同的订货决策和存货控制策略的方式。

A 类存货属高价值的存货，一般而言，大约占存货品种总数的 10%，但其占用的资金金额却达到存货占用资金总额的 70% 左右；C 类存货属低价值的存货，大约占存货品种总数的 70%，但其占用的资金金额只是存货占用资金总额的 10% 左右；价值位于 A 类存货和 C 类存货之间的 B 类存货，大约占存货品种总数的 20%，其占用的资金金额大约也是存货占用资金总额的 20%。由于不同类型的存货对于企业的重要性不同，因此，应分别予以管理。

三、装卸搬运

1. 装卸搬运概述

装卸是指在同一地域（地点）范围内（如工厂、车站、机场、码头、货场、仓库内部等），以改变“物”的存放地点或支承状态为目的的活动。《物流术语》（GB/T 18354—2021）对装卸的定义是：在运输工具间或运输工具与存放场地（仓库）间，以人力或机械方式对物品进行载上载入或卸下卸出的作业过程。

搬运是指以改变“物”的空间位置（通常指短距离）为目的的活动。《物流术语》（GB/T 18354—2021）对搬运的定义是：在同一场所内，以人力或机械方式对物品进行空间移动的作业过程。

装卸搬运是物流系统的构成要素之一，属于衔接性的物流活动。物流活动通过装卸搬运完成相互间的过渡，因而装卸搬运是物流各功能之间能否形成有机联系和紧密衔接的关键。在实际操作中，装卸与搬运是密不可分的，两者往往相伴而生。装卸搬运是指在物流过程中，为满足运输、仓储保管和配送的需要而对货物进行上下或左右移动的相关作业。装卸搬运活动的基本作业包括装车（船、机）、卸车（船、机）、堆垛、入库、出库，以及连接上述各项活动的短程输送，是伴随运输、存货管理和配送等活动而产生的必要活动。

2. 装卸搬运作业应用

（1）散装货物的装卸搬运作业

散装货物由于其零散性，一般使用泵、铲、传送带等或利用物体重力进行装卸。一种是泥浆喷射系统。将固体材料粉碎成一定大小的颗粒，然后和水混合成液态的泥状物质，用泵使之通过输送管道，到达目的地后，再将水沥出，使水和固体颗粒分离。铁路也可以用来输送这种泥状物质。另一种是干散货物的装卸系统。干散货物的装卸系统很大，是为了适应特殊需求而设计和安装的。

（2）特种货物的装卸搬运作业

特种货物的装卸搬运作业包括危险货物、长大货物、鲜活货物和贵重货物的装卸搬运作业等。长大货物、鲜活货物和贵重货物的运输组织与管理相关规定是特种货物的装卸搬运作业的依据，在设备选择与作业设计中尤其要引起重视。特种货物装卸搬运作业的特点包括货物本身的特殊性、工具的专用性、储运过程的安全性、监控过程的完整性和人员素质的综合性。

（3）集装箱的装卸搬运作业

所谓集装箱，是指具有一定强度、刚度和规格，专供周转使用的大型装货容器。使用集装箱转运货物可直接在发货人的仓库装货，运到收货人的仓库卸货，中途换车、船时，无须将货物从箱内取出换装。按所装货物种类分，有杂货集装箱、散货集装箱、液体货集装箱、冷藏箱集装箱等；按制造材料分，有木集装箱、钢集装箱、铝合金集装箱、固定式集装箱等，固定式集装箱还可以分为密闭集装箱、开顶集装箱、板架集装箱等；按总重分，有 30 吨集装箱、20 吨集装箱、10 吨集装箱、5 吨集装箱、2. 5 吨集装箱等。

集装箱码头的装卸有集中典型的系统，包括底盘车系统、跨运车系统、龙门起重机系统和混合型系统等。

四、配送

1. 配送概述

配送是指按照客户的订货要求和时间计划，在物流据点（仓库、商店、货运站、物流中心等）进行分拣、加工和配货等作业后，将配好的货物送交收货人的物流过程。配送是货物位移的一种形式，它与运输既有区别又有联系。通常认为，配送是近距离、小批量、多品种，按客户需要搭配品种与数量的物流服务体系。

（1）配送的特点

目前配送已经形成了自身的特点：

1）配送是从物流据点到收货人之间的一种特殊送货形式。

2）配送是运输与其他活动共同构成的组合体。

3）配送是由供给者送货到户的服务性供应，是一种门到门的服务。

4）配送是在全面配货基础上，完全按收货人要求进行的运送，是“配”和“送”的有机结合形式。

（2）配送的服务形式

物流企业开展配送活动的具体形式和种类较多。常见的主要形式有以下七种。

1）定时配送。指在规定的时间间隔进行货物配送。每次配送的品种和数量均可按计划执行，也可按事先商定的联络方式下达配送通知进行配送。

2）定量配送。指按规定的数量（批量）在一个指定的时间范围内进行货物配送。这种配送方式每次配送的品种、数量固定，备货作业较为简单，可以以托盘、集装箱等方式或按车辆的装载能力规定配送数量。在这种配送方式下组织工作较好安排。

3）定时定量配送。指按规定的时间、品种、数量进行货物配送。这种配送方式结合了定时配送方式和定量配送方式的特点，服务质量要求较高，配送组织工作难度较大。通常针对固定收货人进行这项服务，适用范围有限。

4）定时定线配送。指在规定线路上按规定时间表进行货物配送。采用这种配送方式有利于安排车辆及驾驶人员，在配送收货人较多的地区，配送组织工作相对容易，如连锁药店的配送。

5）加工配送。指对所配货物进行部分加工后，再按收货人要求进行的货物配送。这种配送活动可以将流通加工和配送集为一体，加工目的性明确，服务针对性强。

6）集中配送。指由几个物流据点共同协作制订计划，共同组织车辆设备，针对某一地区收货人进行货物配送。这种配送可以共同使用配送车辆，提高车辆实载率，提高配送的经济效益与效率，降低配送成本。

7）即时配送。指配送平台接到收货人通过 PC 端或者移动互联网渠道即时提出的配送到达时间、数量等方面的配送要求，在短时间内响应并进行货物配送的方式。订单信息通过配送平台直接推送给指定的本地第三方配送团队，第三方配送团队接单后，由后台调度系统派单并规划最佳路线，配送员取货送货，最后完成货物的物流转移。

2. 配送中心

配送中心是从事货物配备和组织对用户的运货工作，以高水平实现销售或供应的现代流通设施。较好地设计与组织配送作业的基本前提是明确物流业务过程各项作业之间的关系，以及各项作业与物流设施之间的关系。

（1）配送中心的类型

1）专业配送中心。专业配送中心有两层含义：一是配送对象、配送技术的专业化，即经营某一专业领域的多种货物的配送；二是以配送为专业化职能，基本不从事其他经营的服务型配送中心。

2）柔性配送中心。柔性配送中心不向固定化、专业化方向发展，而向能随时变化、对用户要求有很强的适应性、供需关系不固定的方向发展。

3）供应配送中心。供应配送中心是专门为某个或某些用户组织供应的配送中心。例如，为大型连锁药店供应的配送中心。

4）销售配送中心。销售配送中心是以销售经营为目的，以配送为手段的配送中心。销售配送中心大致有三种类型：一是生产企业为自己的产品能直接销售给消费者而建立的配送中心；二是流通企业作为本身经营的一种方式，以扩大销售而建立的配送中心；三是流通企业和生产企业联合的配送中心。

5）城市配送中心。城市配送中心是以城市范围为配送区域的配送中心。由于城市范围一般处于汽车运输的经济里程，运距短、反应能力强，这种配送中心往往和零售经营相结合，从事多品种、少批量的货物配送，可直接配送到最终用户。

6）区域配送中心。区域配送中心是以较强的辐射能力和库存准备，向省际、全国乃至国际范围的用户配送的配送中心。这种配送中心的规模一般较大，用户数量和配送批量也较大，往往是为下一级城市配送中心服务，偶尔也从事零星的配送。

7）储存型配送中心。储存型配送中心有很强的储存功能。一般来说，在买方市场下，企业成品销售需要有较大库存支持，其配送中心可能有较强的储存功能；在卖方市场下，企业原材料、零部件供应需要有较大的库存支持，其配送中心也有较强的储存功能。大范围配送的配送中心需要有较大的库存，多为储存型配送中心。

8）流通型配送中心。流通型配送中心是基本上没有长期储存功能，仅以暂存方式进行集货、发货、送货的配送中心。这种配送中心的典型方式是大量货物整进并按一定批量零出，进货时直接进入分货机传送带，分送到各用户货位或直接分送到配送车辆上，货物在配送中心仅作短期停滞。

9）加工型配送中心。加工型配送中心有很强的加工功能，配备了必要的加工设施和场地，引进相应的加工技术，以对商品进行拆包、分解、整理及再包装等流通加工为主。

（2）配送中心的功能

配送中心是一种多功能、集约化的物流据点。它把收货验收、储存保管、装卸搬运、拣选、流通加工、送货、结算和信息处理，甚至包括订货等作业，有机地结合起来，形成全方位服务的供货枢纽，是集货、储存、分拣、流通加工、送货、信息处理等功能的综合体。

1）集货功能。为了迅速、及时地满足用户要货的“多品种、小批量”需求，配送中心必须从众多的供应商中按需要的品种较大批量地进货，以备齐所需商品。

2）储存功能。配送是依靠集中库存来实现对多个用户服务的。为了满足市场的需求，以及配货、流通加工等环节的正常运转，配送中心也必须保持一定的库存。配送中心利用储存功能，可有效地组织货源，调节生产与消费、采购与销售之间的时间差。

3）分拣功能。分拣是将一批相同或不同的货物，按照不同的要求，分别拣开、集中在一起进行配送。在配送中心，按照用户的订货单把库存货物拣选后分别集中以待配送，是连锁配送中心分拣作业的任务。

4）流通加工功能。货物在从生产领域向消费领域流动的过程中，为了促进销售、维护产品质量和提高物流效率，有时必须进行适当加工。多数配送中心需要对其所配送的商品进行不同程度的加工。

5）送货功能。按用户的订货单进行分货、配货作业，并将配好的商品送交用户，是配送中心的核心功能。配送完善了输送及整个物流系统，大大提高了物流的经济效益。

6）信息处理功能。配送中心有相当完整的信息处理系统，能有效地为整个流通过程的控制、决策和运转提供依据。无论在集货、储存、分拣、流通加工、配送等一系列物流环节的控制方面，还是在物流管理和费用、成本、结算方面，均可实现信息共享。

3. 物流中心

《物流术语》（GB/T 18354—2021）对物流中心的定义是：具有完善的物流设施及信息网络，可便捷地连接外部交通运输网络，物流功能健全，集聚辐射范围大，存储、吞吐能力强，为客户提供专业化公共物流服务的场所。物流中心应符合五项基本要求：主要面向社会提供公共物流服务，物流功能健全，集聚辐射范围大，存储、吞吐能力强，对下游配送中心提供物流服务。

物流中心的基本功能包括以下六点。

1）运输功能。物流中心需要自己拥有或租赁一定规模的运输工具，具有竞争优势的物流中心不是一个点，而是一个覆盖全国的网络。因此，物流中心首先应该负责为客户选择能够满足其需要的运输方式，然后具体组织网络内部的运输作业，在规定的时间内将客户的货物运抵目的地。除了在交货点交货时需要客户配合外，整个运输过程包括最后的市内配送都应由物流中心负责组织，以尽可能方便客户。

2）储存功能。物流中心需要有仓储设施，但客户需要的不是在物流中心储存货物，而是要通过储存环节保证市场分销活动的开展，同时尽可能降低库存占压的资金，减少储存成本。因此，公共型物流中心需要配备高效率的分拣、传送、储存、拣选设备。

3）装卸搬运功能。这是为了加快商品在物流中心的流通速度必须具备的功能。公共型物流中心应该配备专业化的装载、卸载、提升、运送、码垛等装卸搬运设备，以提高装卸搬运作业效率，减少作业对货物造成的损毁。

4）包装功能。物流中心包装作业的目的不是要改变货物的销售包装，而在于通过对销售包装进行组合、拼配、加固，形成适于物流配送的组合包装单元。

5）流通加工功能。其主要目的是方便生产或销售，公共型物流中心常常与固定的制造商或分销商长期合作，为制造商或分销商完成一定的加工作业。物流中心必须具备的基本加工职能有贴标签、制作并粘贴条形码等。

6）物流信息处理功能。物流中心将各个物流环节的物流作业所产生的物流信息进行实时采集、分析和传递，并向客户提供各种作业明细及咨询信息，这是现代物流中心非常重要的一项功能。

每个物流中心的功能都不会完全相同，有的物流中心可能只有基本功能，可以满足大多数物流作业的需要；有的物流中心还有辅助功能，这些辅助功能主要有结算功能、需求预测功能等。

五、包装及流通加工

1. 包装

《物流术语》（GB/T 18354—2021）对包装的定义是：为在流通过程中保护产品、方便储运、促进销售，按一定技术方法而采用的容器、材料及辅助物等的总体名称。也指为了达到上述目的而采用容器、材料和辅助物的过程中施加一定技术方法等的操作活动。

包装是货物的重要组成部分，不仅是货物不可缺少的外衣，起着保护商品、方便储运、促进销售的作用，而且也是货物制造企业形象的缩影。因此，包装的功能可以概括为保护功能、便利功能和促销功能。

包装活动本质是对货物的管理，其衍生意义涉及货物的各个层面。一是提高货物方便性。包装在基础层面的意义就是使货物获得某种方便性，如货物储存的方便、运输的方便、销售的方便等。二是提高货物安全性。从包装的基础意义上派生出来的第二层面意义是安全性，如对货物的保护，包括防破损、防盗等功能。三是提高货物识别性。由于包装会进入销售现场，并且先于货物与客户接触，从而产生了第三层意义，即促进销售。包装可以吸引客户视线，阐释货物功能，形成产品识别，引发购买欲望。四是提高货物增值性。许多包装要跟随货物进入消费者的使用环节，并且与货物紧密结合，从而提升货物的使用价值。五是提高货物精神性。包装作为货物的“服装”，如同人的服装一样，有一种精神功能，即传达货物概念，体现货物品位等，成为货物品牌价值的重要载体。

按不同方式可以对包装进行多种分类。

1）按流通阶段分，包装可分为生产地包装、集货地包装、店铺包装等。

2）按包装目的分，包装可分为商业包装和工业包装。商业包装又称销售包装，是以促进销售、方便顾客、保护货物及传递货物信息为主要目的。工业包装又称运输包装，是以提高物流效率、保护货物及传递流动信息为主要目的。

3）按包装物结构分，包装可分为可折叠包装、可拆卸包装、可携带包装、托盘包装和集合包装等。

4）按包装形态分，包装可分为内包装、外包装。

5）按包装技术方法分，包装可分为吸塑包装、真空包装、充气包装、透气包装、防水包装、防潮包装、防锈包装、防霉包装、防震包装、防尘包装、防虫包装、隔热包装等。

2. 流通加工

流通加工是在货物从生产领域向消费领域流动过程中，为了促进销售、维护货物质量和提高物流效率而进行的加工，使货物发生物理、化学或生物的变化。

流通加工与生产加工的不同主要有以下四点。一是与生产加工对象不同。流通加工的对象是进入流通过程的商品，具有商品的属性；生产加工对象是原材料、零配件、半成品。二是与生产加工难度不同，流通加工大多是简单加工，是对生产加工的一种辅助及补充；生产加工是相对复杂的加工，技术要求高。三是与生产加工目的不同。流通加工是为了消费（或再生产）所进行的加工，目的在于完善商品的使用价值，在不做太大改变的情况下提高价值；生产加工的目的是创造新的使用价值。四是与生产加工的组织者不同。流通加工的组织者是从事流通工作的人，能密切结合流通的需要进行加工活动；生产加工的组织者是从事生产工作的人。

六、信息管理

信息管理是指对物流信息的收集、整理、存储、传播和利用的过程，也就是将物流信息从分散到集中，从无序到有序，从产生、传播到利用的过程。同时，对涉及物流信息活动的各种要素，包括人员、技术、工具等进行管理，实现资源的合理配置，以达到物流管理的总体目标。

1. 物流信息系统

（1）物流信息系统的概念

系统是由相互作用、相互依赖的若干要素按照一定的规则组合而成的具有特定功能的有机整体。物流系统由物流各要素组成，要素之间存在有机联系并具有使物流总体合理化的功能。物流系统按照功能划分，可以分为物流作业系统和物流信息系统。

物流系统化管理，是指为了实现既定的物流系统目标，提高对客户的服务水平，对物流系统进行计划、组织、协调和控制的活动，即物流信息系统作用于物流系统的过程。物流信息系统有人工管理系统和计算机管理系统。一般认为，物流信息系统就是计算机管理系统。

（2）物流信息系统的功能

1）收集数据。物流信息系统的首要任务是把分散在企业内外各处的数据收集并记录下来，整理成物流信息系统要求的格式和形式。数据的收集和录入是整个物流信息系统的基础。

2）存储数据。物流信息系统必须具有某种存储数据的功能，否则就无法突破时间和空间的限制，发挥提供信息、支持决策的作用。即使以报告与输出为主要功能的通信系统，也要有一定的记忆装置。

3）传输数据。传输数据是为了收集和使用物流信息，需要把物流信息从一个子系统传递到另一个子系统，或者从一个部门传递到另一个部门。传输数据并不只是一个简单的传递问题，物流信息系统的管理者和计划者必须充分考虑需要传递的数据的种类、数量、频率、可靠性要求等因素。

4）加工数据。加工数据是系统对已经收集到的物流信息进行某些处理，以便得到某些更加符合要求或更能反映本质的物流信息，或者使物流信息更适合于各级管理人员使用。计算机的数据加工范围很大，包括从简单的查询、排序、合并、计算，一直到复杂的物流模型的仿真、预测、优化计算等。现代物流信息系统在这方面的功能越来越强大，特别是面向高层管理的物流信息系统，在加工中使用了许多数学及运筹学的工具。

5）输出数据。为了实现自身的价值，物流信息系统必须具备向物流管理者提供数据的手段和机制。经过处理的物流信息，根据不同的需要，以不同格式输出。物流信息系统的输出结果是否易懂易读，是评价物流信息系统的主要标准之一。

2. 条码技术

（1）条码的概念

条码是条形码的简称，是由一组黑白相间、粗细不同的条状符号组成的。条码隐含着数字信息、字母信息、标志信息、符号信息，主要用于表示商品的名称、产地、价格、种类等，是全世界通用的商品代码的表示方法。条码的条纹由若干黑色的“条”单元和白色的“空”单元所组成。其中，黑色的“条”单元对光的反射率较低，而白色的“空”单元对光的反射率较高，再加上“条”与“空”的宽度不同，就能使扫描光线产生不同的反射接收效果，在光电转换设备上转换成不同的电脉冲，形成可以传输的电子信息。由于光的速度极快，可以准确无误地对运动中的条码予以识别。

（2）条码编码格式

条码种类很多，常见的有 20 多种条码码制。

一维条码的编码方式有 Code39 码（标准 39 码）、Code Bar（库德巴码）、Code25 码（标准 25 码）、ITF25 码（交叉 25 码）、Matrix25 码（矩阵 25 码）、UPC－A 码、UPC－E 码、EAN－13 码（EAN－13 国际商品条码）、EAN－8 码（EAN－8 国际商品条码）、Code128 码（包括 EAN－128 码）等。

二维条码的编码方式主要有 PDF417 码、Code49 码、Code16K 码、QR 码、Data Matrix 码、Maxi Code 码等，主要分为行排式或矩阵式两大类。

目前，国际广泛使用的条码种类有 EAN 码（在超市中最常见的就是这种商品条码）、UPC 码、Code39 码（可表示数字和字母，在管理领域应用最广）、ITF25 码（在物流管理中应用较多）、Code Bar 码（多用于医疗、图书领域）、Code128 码等。其中，EAN 码是当今世界上广为使用的商品条码，已成为电子数据交换（EDI）的基础。UPC 码主要为美国和加拿大所使用。在各类条码应用系统中，Code39 码因其可采用数字与字母共同组成的方式，而在各行业内部管理中广泛使用。在血库、图书馆和照相馆的业务中，Code Bar 码也被广泛使用。

§1－3　医药物流管理的特征与作用

学习目标

1. 了解医药物流管理的特征。
2. 掌握医药物流管理的作用。

一、医药物流管理的特征

医药物流管理是指对整个医药物流活动进行计划、组织、指挥、协调与控制，以不断提高医药物流的经济效果。医药物流管理的最基本目标就是以最低的费用向客户提供满意的物流服务。在当代社会，医药物流管理呈现出以下特征。

1. 供应链管理趋势

供应链管理的基本思想是，通过构建包括从原材料采购开始，到制成中间产品再到制成最终产品，最后到销售给最终客户的所有参与者，即包括供应商、制造商、经销商、最终客户、物流服务提供商乃至供应商的供应商、经销商的经销商等的网链结构，从系统观点、合作观点出发，最大限度地减少供应链节点企业之间的内耗与浪费，通过整体最优来实现全体节点企业的共赢。供应链管理强调未来的竞争更多的是供应链与供应链之间的竞争，而不是企业与企业之间的竞争。

在物流管理中，对企业内部各物流要素的有效整合很重要，是企业取得成功的必要条件。但为了更有效地利用企业外部的资源，企业还必须强化与供应链节点企业之间物流方面的合作，以便快速响应复杂多变的市场需求，实现企业之间的优势互补，降低经营风险。供应链管理将物流管理的资源整合范围从企业内部扩展到整条供应链，将大幅度提高物流管理的竞争力。

2. 全球化趋势

自从我国 2001 年加入世界贸易组织（WTO）以后，一方面，外商投资企业可获得国民待遇，国际竞争国内化的格局加剧；另一方面，我国可以享有 WTO 各成员方提供的最惠国待遇，国内竞争的国际化程度也随之加剧。随着全球化进程的加快，跨国采购、跨国生产、跨国销售成为许多企业的基本策略。企业从世界市场获得质优价廉的原材料或零部件，在世界各地的工厂组织生产，然后将货物运送到世界各地的客户手中。在这种情况下，物流管理的全球化趋势必将愈演愈烈。

3. 信息化趋势

电子数据交换（EDI）和互联网技术的发展，使得物流质量和物流效率的提高更多依靠的是建立在信息技术基础之上的物流信息系统。自 20 世纪 80 年代以来，EDI 得以迅速发展，简化了企业之间的交易过程，提高了交易效率，使得生产企业可以按照经销商的订单安排生产，供应商能够准确掌握生产企业的原材料或零部件的需求情况。但由于利用 EDI 传输数据需要架设专用的增值网，前期投入门槛较高，限制了中小企业与最终客户对 EDI 的使用。而 20 世纪 90 年代以来飞速发展的互联网则是一个开放的公共网络，信息传输成本很低，中小企业、最终客户与大企业在信息获取、处理上处于同等地位，为降低物流管理费用，提高物流管理效率创造了有利条件。

4. 精益物流趋势

精益物流是指运用精益思想对企业物流活动进行管理，以不断消除各种形式的物流浪费，创造无中断、无绕道、无等待、无回流的物流活动，达到至善至美的目的。随着企业竞争激烈程度的加剧，为了提高产品的价格竞争力，压缩一些可以压缩的费用，尤其是追求零库存的目标逐渐成为企业努力的方向，而精益物流则有助于企业达到这一目的。因此，在物流管理领域，精益思想越来越受到人们的重视。

5. 第三方物流趋势

第三方物流企业是专门承担物流职能的企业。由于第三方物流企业在物流领域专门从事物流活动，容易在这一领域形成并强化自己的核心竞争力，往往比企业自营物流具有更大的竞争优势，因而受到越来越多企业的欢迎。

6. 绿色物流趋势

20 世纪 50 年代以来，人类的生产力以空前的速度发展，但也因此付出了沉重代价，随之而来的是全球环境的不断恶化、地球资源的锐减、“三废”污染的加剧。环保意识在世界范围内逐步觉醒。自 20 世纪 70 年代以来，全球掀起了一场空前壮阔的绿色革命，将可持续发展作为人类社会发展的总目标。这场绿色革命在生产中表现为清洁生产，在营销上表现为绿色营销，在消费上表现为绿色消费，在物流上则表现为绿色物流。绿色物流的思想强调在物流过程中抑制物流对环境造成的危险，强化对回收物流和废弃物流的管理，以提高资源的利用效率。

二、物流管理在医药企业中的作用

对于医药企业而言，加强物流管理，具有以下四个方面的作用。

1. 确保顾客服务水平

物流服务水平主要取决于可得性及服务可靠性。

所谓可得性，意味着当客户对原材料、零部件或产成品具有需求的时候，能够立即满足客户的需求。加强物流管理，可以在不增加甚至降低存货水平的前提条件下提高可得性。

所谓服务可靠性，是指物流服务的质量，如运输过程中的破损率、仓储过程中的损耗率、订单履行期限的可靠性等。例如，如果企业对客户承诺，客户在订货后的第三天可以收到订货，则订单履行期限具有可靠性就意味着客户恰好在订货后的第三天收到货物。如果订货延迟送达，则可能是发生了缺货现象；而如果订货提前送达，则可能是发生了仓储场所紧张的情况，二者都没有达到服务可靠性的要求。

按照市场营销学的理论，完整的产品概念包括核心产品、形式产品与扩大产品。在这个完整的产品概念中，核心产品为客户提供最基本的效用，如电冰箱的制冷功能；形式产品是指客户对某一基本需求的特定满足形式；扩大产品是指与产品相关的各种附加服务。其中，扩大产品最容易被企业所忽视，而物流服务则是扩大产品的重要组成部分。企业一旦重视附加服务，则很容易形成产品的差别化优势，在市场上脱颖而出，在竞争中获胜。在传统观念中，物流被看作纯粹的费用支出。但随着社会经济的发展，客户对服务水平的期望越来越高。一些企业通过加强物流管理，形成了独特的物流服务能力，赢得了客户的青睐。

2. 节约物流费用

在不同类型的产品的售价中，物流费用所占的比重大相径庭。任何一个企业在致力于最大限度地降低产品售价时，都必须将降低物流费用作为其有机组成部分。

3. 实现快速反应

随着社会经济的发展，企业的经营环境表现出越来越强的不确定性。一方面，伴随着卖方市场向买方市场的转变，消费者的需求呈现出多样化、个性化的特点；另一方面，科学技术的进步使得企业的产品生命周期不断缩短，更新换代的速度越来越快。

面对不确定性日益增强的经营环境，如果企业基于对市场需求的预测开展生产活动，不可避免地会出现因为预测不准而导致产品缺货或者积压的问题。同时，事先将产品生产出来，资金占压也很大。而按照客户的订单进行生产，则使问题迎刃而解。此时，关键问题是如何快速对客户的订单进行响应，否则，客户可能会转向企业的竞争者。

因此，市场竞争的游戏规则不再是单纯的“大鱼吃小鱼”，“快鱼吃慢鱼”成为市场竞争的新特点，这使得企业开始重视竞争，提前期（lead time）成为一个重要的考察变量。

所谓提前期，是指客户为了确保在某个时间收到订货，而必须提前下达订单的时间期限。例如，如果某企业为了确保在每周六收到某种产品，就必须在上一周周六之前下达订单，则该产品的订货提前期为 7 天。显然，提前期越短，表明企业对客户需求的反应速度越快；反之，表明企业对客户需求的反应速度越慢。

企业通过加强物流管理，可以加快原材料、零部件采购和最终产品向客户传输的速度，大大缩短客户订货的提前期，迅速响应市场的需要，从而做大“蛋糕”，赢得更多的市场份额。

4. 改善企业管理水平

对物流系统的任何改善都有助于提高企业的管理水平。以库存为例，传统观点认为，为了应付原材料或零部件的供应不及时、消费需求异常变化，必须保有适当数量的原材料、零部件、产成品库存，以缓冲各个生产环节之间的矛盾，保证生产连续进行，提高对客户的服务水平。而现代观点则认为，一个库存过量的生产系统会掩盖生产中的各种问题，诸如设备故障造成停机、工作质量低造成废品或返修、计划不周造成生产脱节等，都可以动用各种库存，使矛盾钝化，导致问题被淹没，一旦矛盾累积到一定程度，容易造成更大危机。因此，许多专家认为，只要看物流状况，就能判断出企业的管理水平。

三、物流管理在国民经济中的作用

对于整个国民经济而言，加强物流管理具有如下作用。

1. 降低物流费用的消耗

关于物流费用，曾经出现过一系列学说。从这些学说中我们可以看出，加强物流管理对于提高国民经济的运行效果具有极其重要的作用。

（1）黑暗大陆说

1962 年，美国管理学泰斗彼得·德鲁克在《财富》杂志上发表的一篇题为《经济的黑暗大陆》的文章指出，流通是经济领域里的“黑暗大陆”。德鲁克强调的是流通领域，但在流通领域中，物流活动的模糊性尤其突出，因此，“黑暗大陆”的说法目前主要针对物流而言。

黑暗大陆说认为，在消费者所支出的商品价格中，大约50%是与商品流通有关的费用。由于当时企业物流以外的活动已经得到明显改善，生产方面的机械化、自动化取得了较大进展，销售方面采用了科学的营销方法，因此，物流被视为降低成本的最后领域。

（2）物流冰山说

物流冰山说是由日本早稻田大学的西泽修教授在《主要社会的物流战》一书中提出来的。通过对物流费用的专门研究，西泽修教授发现，现行的财务会计制度和会计核算方法不可能掌握物流费用的实际情况，人们对物流费用的了解是一片空白的，甚至有很大的虚假性，他把这种情况形象地比作“物流冰山”，即物流费用是大部分沉在水面以下我们看不到的黑色区城，而我们看到的物流费用不过是冰山一角。

（3）第三利润源泉说

第三利润源泉说同样出自西泽修教授之口。从历史发展的角度来看，人类历史上曾经有过两个大量提供利润源泉的领域：其一是资源领域，其二是人力资源领域。20世纪70年代初，第一次石油危机爆发，石油价格的上涨造成了一系列的连锁反应，能源、原材料、劳动力的价格全面上涨，传统的两个利润源泉领域的潜力越来越小。在利润开拓越来越困难的情况下，物流领域的潜力日益为人们所重视，被称为“第三利润源泉”。

有关资料显示，我国许多商品的总成本中，物流费用已占到20%～40%，每年因包装造成的损失约150亿元，因装卸、运输造成的损失约500亿元，因保管不善造成的损失在30亿元左右。从全社会物流费用占GDP的比重来看，美国、日本、英国等在10%左右，而我国则高达20%。可见，我国物流费用节约潜力非常大，只要改善物流管理，就可以大幅度降低国民经济中物流费用的消耗。

2. 发展、壮大新兴的产业部门

在现代社会中，物流业是第三产业的重要组成部分。随着整个社会物流管理能力的提高，必将造就一批具有现代化水平的物流企业，促进物流业自身的发展与繁荣。对于物流业中的运输、仓储等产业部门而言，必将加快现代化步伐，实现新的业务增长点；而对于配送、包装、流通加工等物流业中的新兴产业部门而言，必将迈出可喜的发展步伐。

3. 促进电子商务的发展

随着互联网信息技术的发展，电子商务在整个社会商品交易中的比重逐渐攀升。与传统的交易方式相比，电子商务能够减少交易的中间环节，节约文件的制作费用和处理费用，实现无店铺经营以及买卖双方的即时沟通，从而大幅降低交易费用，提高交易效率。本质上而言，电子商务是对商流的现代化，而商流的现代化必须以物流的现代化为基础，由于买卖双方不见面，所以电子商务的蓬勃发展必须以高效的物流系统为基础。从我国近些年的实践来看，物流发展滞后是制约电子商务发展的重要瓶颈之一，尤其是对于B2C（企业对消费者）型电子商务，配送时间长、成本高使得电子商务交易时间短、交易费用低的优势几乎丧失殆尽。因此，加强物流管理对于促进电子商务的健康发展至关重要。

【知识链接】

提高中医药附加值

（一）布局“互联网＋中医药”健康产业

目前“互联网＋中医药”领域的发展主要有几种模式：中药材电商、在线问诊、O2O（线上到线下）送药、O2O推拿保健，以及通过互联网进行健康管理、中医媒体传播、中医教育及智能化设备等。从投资数量上看，O2O送药、在线问诊、中医连锁获投数量最多。未来随着5G的快速发展，中医药行业市场前景十分可观。

（二）鼓励经典名方研究创新

从神农尝百草开始，在长期临床应用过程，中药积累了丰富的临床经验，形成大量中药经典名方。自古以来，中药经典名方一直是我国居民防病治病和抵御瘟疫流行病暴发的重要方法和手段。随着中药现代化技术进步，经典名方继续绽放风采，据不完全统计，目前有超过200个经典名方被直接开发成现代制剂中药品种，仍然服务于大众健康事业。

（三）加大中药保健品研发和推广

中药保健品是指以中医理论为基础，以中草药为原料或者通过添加中草药提取物的方式制成的一系列保健品。随着“健康中国”战略的推进，居民在收入和消费能力提升的同时，养生保健的意识明显增强，推动了我国对保健品的需求，中医药有“药食同源”、民间有“药补不如食补”的说法，中药保健品凭借其中医理念特色，取得了快速发展，市场规模不断扩大。

章节习题

一、单选题

1. 物流根据实际需要，将运输、存货管理、包装、装卸搬运、（　　）、配送、信息处理等基本功能有机结合。

A. 需求　　B. 保管　　C. 原材料　　D. 流通加工

2. 按照物流过程进行分类包括采购物流、生产物流、销售物流、（　　）和回收物流。

A. 加工物流　　B. 废弃物物流　　C. 有毒物流　　D. 再生产物流

3. 现代物流产生于（　　）。

A. 美国　　B. 日本　　C. 德国　　D. 英国

4. 配送是（　　），按客户需要搭配品种与数量的物流服务体系。

A. 远距离、大批量、少品种　　B. 近距离、小批量、多品种

C. 远距离、少批量、少品种　　D. 近距离、大批量、少品种

5. 物流运输系统的基本要素包括运输对象、运输手段和（　　）。

A. 承运人　　B. 代理人　　C. 货物　　D. 运输参与者

6. 医药物流管理的职能包括计划、组织、指挥、协调和（　　）。

A. 领导　　B. 调度　　C. 安全　　D. 控制

7. 按照物流活动的空间范围分类，物流可以分为地区物流、国内物流和（　　）。

A. 采购物流　　B. 供应物流　　C. 销售物流　　D. 国际物流

8. 我国现已形成国际化物流运输系统，包括管道运输、海上运输、航空运输、（　　）、铁路运输和多式联运。

A. 零担运输　　B. 集装箱运输　　C. 公路运输　　D. 整车运输

9. 水路运输的优点是（　　）。

A. 运输能力大，通用性好　　B. 建设投资高，运输成本低

C. 运输能力小，运输成本低　　D. 平均运距短，劳动生产率高

二、简答题

1. 简述医药企业加强物流管理的作用。
2. 简述物流的内涵与物流管理目标。
3. 简述配送的特点。
4. 简述物理管理在国民经济中的作用。
5. 简述仓储在物流活动中发挥的作用。

单选题参考答案

1. D　2. B　3. A　4. B　5. D　6. D　7. D　8. C　9. A

第二章

医药物流设施设备

导学情景

广州 JW 医药物流中心有限公司简介

广州 JW 医药物流中心有限公司是广州市医药股份有限公司的全资子公司，其在广州地区能够满足医药商业、制造业、零售业等各种业态的物流需求，为医药及医疗器械等产品提供物流服务。

仓库类型：第三方物流仓库、物流配送仓库、专业仓库、机械化仓库、自动化仓库、信息化管理仓库。

设施条件：多种温控库区立体交叉满足不同货物存储要求，冷藏库 1 200 m^2，温度控制在 2 ~10 ℃；阴凉库 37 500 m^2，温度控制在 20 ℃以下；保温库 1 756 m^2，温度控制在 15 ~25 ℃；常温库 8 000 m^2，温度控制在 2 ~30 ℃；医疗器械库 4 000 m^2。自动化仓库面积占全库面积 50% 以上，拥有 108 辆运输车辆，其中冷藏车 6 辆。安装 GPS 系统进行全程运输跟踪。WMS 系统与 ERP 系统无缝对接支持库位管理。

服务功能：实施 24 小时值班制，开通 2 小时急送业务。建立完备的应急预案致力于成为专业的医药物流企业。

从案例中可以看出，医药物流管理不仅仅是“仓储”，或者“配送”“运输”。真正的现代医药物流的核心应该是依托一定的物流设备、信息技术和进销存管理系统，有效整合营销渠道上下游资源，通过优化药品供销配运环节中的验收、存储、分拣、配送等作业过程，提高订单处理能力，降低药品分拣差错，缩短库存及配送时间，减少流通成本，提高服务水平和资金使用效益，实现自动化、信息化和效益化。

§2－1　仓库认知及物流设施设备

学习目标

1. 掌握常见物流设施设备，如搬运车、叉车、输送机、堆垛机、货架等的使用。
2. 掌握自动分拣设备，如电子标签、自动分拣系统等的使用。
3. 正确使用仓库养护检验设备对在库药品进行养护，如正确记录温湿度数据等。
4. 掌握仓库的常见类型及库区布局、安全管理规范。

一、仓库认知

1. 走进仓库

走进仓库的流程如图2－1所示。

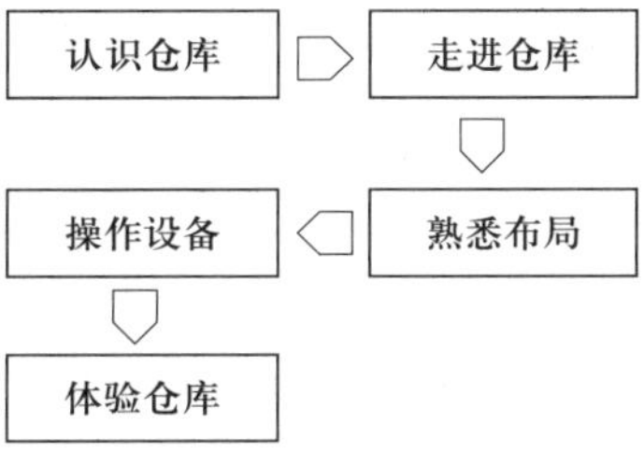

图2－1　走进仓库

2. 药品仓库类型、库区布局

仓库是保管、储存货物的建筑物和场所的总称。仓储是指通过仓库对货物进行储藏、保护和管理。随着物流业的快速发展，现代仓库不再仅仅被用于储存和保管货物，还同时担负着流通加工、包装、配送、物流信息管理等功能。

（1）《药品经营质量管理规范》要求

1）色标管理。为了有效控制药品储存质量，应对药品按其质量状态分区管理，对在库药品实行色标管理以杜绝库存药品的存放差错。

药品质量状态的色标区分标准为：合格药品——绿色；不合格药品——红色；待验药品——黄色。

按照仓库管理的实际需要，仓库区域色标划分的统一标准是：待验药品库（或区）、退货药品库（或区）为黄色；合格药品库（或区）、中药饮片零货称取库（或区）、待发药品库（或区）为绿色；不合格药品库（或区）为红色。三色标牌以底色为准，文字可以白色或黑色表示，防止出现色标混乱。

2）温湿度管理要求。按温度要求划分为冷库（2～10 ℃）、阴凉库（≤20 ℃）、常温库（10～30 ℃）；相对湿度为35%～75%。

3）特殊管理要求。须设置麻醉药品库、（一类）精神药品库、（医疗用）毒性药品库、放射性药品库、危险品库。

4）其他基本要求。砖混或钢混结构的无窗建筑，基本设施牢固，具有抗击打能力，装有钢制保险房门，双门双锁，备有防盗、防火、报警装置，专用仓库与110联网。

（2）按所处领域分类

1）生产企业仓库，是指处在生产领域里的物资仓库。它是医药企业的一部分而不是一个独立的经济单位。其作用主要是对生产药品所需的物料需求进行调节。

2）流通仓库，是指处在流通领域的物资仓库。其作用主要是对市场上的药品供需状况进行调节。

（3）按用途分类

1）自营仓库，是指由企业或各类组织自营自管，为自身药品提供储存服务的仓库。其优点是具有较强的控制能力，成本低，可以充分发挥人力资源作用；缺点是缺乏柔性化，受到财务方面的限制，投资回报率较低。

2）公共仓库，是指面向社会提供药品储存服务，收取储存保管费用的仓库。

3）保税仓库，是指经海关批准，在海关监管下，专供存放未办理关税手续而入境或过境药品的场所。

（4）按结构和构造分类

1）平房仓库，即单层建筑仓库，是指结构较为简单，有效高度一般为5～6 m的仓库。

2）多层仓库，是指两层以上的仓库。楼房各层间依靠垂直运输机械联系，也有的楼层间以坡道相连。

3）高层货架仓库，是指采用固定货架储存药品，搬运依靠自动化装置并由计算机控制出入库作业，是保管与装卸全部实现无人化、自动化操作的一种高效、节约仓库空间的立体型自动化仓库。

4）罐式仓库，是指以各种罐体为储存库的大型容器型仓库。

边学边练

如何确定一个药品应该放在哪一类仓库？

二、物流设施设备

物流设施设备是仓储系统的重要组成因素，担负着仓储作业的各项任务，影响着仓储活动的每个环节，在仓储活动中处于十分重要的地位。

第一，物流设施设备是提高仓储系统效率的主要手段。仓储系统离不开现代物流设施设备的应用。先进的物流设施设备和先进的管理是提高仓储能力、推动现代仓储迅速发展的重要因素。

第二，物流设施设备是反映仓储活动与物流技术水平高低的主要标志。物流设施设备与仓储活动密切相关，涉及整个仓储活动过程中存储保管、存期控制、数量管理、质量养护等作业环节及其他辅助作业，这些作业的高效完成需要不同的物流设施设备，其水平的高低直接关系到仓储活动各项功能是否完善和能否有效实现，决定着物流系统的技术含量，主要表现在：物流设施设备的社会化程度越来越高，物流设施设备结构越来越复杂，从研究、设计到生产、报废的各环节之间相互依赖，相互制约；物流设施设备出现“四化”趋势，即连续化、大型化、高速化、电子化，提高了生产效率；能源密集型的物流设施设备居多，能源消耗大，资金密集型的现代物流设施设备投资和使用费用高，因此提高管理的经济效益对物流企业来说非常重要。

第三，物流设施设备是仓储系统的主要成本因素。现代物流设施设备多为资金密集型，其购置投资相当可观，而后续维持系统正常运转、发挥设备效能，需要不断地投入资金。

仓储活动中所使用的设备按其用途和特征可以分为装卸搬运设备、保管设备、计量设备、养护检验设备、仓库安全设备、自动分拣设备、通风照明设备、劳动防护设备以及用途设备和工具等，以下对其中六种主要设备进行介绍。

1. 装卸搬运设备

装卸搬运设备是用于商品的出入库、库内堆码以及翻垛作业的工具。这类设备对改进物流设施设备、减轻劳动强度、提高收发货效率具有十分重要的作用。

（1）搬运车

1）手推车，是操作灵活、简单，回转半径小，以人力为主的搬运设备，适用于路面上短距离水平搬运轻型药品（图 2－2－A）。

2）手动液压搬运车，是广泛用于仓库的轻小型搬运设备，货叉通过手动液压油泵抬起，用人工手拉使之行走（图 2－2－B）。

3）自动导引搬运车，是指具有电磁或光学导引装置，能够按照预定的导引线路行走，具有小车运行和停车装置、安全保护装置以及各种移动功能的搬运设备（图 2－2－C）。

A. 手推车

B. 手动液压搬运车

C. 自动导引搬运车

图 2－2　各种搬运车

（2）叉车

叉车是一种行走式装卸搬运车辆，对包装件以及托盘、集装箱等货物进行装卸、堆码、拆垛、短途搬运等作业，是托盘运输、集装箱运输必不可少的设备。叉车操作灵活，具有降低劳动强度、提高装卸搬运效率、缩短装卸时间、提高仓容利用率等优点。

叉车的种类很多，医药物流企业中常使用到的叉车有：托盘叉车、堆垛叉车、平衡重式叉车、前移式叉车、拣选叉车、重载叉车、伸缩臂式叉车等。各种类型的叉车如图 2－3 所示。

图 2－3　各种叉车

1）托盘叉车，分为电动托盘叉车和手动托盘叉车，载重量在 2 t 左右，主要应用于生产线、仓库内外货物的转运，由于没有设置起升门架，所以托盘叉车仅应用于平面搬运场景。虽然托盘叉车存在无法举升货物的缺点，但是购置和租赁成本却要低得多。

2）堆垛叉车，又称码垛叉车，指对成件托盘货物进行装卸、堆高、堆垛和短距离运输作业的轮式搬运车辆。堆垛叉车拥有门架，但是不像其他举升式叉车一样拥有驾驶室，主要是为了灵活地搬运和堆高作业。

3）平衡重式叉车，是当前应用最广的叉车分类之一，平衡重式叉车的货叉在前轮中心线以外，主要特点在于为了克服货物产生的倾覆力矩，在叉车的尾部装有平衡重。装有充气轮胎的平衡重式叉车，运行速度比较快，而且有较好的爬坡能力。作业范围广泛适用于港口、车站和企业内部装卸、堆垛和搬运成件货物。3 t 以下的叉车还可在船舱、火车车厢和集装箱内作业。一般举升高度 2～4 m。

4）前移式叉车，其门架或货叉可以前后移动，最大提升高度达到 11.5 m，载重量为 1～2.5 t，并且已发展出用于存取长、宽件货物的多方向前移式叉车、双深度前移式叉车、室内外通用性前移式叉车等特殊用途产品。前移式叉车目前已逐渐成为装卸搬运作业的主要工具。

5）拣选叉车，又称拣货叉车，货叉和人站立脚踏板安装于内滑架上，随装卸装置一同进行上下运动，而且操作者能够作用于其两侧，拣选储存在两侧货架的货物。拣选叉车提升高度是为 4～6 m。拣选叉车转弯半径小，适合狭小通道、高层货架仓库。

6）重载叉车，又称大容量叉车，将仓库叉车的功能与伸缩叉车的功能相结合，具有较高的负载能力，载重量为 13～25 t。常见的重载叉车包括集装箱正面吊叉车、集装箱堆高机等，一般应用范围比较窄，集中在重工业及集装箱码头等场景。

7）伸缩臂式叉车，也称伸缩叉车，具有吊臂和可伸缩臂。连接到伸缩臂上的货叉，可以将 2.5 t 的物料移离地面，从 6～19 m 高的空中吊起。伸缩臂式叉车非常适合伸入狭窄的空间，广泛应用于工厂、车站、码头、货场、邮电、森林、建材、仓库等场所。

（3）输送机

输送机是以连续的方式沿着一定的路线从装货点到卸货点输送散装货物和成件货物的机

械设备。它是一种摩擦驱动，以连续方式运输物料的机械。它既可以进行碎散物料的输送，也可以进行成件物品的输送。除进行纯粹的物料输送外，还可以与各工业企业生产流程中的工艺过程要求相配合，形成有节奏的流水作业运输线。输送设备的种类很多，其中常用的有皮带输送机、螺旋输送机、滚筒输送机、斗式提升机、板链斗式提升机、管链输送机等。各种类型的输送机如图 2－4 所示。

图 2－4　各种输送机

（4）堆垛机

堆垛机是专门用来堆码货垛或提升货物的机械。普通仓库使用的堆垛机是一种构造简单、用于辅助人工堆垛、可移动的小型货物垂直提升设备。巷道式自动堆垛机则是自动化立体仓库内的主要作业机械。各种类型的堆垛机如图 2－5 所示。

图 2－5　各种堆垛机

2. 保管设备

保管设备是用于保护仓储货物质量的设备。主要可分为苫垫用品、存货用具和托盘。

（1）苫垫用品

苫垫用品主要起遮挡雨水和隔潮、通风等作用，如苫布（油布、塑料布等）、苫席等，多用在露天堆场。苫布具有色泽鲜艳、质轻柔软、经久耐用、高强度、耐拉力、防晒、防水、防霉、抗冻、耐腐蚀等特点。

（2）存货用具

存货用具，包括各种类型的货架、货橱等，其中，货架较为常见。货架泛指存放货物的架子。在物流设施设备中，货架是指专门用于存放单元化货物和成件货物的保管设备。货架在仓库中占有非常重要的地位。随着现代商业的迅猛发展，物流量大幅度增加，为实现仓库的现代化管理，改善仓库的功能，不仅要求货架数量多，而且要求货架功能多，并能实现机械化、自动化。常见货架类型如图 2－6 所示。

图 2－6　各种货架

1）按货架的发展分类，可分为传统货架和新型货架。传统货架包括层架、层格式货架、抽屉式货架、橱柜式货架、U 形架、悬臂架、栅架、鞍架、气罐钢筒架、轮胎专用货架等；新型货架包括旋转式货架、移动式货架、装配式货架、调节式货架、托盘货架、进车式货架、高层货架、阁楼式货架、重力式货架、屏挂式货架等。

2）按货架的适用性分类，可分为通用货架和专用货架。通用货架包括角钢货架、中 A 货架、中 B 货架、普通横梁货架等；专用货架包括模具货架、4S 店专用货架、电商货架等。

3）按货架的制造材料分类，可分为钢货架、钢筋混凝土货架、钢与钢筋混凝土混合式货架、木制货架、钢木合制货架等。

4）按货架的封闭程度分类，可分为敞开式货架、半封闭式货架、封闭式货架等。

5）按货架的结构特点分类，可分为层架、层格架、橱架、抽屉架、悬臂架、栅型架等。

（3）托盘

托盘是为了使药品能有效地被装卸、保管，将其按一定数量组合放置于一定形状的台面上，这种台面有供叉车从下部叉入并将台板托起的叉入口，以这种基本结构的平板台板和各种在这种基本结构基础上所形成的各种形式的集装器具都可称为托盘。

1）托盘的种类。按托盘的结构可以分为平托盘、箱式托盘、柱式托盘、轮式托盘、特种托盘等。按托盘的材料可分为塑料托盘、金属托盘、木质托盘、纸质托盘。此外，还有单面托盘、两面托盘等。各类型的托盘如图 2－7 所示。

图 2－7　各种托盘

2）托盘的规格。我国托盘规格与国际标准化组织规定的通用尺寸一致。主要有 800 mm ×

1 000 mm、800 mm×1 200 mm、1 000 mm×1 200 mm 三个规格。

美国主流托盘规格为 1 000 mm×1 200 mm；日本主流托盘规格为 1 100 mm×1 100 mm 和 1 000 mm×1 200 mm 两种。

3. 计量设备

（1）计量设备及其特点

计量设备是用于货物进出时的计量、点数，以及货存期间的盘点、检查中经常使用的度量衡设备。仓库中应用的各种计量设备都必须具有以下特点。

1）稳定性，指计量设备的计量感应部分在受力后，会离开平衡位置，而在所受力撤销以后能够回到原来位置。

2）灵敏性，指计量装置的灵敏度，即计量装置能感应出的最小荷重变化。

3）正确性，指计量装置每次对不同物品的计量结果应该在误差所允许的范围内。

4）不变性，指对同一物体连续称重，每次的计量结果应在误差所允许的范围内。

（2）计量设备分类

仓库中使用的计量设备种类很多，根据计量参数的不同可以分为以下四种，一是质量计量设备，包括各种磅秤、地中衡、轨道衡、电子秤等；二是流体容积计量设备，包括流量计、液面液位计等；三是长度计量设备，包括检尺器、自动长度计量仪等；四是个数计量设备，包括自动计数器及自动计数显示装置等。各种计量设备如图 2－8 所示。下面对三种常见的计量设备进行简单介绍。

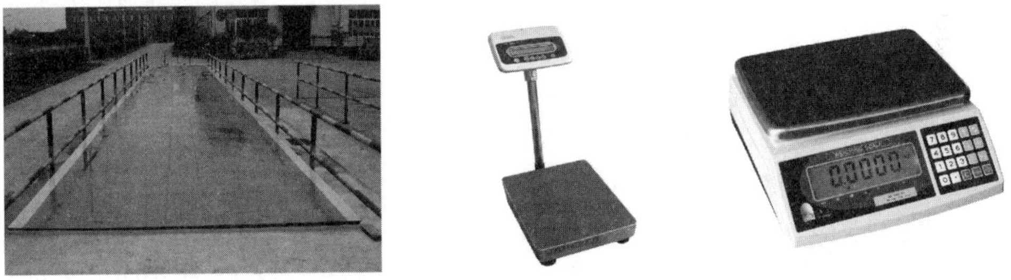

图 2－8　各种计量设备

1）地中衡，是对地面车辆、铁道车辆载货计重的衡器。地中衡广泛应用于原料进厂和成品出厂的称重计量，对称重精确度和稳定性有较高要求。地中衡多安装于露天场合，坑道台面的设计和传感器选用必须考虑环境和气候条件。电子式动态衡可在车辆缓行中及火车车厢不摘挂情况下自动计量，计量效率较高，但准确程度较低，主要用于煤炭、矿石等量大低值的货物计量。

2）电子秤，是电子衡器之一，在物流领域中，配合起重机起吊货物的同时计重的吊钩秤使用较多。电子秤主要由称重传感器、放大系统和显示仪表三部分部件构成。优点有计重准确、结构简单、安装调试使用方便、体积小、质量轻、计量速度快等，是物流领域计重装置的发展方向。

3）自动计数显示装置，是一种计数的计量装置。安装于多品种、少批量、多批次的拣选式货架上，每当取出一件药品，相应的显示装置上就显示出数量指示，可观察显示装置确认拣选数量、库存数量，与计算机联机，则可由计算机立即汇总、记录。广泛应用在药品的流通中心和配送中心。在旋转货架、移动货架、重力拣选货架上都可安装使用。

4. 养护检验设备

养护检验设备是指药品进入仓库验收和在库内保管测试、化验以及防止药品变质、失效的机具、仪器。在规模较大的仓库中这类设备使用较多。根据《药品经营质量管理规范》的要求，库房应当配备以下养护检验设备：避光、通风、防潮、防虫、防鼠等设备，有效控制温湿度及室内外空气交换的设备，自动监测、记录库房温湿度的设备，符合储存作业要求的照明设备等。具体如温度仪、测潮仪、除湿机、加湿器、空调、排风扇、吸潮机、擦锈机、烘干箱、空气调节器、红外线装置、风幕装置、电冰箱、千分之一分析天平、澄明度检测仪、标准比色液等。同时经营中药材、中药饮片的，还应配备水分测定仪、紫外荧光灯、解剖镜或显微镜等。医疗器械经营企业的仓库应建立验收养护室，备有稳压装置的交直流两用电源、接触良好的接地线和操作工作台，并配备多用表、兆欧表等仪器。

储存、运输冷藏、冷冻药品的，应当配备以下设施设备：与其经营规模和品种相适应的冷库，储存疫苗的应当配备两个以上独立冷库；用于冷库温度自动监测、显示、记录、调控、报警的设备；冷库制冷设备的备用发电机组或者双回路供电系统；符合药品运输过程中对温度控制要求的运输冷藏、冷冻药品的冷藏车及车载冷藏箱、保温箱。冷藏车具有自动调控温度、显示温度、存储和读取温度监测数据的功能；冷藏箱、保温箱具有外部显示和采集箱体内温度数据的功能。储存、运输设施设备的定期检查、清洁和维护应当由专人负责，记录并建立档案。

空调是仓库中较为常用的养护检验设备。空调是指通过人工手段，对建（构）筑物内环境空气的温度、湿度、洁净度、流速等参数进行调节和控制的设备。仓库中常用的空调有风冷式空调、风冷吊顶式空调、水冷柜式空调三种。

此外，医药企业应当按照《药品经营质量管理规范》的要求，在仓库和运输冷藏、冷冻药品的设备中，配备温湿度自动监测系统（以下简称系统）。系统应当对药品储存过程中的温湿度状况，以及冷藏、冷冻药品运输过程中的温度状况，进行实时自动监测和记录（如图 2－9 所示）。

系统由测点终端、监控主机、不间断电源以及相关软件等组成。各测点终端能够对周边环境温湿度进行数据的实时采集、传送和报警；管理主机能够对各测点终端监测的数据进行收集、处理和记录，并具备发生异常情况时的报警功能。

温湿度自动监测系统温湿度数据的正常值范围应设置为：

1）阴凉库温度≤20 ℃，湿度 35% ~75%。

2）常温库温度 10 ~30 ℃，湿度 35% ~75%。

3）冷库、冷藏车和保温箱温度 2 ~10 ℃。

温湿度测量设备的最大允许误差应当符合以下要求：

1）测量范围在 0 ~40 ℃之间，温度允许最大误差为 ±0.5 ℃。

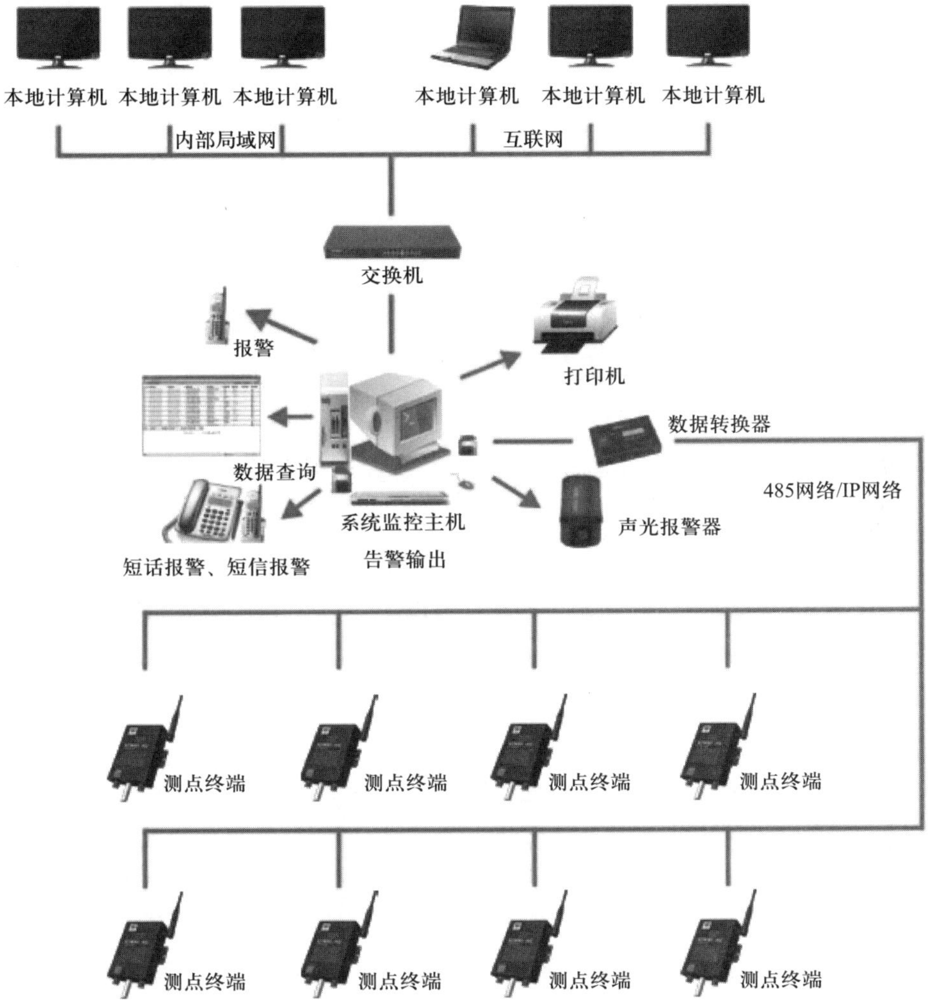

图 2-9　温湿度自动监测系统

2）测量范围在 -25 ~0 ℃之间，温度允许最大误差为 ±1.0 ℃。

3）相对湿度的最大允许误差为 ±5%。

系统应当自动对药品储存、运输过程中的温湿度环境进行不间断的监测和记录，至少每 1 min 更新一次测点温湿度数据；在储存过程中至少每 30 min 自动记录一次实时温湿度数据，在运输过程中至少每 5 min 自动记录一次实时温湿度数据。监测温湿度超出规定范围时，系统应至少每 2 min 记录一次实时温湿度数据。系统应当自动生成温湿度监测记录，内容包括温度值、湿度值、日期、时间、测点位置、库区或运输工具类别等。

当监测的温湿度达到临界值或超出规定范围时，系统应当能够实现就地和在指定地点进行声光报警，同时采用短信通信方式，向至少 3 名工作人员发出报警信息。当发生供电中断的情况时，系统应当采用短信通信方式，向至少 3 名指定人员发出报警信息。

系统各测点终端采集的监测数据应当真实、完整、准确、有效。测点终端采集的数据应通过网络自动传送到监控主机，进行处理和记录，并采用可靠方式进行数据保存，确保数据不丢失和不被改动；系统具有确保监测数据不可被更改、删除的功能，不得有反向导入数据的功能；系统不得对用户开放温湿度传感器监测值修正、调整功能，防止用户随意调整造成监测数据失真。对监测数据应采用安全、可靠的方式备份，备份数据应当存放在安全场所。数据保存时限不得少于 5 年，疫苗、特殊管理药品的保存时限自药品有效期满之日起不少于 5 年；系统应当与医药企业计算机终端进行数据对接，自动在计算机终端存放数据，可通过计算机终端进行实时数据查询和历史数据查询；系统应当独立不间断运行，防止因供电中断、计算机关闭或故障等因素影响系统正常运行或造成数据丢失；系统应当保持独立、安全运行，不得与温湿度调控设施设备联动，规避温湿度调控设施设备异常导致系统故障的风险。

对储存及运输设施设备的测点终端布点方案，应当进行测试和确认，保证储存及运输设施设备中安装的测点终端的数量及位置能够准确反映环境温湿度的实际状况。质量管理部门负责组织仓储、运输等部门共同实施验证工作。每年进行一次年度验证。

库房或仓间安装的测点终端数量及位置应当符合以下要求：

1）每一独立的药品库房或仓间至少安装 2 个测点终端，并均匀分布。

2）平面仓库面积在 300 m^2 及以下的，至少安装 2 个测点终端；300 m^2 以上的，每增加 300 m^2 至少增加 1 个测点终端，不足 300 m^2 的按 300 m^2 计算；平面仓库测点终端的安装位置，不得低于药品货架或药品堆码调度的 2/3 位置。

3）高层货架仓库或全自动立体仓库的货架层高在 4.5 ~ 8 m 的，每 300 m^2 至少安装 4 个测点终端，每增加 300 m^2 至少增加 2 个测点终端，并均匀分布在货架上、下位置；货架层高在 8 m 及以上的，每 300 m^2 至少安装 6 个测点终端，每增加 300 m^2 至少增加 3 个测点终端，并均匀分布在货架上、中、下位置，不足 300 m^2 的按 300 m^2 计算；高层货架仓库或全自动立体仓库上层测点终端安装的位置，不得低于最上层货架存放药品的最高位置。

4）储存冷藏、冷冻药品仓库测点终端的安装数量须符合本条上述各项要求，其安装数量按每 100 m^2 计算。

运输设施设备安装的测点终端数量及位置应当符合以下要求：

1）每台独立的冷藏、冷冻药品运输车辆或车厢，安装的测点终端数量不得少于 2 个，车厢容积超过 20 m^3 的，每增加 20 m^3 至少增加 1 个测点终端，不足 20 m^3 的按 20 m^3 计算。每台冷藏箱或保温箱应至少配备 1 个测点终端。

2）测点终端应当牢固安装在经过确认的合理位置，避免储运作业及人员活动对监测设备造成影响或损坏，其安装位置不得随意改动。对测点终端每年至少进行一次验证或校准，对系统设备也应当至少一年进行一次定期检查、维修、保养，并建立档案。

5. 仓库安全设备

仓库安全设备主要包括消防安全设备，如灭火器、消防栓等；防范系统，如防尘、防霉、防污染、防鼠虫设备等；监控系统，如电视监控、网络视频监控系统等；电气设备，如变压器、电动机、防爆灯等；危险库防雷装置，如避雷针、避雷器等。

6. 自动分拣设备

自动分拣设备是自动控制的分拣装置。由接受分拣指令的控制装置、把到达货物取出的搬送装置、分拣货物的分拣装置和存放货物的暂存装置等组成。

自动分拣设备的广泛使用对现代分拣作业效率的提高及自动化具有重要作用。其中，分拣作业中常用的周转设备根据性能可分为以下几类（常见的周转设备如图 2－10 所示）。

图 2－10　常见的周转箱

（1）可堆式周转箱

可堆式周转箱又称可堆式流箱，其箱体四面均有新型一体化无障碍把手，便于操作人员更有效、更安全地抓取箱体，使搬运更加舒适方便。可堆式周转箱广泛用于物流中的运输、配送、储存、流通加工等环节，具有清洁方便、周转便捷、堆放整齐、便于管理、耐酸耐碱、耐油污、无毒无味、可盛放食品等特点。可堆式周转箱也可与多种物流容器和工位器具配合，用于各类仓库、生产现场等多种场合。

（2）可插式周转箱

可插式周转箱以物流容器的标准化、单元化、专业化为基础，以节省成本、提高效率为目标，在企业内部物流中起到举足轻重的作用。可插式周转箱所有尺寸规格都是经过严格的数学计算所得，与标准物流容器和工位器具配合使用，可整齐精确地堆垛，是完成物流容器和工位器具标准化、专业化的基本单元。

可插式周转箱通常具有以下特点：

1）材质为共聚丙烯、聚乙烯合成，自重轻、使用寿命长；

2）其与各类物流容器和工位器具在使用过程中尺寸配合完好；

3）有效工作温度为 －25 ~ 40 ℃；

4）可堆叠存放，节省使用空间；

5）带盖可插式周转箱统一规格箱体满载时可堆垛 4 层。

（3）折叠式周转箱

折叠式周转箱采用国际流行款式，根据折叠方式的不同，有对折式和内倒式两种折叠方式，折叠后的体积只有组立时体积的 1/4 ~ 1/3，具有质量轻、占地少、组合方便、有效利用空间等优点。

除以上三种常用的周转箱外，周转箱根据用途又可以分为防静电周转箱、导电周转箱、阻燃周转箱、仪器周转箱、药品包装箱等不同种类。

自动分拣系统是现代化配送中心所必需的设施条件之一，目前已经成为发达国家大中型物流中心不可缺少的一部分。

自动分拣系统可以把分拣的前后作业连接起来，从而使分拣作业实现自动化。自动分拣系统一般由控制装置、分类装置、输送装置及分拣道口组成，具有很高的分拣效率，是提高物流配送效率的一项关键因素。但也具有一次性投资巨大、对物品外包装要求高、需要相应的大量业务支持的缺点。

按照不同的分拣模式，自动分拣系统主要有以下几种类型（常见的分拣系统如图 2－11 所示）。

图 2－11　常见的分拣系统

（1）堆块式分拣系统

堆块式分拣系统由堆块式分拣机、供件机、分流机、信息采集系统、控制系统、网络系统等组成，其主要是由链板式输送机和具有独特形状的滑块在链板间左右滑动来完成商品分拣的。其主要优点有：

1）可适应不同大小、质量、形状的各种不同货物；

2）分拣时准确、冲击性小、不损伤货物；

3）可向左、右两侧分拣，占地空间小；

4）分拣时所需货物间隙小，分拣能力高达每小时 18 000 件；

5）机身长，最长达 110 m，出口多。

（2）轨道台车式分拣系统

轨道台车式分拣系统的工作原理是，将被分拣货物放置在沿轨道运行的小车托盘上，当到达分拣道口时，台车托盘倾斜 30°，货物被分拣到指定的目的地。其主要优点有：

1）立体布局，布局更为灵活、适应作业需要；

2）可靠耐用，易维修保养，更为节能；

3）高容量、模块化分拣，分拣能力可达每小时 12 000 件；

4）多用于在机场行李分拣领域，在快递行业也有应用。

（3）滑块式分拣机

滑块式分拣机是一种特殊形式的条板输送机，通过计算机控制，当被分拣的货物到达指定道口时，控制器使导向滑块有序地自动向输送机的对面一侧滑动，把货物推入分拣道口。

这种分拣机不易损伤、冲击货物，对分拣货物的形状和大小适用范围广，故障率非常低，是目前国外最新型的一种高速分拣机。滑块式分拣机可多台交叉重叠使用，以改善单一滑块式分拣机无法达到能力要求的缺点。

（4）交叉带式分拣系统

交叉带式分拣系统由主驱动带式输送机和载有小型带式输送机的台车（简称小车）连接在一起，当小车移动到规定的分拣道口时，转动皮带，完成货物分送任务。根据现场作业的具体情况可分水平循环式和直行循环式。其主要优点有：

1）适宜分拣各类小件货物，如食品、药品、化妆品、衣物等；

2）分拣道口多，可左右两侧分拣；

3）分拣能力一般达每小时 7 200 ~ 12 000 件。

（5）斜导轮式自动分拣系统

斜导轮式自动分拣系统主要是由转动着的斜导轮在平行排列的主窄幅皮带间隙中浮上、下降来达到货物分拣目的的系统。其主要优点有：

1）对货物冲击力小，分拣快速准确；

2）适应各类货物，如硬纸箱、塑料箱等平底货物；

3）分拣道口数量多。

（6）摇臂式自动分拣系统

摇臂式自动分拣系统是将被分拣的货物放置在钢带式或链板式输送机上，当到达分拣道口时，摇臂转动，物品沿摇臂杆斜面滑到指定目的地。其主要优点有：

1）能连续、大批量地分拣货物；

2）分拣误差率极低；

3）分拣作业基本实现无人化。

（7）挡板式分拣机

挡板式分拣机是利用一个挡板（挡杆）挡住在输送机上向前移动的货物，将货物引导到一侧的滑道排出。挡板（挡杆）一般是安装在输送机的两侧，和输送机上平面不接触，在操作时只接触货物而不接触输送机的输送表面，对大多数形式的输送机都适用。挡板（挡杆）本身也有不同形式，如直线型、曲线型，也有的在挡板工作面上装有滚筒或光滑的塑料材料，以减少摩擦阻力。

（8）电子标签辅助拣货系统

电子标签辅助拣货系统（如图 2 - 12 所示）是采用先进电子技术和通信技术开发而成的物流辅助作业系统，安装在货架储位上，通过计算机与软件的控制，以灯号与数字显示为辅助工具，引导拣货工人正确、快速、轻松地完成拣货工作。

电子标签辅助拣货系统通常使用在现代物流中心货物分拣环节，具有拣货速度快、效率高、差错率低、无纸化、标准化等作业特点。与仓储管理系统（WMS）或其他物流管理系统配合使用效率更高。

图 2－12　电子标签辅助拣货系统

（9）自动导引运输车

自动导引运输车（automated guided vehic，AGV）是指装备有电磁或光学等自动导引装置，能够沿规定的导引路径行驶，具有安全保护以及各种移载功能的运输车，是一种工业应用中不需驾驶员的运输车，以可充电的蓄电池为其动力来源。一般可通过电脑来控制其行进路线以及行为，或利用电磁轨道来设置其行进路线，电磁轨道粘贴于地板上，AGV 则依循电磁轨道所带来的信息进行移动与动作。

AGV 以轮式移动为特征，较之步行、爬行或其他非轮式的移动机器人具有行动快捷、工作效率高、结构简单、可控性强、安全性好等优势。与物料运输中常用的其他设备相比，AGV 的活动区域不受场地、道路和空间的限制。因此，在自动化物流系统中，最能充分体现其自动性和柔性，实现高效、经济、灵活的无人化生产。

AGV 是一种自动导引小车，由机械系统、动力系统和控制系统三大部分构成。机械系统包括车体、车轮、转向装置和移载装置，其中车体由车架和相应的机械装置组成，是 AGV 的基础部分，也是其他组成部件的安装基础；转向装置接受导引系统的方向信息实现转向动作；移载装置与所搬运货物直接接触，是实现货物转载的装置。动力系统包括运行电动机、转向电动机、移载电动机、蓄电池和充电装置，其中运行电动机是整个动力系统的主要部分，是动力的来源；转向电动机可带动车轮实现转向；移载电动机是用于移载货物的动力来源；蓄电池和充电装置是系统能量的源头，现已经实现混合动力形式。控制系统包括信息传输及处理装置、驱动控制装置、转向控制装置、移载控制装置、安全控制装置等。AGV 的各个部件分布如图 2－13 所示。

自动性是 AGV 最大的特点。除此之外，其在柔性生产、准时生产以及机电一体化、安全性方面都有很大的优越性，具体如下：

1）AGV 可十分方便地与其他物流系统，如 AS/RS（自动化立体仓库）、各种缓冲站、自动积放链、升降机和机器人等实现自动连接；实现在工作站之间对物料进行跟踪；对输送进行确认；按计划输送物料并有执行检查记录：与生产线和库存管理系统进行在线连接以向工厂管理系统提供实时信息。

2）采用 AGV 可节省用于人工检取与堆置物料的劳动力，操作人员无须为跟踪物料而进

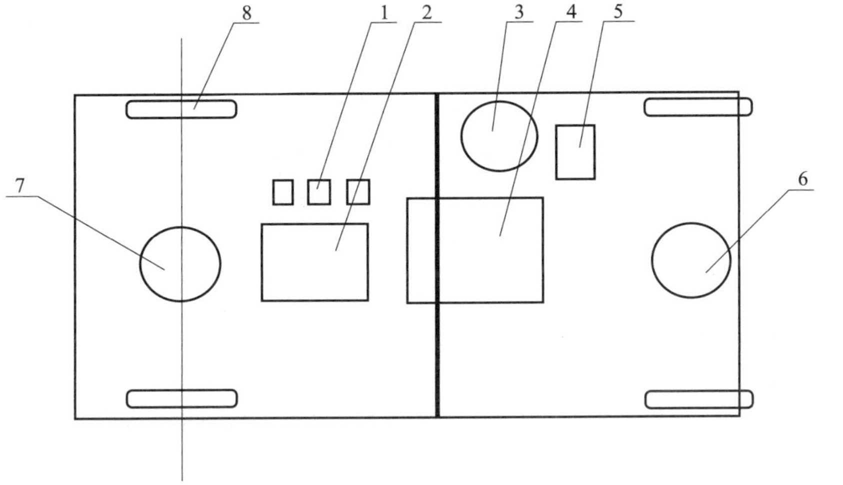

图 2-13　AGV 部件分布图

1. 蓄电池组；2. 伺服交流电动机；3. 激光扫描仪；4. 车载控制器；5. 无线通信装置；
6. 伺服交流电动机；7. 减速器；8. 驱动车轮

行大量的报表工作，因而显著提高劳动生产率。另外，非直接劳动力如物料仓库会计员、发料员以及运货车调度员的工作的减少甚至完全取消又进一步降低了成本。

3）AGV 运输物料时，很少有货物或生产设备的损坏，这是因为 AGV 按固定路径行驶，不易与加工设备和其他障碍物碰撞。

4）绝大多数 AGV 使用 2～3 年从经济上就能收回投资成本。

5）AGV 通过安装在地面之下的电缆或其他不构成障碍的地面导引物移动，其通道必要时可作其他用处。

6）系统具有极高的可靠性。AGV 系统由若干台小车组成，当一台小车需要维修时，其他小车的生产率不受影响并保持高度的系统可利用性。

7）节约能源与保护环境。AGV 的充电和驱动系统耗能少，能量利用率高，噪声极低，对制造和仓储环境没有不良影响。

AGV 从发明至今已经有 50 年的历史，随着应用领域的扩展，其种类和形式变得多种多样。根据 AGV 自动行驶过程中导航方式的不同可分为以下几种类型。

1）电磁感应引导式 AGV。电磁感应引导式 AGV 一般是在地面上，沿预先设定的行驶路径埋设电线，当高频电流流经导线时，导线周围产生电磁场，AGV 上安装有左右对称的两个电磁感应器，它们所接收的电磁信号的强度差异可以反映 AGV 偏离路径的程度。AGV 的自动控制系统根据这种偏差来控制车辆转向，连续的动态闭环控制能够保证 AGV 对设定路径的稳定自动跟踪。这种电磁感应引导式导航方法目前在绝大多数商业化的 AGV 系统上使用，尤其适用于大中型的 AGV。

2）激光引导式 AGV。激光引导式 AGV 上安装有可旋转的激光扫描器，在运行路径沿途的墙壁或支柱上安装有高反光性反射板的激光定位标志，AGV 依靠激光扫描器发射激光束并接收由四周激光定位标志反射回的激光束，车载计算机计算出车辆当前的位置以及运动的方向，通过与内置数字地图对比来校正方位，从而实现自动搬运。目前，该种 AGV 的应用越来越普遍。依据同样的引导原理，若将激光扫描器更换为红外发射器或超声波发射器，则激光引导式 AGV 可以变为红外引导式 AGV 和超声波引导式 AGV。

3）视觉引导式 AGV。视觉引导式 AGV 是正在快速发展和成熟的 AGV，该种 AGV 上装有电荷耦合器件（CCD）摄像机和传感器，在车载计算机中设置有 AGV 行驶路径周围环境图像数据库。AGV 行驶过程中，CCD 摄像机动态获取车辆周围环境图像信息并与图像数据库进行比较，从而确定当前位置并对下一步行驶作出决策。这种 AGV 不要求人为设置任何物理路径，在理论上具有最佳的引导柔性，随着计算机图像采集、储存和处理技术的飞速发展，该种 AGV 的实用性会越来越强。

此外，还有铁磁陀螺惯性引导式 AGV、光学引导式 AGV 等多种形式的 AGV。

实训一　医药仓库液压搬运车操作

一、实训目的

1. 能正确使用搬运车进行货物的搬运。
2. 能运用医药货物搬运技巧。
3. 能进行简单的医药货物搬运、码垛操作。

二、实训准备

1. 操作场所：学校模拟仓库要求有一定操作面积，有发货、待验、退货区，合格品区及不合格品区。环境卫生整洁，仓库温湿度、照明等均符合《药品经营质量管理规范》要求。

2. 仓库所用器具材料：手动液压搬运车 1 辆，额定负重 1 000 kg；塑料托盘 1 只，规格为 1 000 mm × 1 200 mm；纸箱 30 只，规格为长 385 mm、宽 290 mm、高 295 mm；蓝色或黑色的水笔若干支；秒表 1 只。

3. 操作活动对象：医药货物。

4. 活动所需表格：医药货物入库通知书及入库单。

三、实训指导

养生堂大药房连锁有限公司是一家兼营西药、中成药、中药材、中药饮片及保健品等超千种医药货物的大型药品零售企业。随着连锁门店的不断扩张，配送中心的业务也越来越多，仓库每日的医药货物吞吐量呈直线上升趋势，因此，仓库管理员应充分掌握仓库的设施设备的使用方法。假设你是该企业配送中心仓库的药品管理人员，请根据下面所给资料对仓库里的医药货物进行搬运、堆码操作。

资料：

入库通知书

订货单号：01149970　　业务员：S28 张兰　　日期：2020 年 9 月 1 日

入库单位：上海养生堂大药房配送中心　　订单类型：赊销　　库位：A 库

货位	药品编码	药品名称	药品规格	生产厂家	单位	单价	数量	金额	批号	有效期至	整件	质量	零售价	批准文号
A21	27305	皮肤清洗液	1 盒 × 300 mL × 50 箱	江西康美	盒	7. 50	1 500	11 250	091104	2021 – 11 – 30	30	合格	34. 50	赣卫消字（2002）第 0010 号

验收单位（盖章）：上海养生堂大药房配送中心　　复核（盖章）：李冰

记账员（盖章）：王宇　　制单（盖章）：吴佳

四、实训操作实施

1. 核对入库通知书

根据所给的入库通知书核对药品名称、规格、数量、批准文号及有效期，保持单据和货物相一致。根据入库通知书的内容，进行实物验收，如遇数量不符或出现质量问题时，要在入库单上注明情况，然后将货物码放在托盘上，利用手动液压搬运车将货物运至指定货位。

2. 填写入库单

根据入库通知书的内容及验收的结果填写入库通知单。

入库单

编号：　　日期：　　年　月　日

药品名称	药品规格	生产厂家	包装规格	应收数量	实收数量	有效期至	批号	货位	备注

入库人：　　复核人：　　库管员：

五、实训测评

按表 2 – 1 所列评分标准进行测评，并做好记录。

表 2 – 1　　实训评分标准

作业环节	扣分项目	分值	扣分次数			备注
入库验收操作	1. 货品差错	6				
	2. 数量差错	6				
	3. 质量差错	6				
	4. 未沟通	6				
	5. 未拒收	6				
	6. 退货未整理	6				
	7. 未交接	4				
	8. 操作顺序错误	6				

续表

作业环节	扣分项目	分值	扣分次数			备注
码盘操作	9. 未标准码放	6				
	10. 码盘失误	3				
	11. 野蛮作业	2				
	12. 跌落	6				
	13. 条码未朝外	6				
手动液压搬运车操作规范	14. 碰撞	6				
	15. 压线	2				
	16. 倾斜	2				
	17. 拖地	4				
	18. 进叉失误	2				
	19. 行进降叉	2				
	20. 不规范停放	3				
	21. 未归位	4				
入库单填写	22. 未写明拒收原因	4				
	23. 入库单未签名	2				
总分合计		100				

操作时间规定：

1. 5 min 为限，超时 1 min 扣 12 分，10 min 为一单位，10 s 以内四舍五入。
2. 操作质量优先，同时考虑速度。质量权重占 70%，速度权重占 30%。

六、实训小结

根据各组总分及操作实践活动，点评本次实训课的重点难点、成绩与不足，考核分数记入平时实训考核技能成绩。

§2－2　智慧物流设施设备及医药行业信息化系统

学习目标

1. 掌握医药商品智慧物流设施设备，如订单管理系统等的使用。
2. 初步认识医药行业信息化系统的发展现状及发展趋势。
3. 了解未来医药行业人才需求的具体方向。

一、智慧物流设施设备

信息技术（information technology，IT），是主要用于管理和处理信息所采用的各种技术的总称。

在物流领域，物流信息技术是物流现代化的重要标志，也是物流技术中发展最快的领域，从数据采集的条形码系统，到办公自动化系统中的计算机、互联网，各种终端设备等硬件及计算机软件都在快速发展。

当前，各种物流信息技术已经广泛应用于物流活动的各个环节。如电子数据交换（EDI）技术、销售点管理信息系统（POS 系统）、订单管理系统（OMS）、全球定位系统（GPS）、地理信息系统（GIS）、自动识别（AIDC）技术、运输管理系统（TMS）、仓储管理系统（WMS）等。

下面重点介绍几种在医药商品信息采集领域广泛应用的信息技术及设备。

1. 电子数据交换技术

电子数据交换（EDI）是由国际标准化组织（ISO）推出使用的国际标准，是一种按照一个公认的标准，为商业或行政事务的处理，形成结构化的事务处理或消息报文格式，再从计算机到计算机的电子传输方法，也是计算机可识别的商业语言。

EDI 技术主要用于商业数据交换和贸易过程，随着商务运作的全球化和全球标准的日益规范与统一，大型商业机构的 EDI 技术意识越来越强。某些行业已经形成了非常成熟的供应链网络，并通过实施 EDI 技术改善整个行业的效率。

EDI 技术具有以下 5 个特点：

（1）使用对象是不同的组织之间，是企业间信息交流的一种方式；

（2）EDI 技术所传送的资料是业务资料，如发票、订单等，而不是一般通知；

（3）EDI 技术传输的报文是格式化的，符合国际标准，这是计算机能够自动处理报文的基本前提；

（4）EDI 技术使用的数据通信网络一般是增值网、专用网；

（5）数据传输由收送双方的计算机系统直接传送、交换资料，不需要人工介入操作。

2. 销售点管理信息系统

销售点管理信息系统（POS 系统）是指通过自动读取设备在销售商品时直接读取商品销售信息（如商品名、单价、销售数量、销售时间、销售店铺、购买客户等），并通过通信网络和计算机系统传送至有关部门进行分析加工以提高经营效率的系统。

POS 系统主要有识别、销售、付款、票据和报表查询、前台盘点等功能，能很好地适用于多个行业。

3. 订单管理系统

订单管理系统（OMS）是指接受客户订单信息，结合仓储管理系统发来的库存信息，按照客户和紧要程度给订单归类，根据不同仓储地点的库存进行配置，并确定交付日期的订单信息处理系统。

OMS 是物流管理系统的一部分，通过对客户订单进行管理及跟踪，动态掌握订单的进展和完成情况，提升物流过程中的作业效率，节省运作时间和作业成本，提高物流企业的市场竞争力。

4. 全球定位系统

全球定位系统（GPS）是利用定位卫星，在全球范围内实时进行定位、导航的系统。

GPS 能为全球用户提供低成本、高精度的三维位置、速度和精确定时等导航信息，是卫星通信技术在导航领域的应用典范，它有力地推动了数字经济的发展。在物流领域，GPS 可以应用于车辆定位、跟踪、调度等。

GPS 系统具有全球全天候定位、定位精度高、观测时间短、测站间无需通视、仪器操作简便、可提供全球统一的三维地心坐标、应用广泛等特点。

5. 地理信息系统

地理信息系统（GIS）是在计算机技术的支持下，对整个或部分地球表层（包括大气层）空间中的有关地理分布数据进行采集、储存、管理、运算、分析、显示和描述的技术系统。它是一种特定的、十分重要的空间信息系统。

地理信息系统具有以下 4 个特点：

（1）公共的地理定位基础；

（2）具有采集、储存、管理、运算、分析、显示和描述多种地理空间信息的能力；

（3）系统以分析模型驱动，具有极强的空间综合分析和动态预测能力，并能产生高层次的地理信息；

（4）以地理研究和地理决策为目的，是一个人机交互式的空间决策支持系统。

当前，许多学科受益于 GIS 技术。政府、企业也都在更广泛地应用 GIS，包括 GIS 的分支定位服务，城市信息、自然资源信息查询，土地管理，社区规划，运输和物流等。

6. 自动识别技术

自动识别（AIDC）技术是应用一定的识别装置，通过被识别物品和识别装置之间的接近活动，自动获取被识别物品的相关信息，提供给后台计算机处理系统来完成相关后续处理的一种技术。

自动识别技术是物联网中非常重要的技术之一，它融合了物理和信息技术，是物联网区别于其他网络（如互联网）最独特的部分。自动识别技术可以对每个物品进行标识和识别，并实时更新数据，是一种高度自动化的信息和数据采集技术。自动识别技术是构造全球物品信息实时共享的重要组成部分，是物联网的基石。

按照应用领域和具体特征的分类标准，自动识别技术可以分为以下 7 种。

（1）条码识别技术

条码识别技术是指利用光电转换设备对条形码进行识别的技术。条码是实现电子数据交换、销售时点信息系统、电子商务、供应链管理的技术基础，是实现物流管理现代化、提高企业管理水平和竞争能力的重要技术手段。

条码识别技术是迄今为止最经济实用的一种自动识别技术，在备件物流中得到了广泛应用。常见的条码扫描器如图 2－14 所示。条码扫描器主要可分为以下几种：

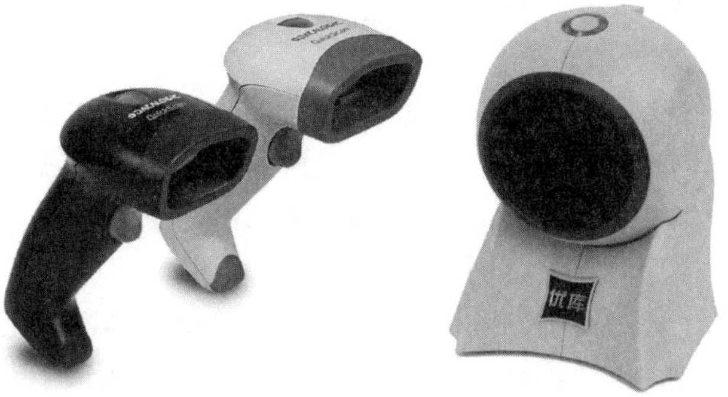

图 2－14　各种条码扫描器

1）手持式条码扫描器。手持式条码扫描器是 1987 年推出的技术产品，绝大多数采用接触式图像传感器（CIS）技术，光学分辨率为 200 dpi①，有黑白、灰度、彩色多种类型，其中彩色类型一般为 18 位彩色。也有个别高档产品采用电荷耦合器件（CCD）作为感光器件，可实现 24 位真彩色，扫描效果较好。

2）平台式条码扫描器又称平板式条码扫描器、台式条码扫描器。目前在市面上大部分的条码扫描器都属于平台式条码扫描器。这类条码扫描器光学分辨率为 300～8 000 dpi，色彩位数从 24 位到 48 位，扫描幅面一般为 A4 或者 A3。平台式条码扫描器的优点在于像使用复印机一样，只要把条码扫描器的上盖打开，不管是书本、报纸、杂志、照片底片都可以放上去扫描，操作方便，而且扫描出的效果也是所有常见类型条码扫描器中最好的。

3）小滚筒式条码扫描器。小滚筒式条码扫描器是手持式条码扫描器和平台式条码扫描器的中间产品（这几年有新的出现，因为是内置供电且体积小被称为笔记本条码扫描器）。这种产品绝大多数采用 CIS 技术，光学分辨率为 300 dpi，有彩色和灰度两种，彩色类型一般为 24 位彩色。也有极少数小滚筒式条码扫描器采用 CCD 技术，扫描效果明显优于 CIS 技术的产品，但由于结构限制，体积一般明显较大。

小滚筒式设计是将条码扫描器的镜头固定，而移动要扫描的物品条码标签。操作时像打印机一样，要扫描的物品条码必须穿过机器再送出，因此，被扫描的物体不可以太厚。这种条码扫描器最大的好处是体积小，但是使用起来有多种局限，如只能扫描薄薄的纸张，范围还不能超过条码扫描器的大小等。

（2）生物识别技术

生物识别技术是指通过获取和分析人的生物特征来实现人的身份的自动鉴别。生物特征分为物理特征和行为特点两类。物理特征包括指纹、掌形、眼睛（视网膜和虹膜）、人体气味、脸型、皮肤毛孔、手腕、手的血管纹理和 DNA 等。行为特点包括签名、语音、行走步

① dpi（dot per inch）为图像分辨率的单位，即每英寸长度的采样点数量。因该单位在图像学中应用广泛，尽管并不是我国法定计量单位，也不符合国际单位制的表述形式，但为避免读者无法理解，本书中仍保留此表示方式。——编辑注。

态、击打键盘的力度等。

根据识别内容的不同，生物识别技术主要包括声音识别技术、人脸识别技术、指纹识别技术等类型。

1）声音识别技术。声音识别是一种将识别到的声音转换成文字信息的技术，是一种非接触的识别技术。其最大特点是不用手工录入信息，对那些采集数据的同时还要完成其他工作的工种尤为适用。声音识别的最大问题是识别率较低，要想连续、高效地应用有一定难度，更适合语音句子量集中且反复应用的工作。

2）人脸识别技术。人脸识别特指利用分析比较人脸视觉特征信息进行身份鉴别的识别技术。人脸识别是一项热门的计算机技术研究领域，其中包括人脸追踪侦测、自动调整影像放大、夜间红外侦测、自动调整曝光强度等技术。

相较于其他生物识别技术，人脸识别技术具有非接触性、非强制性、并发性等优点，但人脸识别对周围的光线环境敏感，会影响识别的准确性，人体面部的头发、饰物等遮挡以及人脸衰老等因素会在一定程度上影响识别精度，需要进行人工智能补偿。

3）指纹识别技术。指纹识别是指通过比较不同指纹的细节特征点来进行自动识别的一种技术。指纹是人的手指末端正面皮肤上凸凹不平产生的纹线。由于指纹的终身不变性、特定性和方便性，指纹识别技术已经几乎成为生物特征识别的代名词。

目前市场上使用的指纹图像采集设备，基本上基于光学技术、半导体硅技术、超声波技术三种技术基础。

（3）图像识别技术

图像识别技术是指对图像进行对象识别，以识别各种不同模式的目标和对象的技术。

图像识别技术是立体视觉、运动分析、数据融合等实用技术的基础，在导航、地图与地理配准、自然资源分析、天气预报、环境监测、生理病变研究等许多领域具有重要的应用价值。

（4）磁卡识别技术

磁卡是一种磁记录介质卡片，由高强度、耐高温的塑料或纸质涂覆塑料制成，防潮且有一定的柔韧性，携带方便，使用较为稳定可靠。磁卡价格低廉但易磨损。磁卡识别技术能够在很小体积内存储较大数量的信息，且磁条上的信息可以被重写或更改。但磁卡的防盗、存储量等性能比起一些新技术，如芯片卡技术等还有一定差距。

（5）集成电路卡识别技术

集成电路卡（IC 卡）是继磁卡之后出现的又一种信息载体。IC 卡的价格稍高，数据储量很大，数据安全性好，但 IC 卡触点露在外部，可能会因静电或人为的原因损坏。

（6）光学字符识别技术

光学字符识别（OCR）技术是指使用电子设备检查纸上打印的字符，通过检测暗、亮的模式确定其形状，然后用字符识别方法将形状翻译成计算机文字的过程。

OCR 技术作为一类比较细分的技术，在智能交通、票据、证件及文件识别等领域广泛应用。

（7）射频识别技术

射频识别（RFID）技术是一种非接触式的自动识别技术，它基于电磁感应、无线电波或微波进行非接触双向通信，从而达到识别和交换数据的目的，被认为是21世纪最具发展潜力的信息技术之一。

RFID技术在工作时无须人工干预，可在各种恶劣环境下工作。短距离射频识别产品不怕油渍、灰尘污染等恶劣的环境，可以替代条码。长距离射频产品多用于交通运输行业，其识别距离可达几十米。

RFID技术依据其标签的供电方式可分为三类，即无源RFID、有源RFID与半有源RFID。

当前，RFID技术在多个领域得到广泛应用。物流仓储是RFID技术最有潜力的应用领域之一，美国联合包裹运送服务公司（UPS）等国际物流巨头都在积极实验RFID技术，以期在将来大规模应用以提升物流能力。

二、医药行业信息化系统的发展现状、趋势和人才需求

1. 医药行业信息化系统的发展现状

医药行业与人民群众的日常生活息息相关，是为人民群众防病治病、康复保健、提高全民族综合素质的特殊产业。在保证国民经济持续健康发展中，起到了积极的、不可替代的“保驾护航”作用。近年来，在医药行业要求不断提高物流效率、降低物流成本的背景下，以及国家推进的医药企业整合的过程中，我国医药企业物流体系信息化的建设快速发展。

2. 我国医药物流发展存在的问题

我国医药物流发展尚处于起步阶段，存在的问题较多，影响着药品质量的管理及监管，为安全用药带来隐患。

（1）药品生产及批发企业多而小，储存、运输中药品质量难以保证

目前全国有12 000家左右的医药生产及批发企业，年销售额不足1 000万元的小规模企业占78%以上，由于物流量小，多数药品采取邮寄、铁路托运的方式运输，周期长、运输环境条件差，药品损坏、变质、污染严重。研究数据表明，流通企业的不合格药品中17.03%是在药品运输、搬运过程中造成的。由于批发企业过多，药品流通渠道复杂，假冒、异地调货现象频发，药品监管困难，销售假冒伪劣药品的案件时有发生，严重影响药品的安全使用。

（2）缺乏统一标准编码，物流信息系统严重滞后，影响药品质量监管

我国目前药品编码尚未实现标准化，医药生产及批发企业生产、销售的药品没有一个合法唯一的识别标志，各个领域分别制订了自己的物流编码，其结果是不同领域之间信息不能传递，妨碍了系统物流管理的有效实施，造成信息处理和流通效率低下。没有统一的标识编码，也无法及时查询与跟踪商品的流向，无法尽快确定某一药品的身份，在一些药店、医院经常发生买真退假的现象，为假冒伪劣药品查处带来极大的困难。更无法满足订单处理、药

品有效期管理、货物按批号跟踪等现代质量管理的要求，也为药品质量监管带来了巨大困难。

（3）自动化程度低，人工操作，差错率高

目前我国医药企业所采用的基本上是分散型物流体系，在运作上主要依靠人力。药品中大包装的差异往往造成很多新建的现代物流中心在入库和出库时还需转换药品包装，增加了物流的劳动力成本，降低了现代物流的效率。同时，人工搬运造成货物摔碎、挤压的概率增大，人工拣选、分拣的差错率高，信息化、自动化程度低。

（4）物流专业人才缺乏，制约物流业的发展

当前我国物流业人才教育和培养比较缓慢，市场上符合要求的物流人才较少，而且层次较低，物流专业人才缺乏。由于物流人才教育和培训的缺乏，能够切实为企业提供有效方案的中高级物流人才较少，制约了物流业发展。此外，行业新型专业及复合型人才更是严重匮乏，许多创新项目由于受到人才限制不能启动。

3. 我国物流业未来发展的趋势

我国物流业经历了30年的发展历程，在总结以往行业内存在的问题的基础上，逐渐从传统物流向现代物流转变。现代物流包括运输合理化、仓储自动化、包装标准化、装卸机械化、加工配送一体化、信息管理网络化等。我国现代物流的发展趋势表现在以下四个方面。

（1）流通系统化

现代物流包含了商品从“生”到“死”的整个商品流动过程，以达到效益最大和成本最小的目标，同时满足用户需求不断变化的客观要求。物流系统就成了一个跨部门、跨行业、跨区域的社会系统，从而可以适应“全球经济一体化”“物流无国界”的发展趋势。因此，物流的系统化是一个国家流通现代化的主要标志，是一个国家综合国力的体现。物流的系统化可以形成一个高效、通畅、可调控的流通体系，可以减少流通环节，节约流通费用，实现科学的物流管理，提高流通的效率和效益，进而提高国民经济的质量与效益。

（2）流通信息化

由于“全球经济一体化”“物流无国界”的趋势，当前物流业正在向高科技现代化和信息化发展。EDI技术与国际互联网的应用，使物流质量、物流效率和物流效益的提高更多地取决于信息技术。物流的信息化是指商品代码和数据库的建立、运输网络合理化、销售网络系统化、物流中心管理电子化、电子商务和物品条码技术应用等。可以说，在商品从生产到运输、交换的整个物流过程中，都可以通过物流条码来实现数据共享，使信息的传递更加方便、快捷、准确，从而提高整个物流系统的经济效益。现代社会是高度信息化的社会，各种高科技信息技术手段在流通领域被广泛应用是一种必然趋势。

（3）流通社会化

现代社会，专业化分工越来越细，一个生产企业生产某种产品，除一些主要部件需自己生产外，大部分部件都需要外购。生产企业与零售商所需的原材料、半成品、产成品大部分由不同的物流中心、批发中心或配送中心提供，以实现少库存或零库存。显然，完善和发展物流中心、批发中心和配送中心，实现流通社会化是必然趋势。

（4）仓储、运输现代化

仓储的现代化，要求高度的机械化、自动化、标准化，从而组织高效的人、机、物系统。运输的现代化要求建立包括铁路、公路、水路、航空与管道的综合运输体系，实现“一条龙”服务。所以发达国家都致力于港口、码头、机场、铁路、高速公路、立体仓库等的建设。为了减少运输费用，应大力改进运输方式，采用先进物流技术，开发新的装卸机械，应用现代化物流手段和方式，如发展集装箱运输、托盘技术等，使仓储与运输呈现综合体系化的现代化发展趋势。

4. 医药流通行业人才需求

随着中国逐步进入老龄化社会及大健康产业规划等政策的推行，健康消费将为药品流通行业带来新的增长，行业批发零售一体化也将加速推进，同时“互联网 +”行动计划的推广使跨界融合现象对医药流通行业形成新的冲击和挑战。在这种形势下，医药流通行业对医药物流人才的需求剧增。随着信息技术、自动仓储技术、包装技术、装卸搬运技术和相应设施设备大量在物流活动中应用，以及市场物流服务质量要求的提高，对具备系统物流知识、药品知识和现代信息技术应用等知识的基层从业人员需求将大增。对医药物流的人才需求主要集中在三个方向：一是物流仓储、运输方向的药品保管人员、药品验收人员、药品理货人员、药品养护人员等；二是物流营销方向的医药物流市场开发人员、客户服务人员等；三是物流信息处理方向的物流信息管理人员、票单录入员等。

章节习题

一、单选题

1. 按《药品经营质量管理规范》要求，库区色标为红色的库区是（　　）。

A. 合格品区　　B. 待验区　　C. 退货区　　D. 不合格品区

2. 常温库的温度要求是（　　）。

A. 0 ~ 20 ℃　　B. 0 ~ 30 ℃　　C. 10 ~ 30 ℃　　D. 2 ~ 10 ℃

3.《药品经营质量管理规范》规定储存化学原料药和中药提取物的库房相对湿度应控制在（　　）。

A. 45% ~ 75%　　B. 35% ~ 75%　　C. 30% ~ 70%　　D. 40% ~ 80%

4. 下列关于安全消防说法错误的是（　　）。

A. 仓库应定期组织消防演习

B. 不要求所有仓库人员会使用消防器材

C. 各种消防器材要固定在适当位置

D. 各种消防器材要定期检查

5. 下列仓库设备不是按照功能划分的为（　　）。

A. 储存设备　　B. 搬运设备　　C. 分拣设备　　D. 机械设备

6. 属于物流技术的是（　　）。

A. 计算机网络　　B. 文字处理系统

C. 射频识别技术　　D. 计算机辅助设计系统

7. 下面不属于自动引导运输车的特点的是（　　）。

A. 以电池为动力　　B. 无人驾驶

C. 承重量大　　D. 运行需要轨道

8. （　　）是中国的卫星导航系统。

A. GPS　　B. 北斗　　C. 格洛纳斯　　D. 伽利略

9. 药品仓库温、湿度条件不正确的为（　　）。

A. 冷库温度为 2 ~ 10 ℃　　B. 阴凉库温度不高于 25 ℃

C. 常温库温度为 10 ~ 30 ℃　　D. 各库房相对湿度应保持在 35% ~ 75%

二、简答题

1. 仓库的类型有哪几种？
2. 如何加强药品仓库的安全管理？
3. 日常生活中，哪些场景使用了人工智能技术？
4. 仓库温湿度自动监测系统由哪些部分组成？
5. 电子标签辅助拣货系统的优点有哪些？

单选题参考答案

1. D　2. C　3. B　4. B　5. D　6. C　7. D　8. B　9. B

第三章 医药商品采购

导学情景

新医改让百姓吃得起药、吃上放心药

为进一步降低药品虚高价格，保障临床药品供应，“十三五”期间出台了一系列的药品采购政策，其中包括“两票制”、药品阳光采购和“4 +7”带量采购等。

2018 年 11 月 15 日，备受业界关注的“4 +7”城市药品集中采购文件于上海阳光医药采购网正式发布，标志着全国性的药品集中采购试点正式拉开序幕。

根据采购方案，“4 +7”药品带量采购中确定了 31 个采购品种和约定采购量，按试点第一批的中标情况看，药品价格降幅极大超出预期，其中恩替卡韦降价高达 90%，恒瑞厄贝沙坦亦降价 60%。

从直观来看，与不带量的集中采购相比，带量可以给药品企业明确的销售承诺和预期，方便企业安排生产和销售、控制成本，从而可以给出更优惠价格，让患者获得更多实惠。

从案例中可以看出，医药商品采购关系到国计民生和每个人的切身利益，通过合理的采购可以大大降低成本，降低药品虚高价格，保证利润。

边学边练

同学们，如何才能采购到质优价廉、既能保证质量又能增加利润的药品？你们能说一说吗？

§3－1 医药商品采购概述

学习目标

1. 了解医药商品采购的岗位职责和工作内容。

2. 了解医药商品采购的原则。
3. 了解医药商品采购的类型。
4. 掌握计算机智能化医药商品采购管理软件的使用操作。
5. 养成严谨细致、认真规范、对药品质量负责的职业素养。

医药商品采购有狭义和广义之分。狭义的采购一般指企业基于生产、销售或者消费等目的，提出采购计划、审核计划，选择供应商，商务谈判确定价格和交货条件，最终签订合同并按要求收货付款的过程；广义的采购是指除了以购买的方式占有医药商品之外，还可以通过租赁、借贷、征收和交换等途径取得医药商品的使用权，来达到满足需求目的的全过程。采购是企业物流活动的开始，是物流系统运行的基础和前提。

一、医药商品采购的岗位职责和工作内容

1. 岗位职责
（1）负责供应商医药商品的筛选、洽谈、定价；
（2）负责跟踪落实供应商交货进度，确保及时到货；
（3）负责医药商品的销售、库存、采购等管理工作；
（4）负责对存量医药商品进行动态跟踪分析，并及时补充适销库存；
（5）负责开发新供应资源，优化供应渠道；
（6）建立和维护供应商关系，保持良好沟通；
（7）完成领导授权交办的业务工作。
2. 工作内容
（1）查询医药商品欠货情况，及时跟踪缺货、到货信息；负责采购资料催讨；负责供应商、医药商品信息的动态更新维护；
（2）每月收集医药商品销售数据，跟进销售进度；
（3）根据销售部制定的采购政策进行采购，保持合理库存，防止销售缺货；
（4）负责供应商首营资料的初审、首营企业和首营品种审批表的申请、信息录入以及与质管部相关资料的交接；
（5）完成领导安排的其他工作。

二、医药商品采购的原则

1. 以需定购原则，这是医药企业在医药商品采购业务中应遵循的首要原则。
2. 主动协调与各方利益关系的原则。
3. 注重质量、加强核算、合理储存的原则。
4. 勤进快销、进销结合的原则。

三、医药商品采购的类型

医药商品采购的类型有直接采购、新购、分散采购、集中带量采购、投机采购、预算

采购、代销等。国家为了深化医疗改革，降低药品虚高价格，试行了多项采购方案。例如“两票制”下的采购、集中带量采购就是很好的采购方案，大大降低了药品的虚高价格。

【知识链接】

“两票制”

“两票制”是指医药商品从医药企业卖到医药配送商开一次发票，医药配送商送到医院再开一次发票，直接取消了多级销售代理制度。

四、计算机智能化医药商品采购管理软件简介

目前，市场上医药物流智能化软件平台有多个品牌，分大型医药物流平台和小型零售药店平台。软件平台中有多个模块，包括医药零售、医药连锁、药械供应链、医药云、医药供应链、医药物流等。采购管理能实现从请购、采购订货、到货入库、采购开票、采购结算的全程管理。图 3－1 是零售药店使用的计算机智能化软件平台界面。

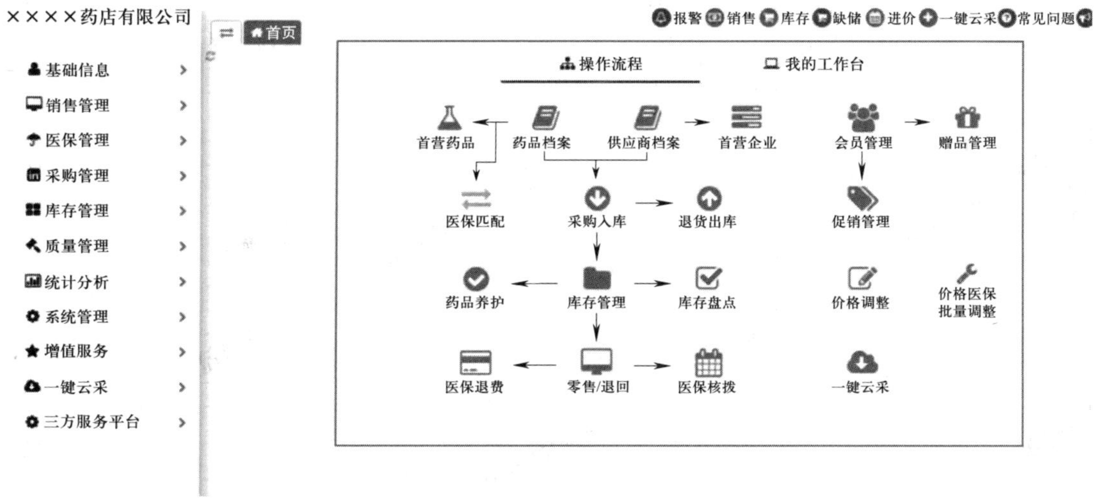

图 3－1 零售药店使用的计算机智能化软件平台界面

§3－2 首营审核

学习目标

1. 理解首营企业、首营品种的概念。

2. 掌握首营企业录入和审核的计算机操作。
3. 掌握首营品种录入和审核的计算机操作。
4. 养成严谨细致、认真规范、对药品质量负责的职业素养。

首营企业是指购进医药商品时与本企业首次发生供需关系的医药商品生产或经营企业。首营企业审核是指本企业为保证经营行为的合法性，确保所购进医药商品的质量，在采购前对医药商品生产或经营企业进行质量审核的过程。

首营品种是指本企业首次采购的药品。首营品种审核是指业务部门按规定将审核资料收集齐全后，连同资料交质管部门审核，并提出明确审核意见，审核通过交质量负责人审批，审批通过业务部门方可进货。

一、首营企业的录入和审核

1. 首营企业相关资料

对首营企业进行审核时，应当查验盖有其公章原印章的药品生产许可证或者药品经营许可证复印件，营业执照、税务登记、组织机构代码的证件复印件①，以及上一年度企业年度报告公示情况；《药品生产质量管理规范》认证证书或者《药品经营质量管理规范》认证证书②复印件；质量体系调查表；质量保证协议书；相关印章、随货同行单（票）样式；开户户名、开户银行及账号等。确认资料的真实性、有效性。

2. 供货单位销售人员相关资料

对首营企业进行审核时还须审核供货单位销售人员的相关资料，包括提供加盖有供货单位公章原印章的本人身份证复印件，以及载明有被授权人姓名、身份证号、授权销售品质、地域和期限，并加盖有供货单位公章原印章和法定代表人印章或签名的销售人员授权书。销售人员授权书授权销售的品种如为企业生产经营的全部品种，可表述为“委托销售我公司合法生产/经营的所有品种”，如不是委托全部品种，则须详细列明品种明细。

3. 首营企业录入和审核的操作过程

（1）采购员填写首营企业审批表，收集相关资料。注意收集的资料应完整有效，加盖的供货单位公章必须是原印章。

（2）采购员梳理纸质资料，将纸质资料扫描至计算机系统，并点击上传，录入系统，保存退出，系统自动生成单位质量档案，提交首营申请至采购部经理。

（3）采购部经理对资料完整有效性进行确认，并核对信息录入是否准确。登录计算机系统中查阅首营企业资料，进行详细信息的审核，确认无误，则填写结论保存，审核完成后资料提交质管部。

（4）质管员初步审核确认资料的真实合法性以及完整有效性，检查信息录入的完整性、

① 自2015年10月1日起，营业执照、税务登记、组织机构代码证件三证合一。

② 《药品生产质量管理规范》认证证书、《药品经营质量管理规范》认证证书这两个资料于2019年12月底取消。

准确性，并对企业的质量体系情况进行调查确认。质管员到国家及各省药品监督管理局网站查询核对许可证的单位名称、法定代表人、注册地址、仓库地址、生产范围或经营范围等，是否与网站公布的内容相符，如不符则查询有无变更证明；登录国家企业信用信息公示系统查询企业信息，核对营业执照的名称、法定代表人、住所等信息是否与许可证一致；核对许可证、营业执照是否在批准的有效期内；核查企业是否存续；核查企业是否按时填报年度报告；核对拟供的医药商品是否在生产或经营许可范围内。相关印章式样必须为原尺寸、原规格的原印章，随货同行单（票）样式须为加盖企业公章或出库专用章的原件。核查授权书和身份证复印件是否加盖与备案样式一致的企业公章，内容是否全面，企业是否在授权书的授权区域内，销售人员销售的医药商品是否在授权品种范围内。授权书有效期一般不超过 12 个月。符合要求的提交质管部经理进行再确认，不符合要求的退回采购部重新索取。

（5）质管部经理再次审核首营企业资质的合法性，并对医药商品生产或经营企业的质量管理体系进行评价，必要时可以会同采购部人员进行实地考察，对企业资质进行总确认，确认审核通过或不通过，其中，审核不通过的注明原因，审核通过的附首营资料报质管负责人审批。

（6）质管负责人审批是否合作，核对首营资料并填写意见：“审批通过或不通过”。审批不通过的注明原因，并“返审”，将所附资料退回质管部；审批通过的可在计算机系统中查询该单位的动态档案。

（7）根据质管负责人审批结果确定是否开展业务。审批通过可开展业务，质管部建立首营企业档案，并签订质量保证协议；审批不通过不得开展业务。

首营企业录入和审核操作流程如图 3－2 所示。

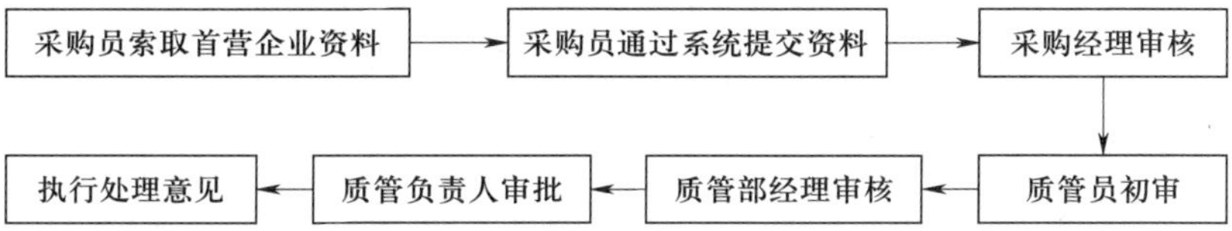

图 3－2　首营企业录入和审核操作流程

学以致用

同学们，现某药店欲与某医药商品生产企业第一次建立供需关系，请问药店的质管员到哪里去确认医药商品生产企业提供资料的真实合法性和完整有效性？

答：登录国家企业信用信息公示系统。如有疑问，实地考察确认。

二、首营品种的录入和审核

1. 国产药品的证明文件资料

首营品种属于国产药品的须提供药品注册批件或再注册批件、药品补充申请批件复印件，药品质量标准复印件、法定检验机构或本生产企业的检验报告书，药品生产企业许可证复印件、营业执照复印件，以及药品的包装、标签、说明书实样。已明确药品上市许可持有人的，还应提供药品上市许可人的药品生产许可证。

2. 进口药品的证明文件资料

首营品种属于进口药品的须提供进口药品注册证、医药产品注册证或进口药品批件复印件，以及药品的包装、标签、说明书实样。

3. 进口分装药品的证明文件资料

首营品种属于进口分装药品的须提供原注册证号的药品注册批件、进口药品注册证或医药产品注册证复印件、进口药品注册标准复印件，进口分装药品检验报告书，进口分装药品补充申请批件，以及药品的包装、标签、说明书实样。

4. 进口中药材的证明文件资料

首营品种属于进口中药材的需提供进口药材批件复印件、进口药材质量标准复印件、进口药品检验报告书，以及药材的包装、标签、说明书实样。

5. 首营品种录入和审核的操作过程

（1）采购员联系供货单位，索要首营品种资料。如从未与该供货单位开展过业务，应先通过首营企业审核。资料应齐全，复印件清晰不模糊。

（2）采购员将首营品种资料录入到计算机系统，依据首营品种资料，在计算机系统中录入品名（商品名和通用名）、规格、剂型、批准文号、注册证效期、生产企业信息、上市许可人持有人信息、药品分类情况（甲类非处方药/乙类非处方药/处方药）、执行标准、储存要求、有效期等内容。

（3）采购部经理对资料完整有效性进行确认，并核对信息录入是否准确。当资料存在问题时，应与供货单位联系，重新索取。存在疑问时也可以通过国家药品监督管理局网站进行数据查询核实。根据企业不同要求，可通过计算机系统提交质管部门审核，或填写首营品种审批表提交审核。

（4）质管人员审核首营品种资料的真实合法性及完整有效性。资料有问题的应补充、更换资料，资料无问题的审核通过。

（5）质管负责人对资质进行总确认，审批是否合作。审批不通过时不得经营，审批通过则通知采购部门引进。

（6）建立药品档案，按管理方便的原则，将原始资料归档，后期及时更新药品档案。

首营品种的录入和审核操作流程如图 3－3 所示。

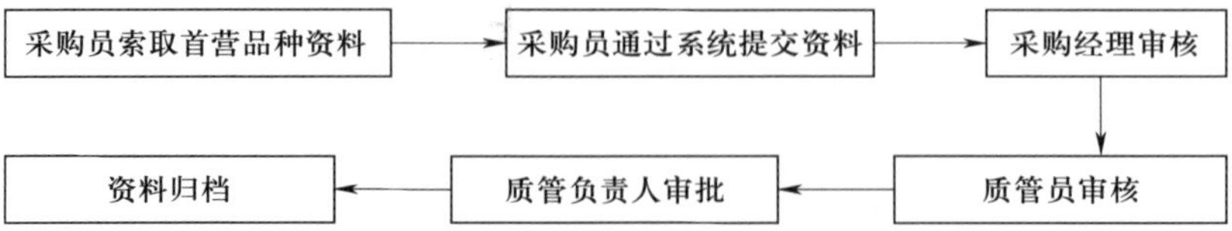

图 3－3　首营品种录入和审核的操作流程

§3－3　医药商品购进

学习目标

1. 了解医药商品购进的流程。
2. 掌握运用计算机进行医药商品采购计划制订的方法。
3. 掌握医药商品供应商的选择方法。
4. 掌握运用计算机进行医药商品采购合同签订的方法。
5. 了解常见的医药商品采购合同模板。
6. 养成严谨细致、认真规范、对药品质量负责的职业素养。
7. 养成正确完成药品购进的能力。

医药商品的购进流程如图 3－4 所示。

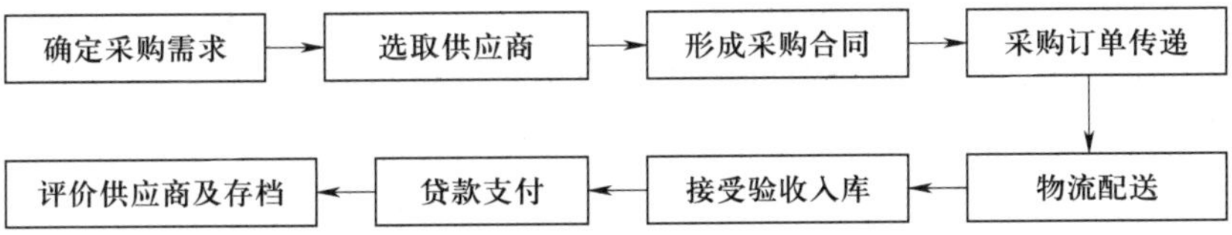

图 3－4　医药商品购进流程

一、医药商品采购计划的制订

医药商品采购计划是指根据企业经营管理需要，采购部门针对目标客户的需要展开医药商品的采购及配置而制订的，包括采购品种、规格、数量、供应商、采购次数、价格等内容的计划，一般可按年度、季度、月度编制或临时编制，分别称为年度采购计划、季度采购计划、月度采购计划和临时采购计划。

1. 购进品种的类型

根据相关法律法规要求，结合企业自身的营业执照、药品经营许可证、食品经营许可证、医疗器械经营许可证等证照的经营范围，确定采购品种类型，如中西成药、中药材、中药饮片、保健食品、食品、医疗器械等。

2. 影响医药商品采购的因素

影响医药商品采购的因素是指医药商品经营企业在经营过程中定期对医药商品采购的整体情况进行综合质量评审，分析出的影响医药商品采购的因素，一般包括医药商品质量、供应商的质量保证能力、供应商的信誉、供需关系、价格因素、资金、国家法律法规等。

3. 医药商品采购计划制订的操作过程

（1）收集医药商品市场供应情况如货源品种、数量、货源畅销程度、销售计划、付款条件和国家产业政策等；通过计算机管理系统提供的进销存数据清点企业现有库存、销售量；整理季节性产品的消费特点及质管部反馈的各种质量信息。要注意收集的资料应准确真实。

（2）对供应商的法定资格、质量保证能力、供货能力、价格竞争能力、信誉等进行调查和评价。调查和评价应真实有效。

（3）结合价格、资金、库存等因素制订采购计划；结合销售量、容易缺货品种等因素制订采购计划；按季节、特殊地理位置等因素制订采购计划；按医药商品品种组合制订采购计划。

1）在制订医药商品采购的总体计划时应认真分析销售量、价格等多种因素与采购量和采购次数之间的关系，从中找出最佳的平衡点，突破高效率、快周转、低成本三者间的矛盾。

2）采购量与价格、资金和库存量成正比，与采购次数成反比。

3）结合销售量、容易缺货品种等因素制订采购计划时，可运用 ABC 分析法，将所有药品分为 A、B、C 三类，并采取不同的采购策略：A 类药品的采购周期可以短一些，如 1 周，B、C 类药品的采购周期可放宽时间至 4 ~ 12 周；A 类药品的安全库存量一般为 3 ~5 天的用量，B、C 类药品的安全库存量可放宽到 1 周的用量。

4）容易缺货品种一般为进口药品、畅销品种等，可根据以往销售量提前制订备货计划。

5）注意要考虑阶段性药品使用差异、不同人群购买差异等。如春季以预防流感为主，夏季以清热消暑为主，秋季以滋阴润燥为主，冬季以滋补保暖为主等；老年人口多的区域可多备些心脑血管、骨质疏松、失眠等病症的药品；若药店在高档小区附近，则可多备些参茸滋补类、礼盒类等产品，若药店在景区，可多备些如清凉油、龙虎人丹、薄荷糖等清凉产品。

6）结合药店的基本结构，包括宽度（指各类药品的配置，如处方药、非处方药、保健品、中药饮片等类型齐备）、深度（指同一类药品中规格剂型的多少，如某一种药品，要配置不同的剂型规格）和高度（指陈列药品的库存量），备齐品种，制订计划。

药品采购计划制订的操作流程如图 3 – 5 所示。

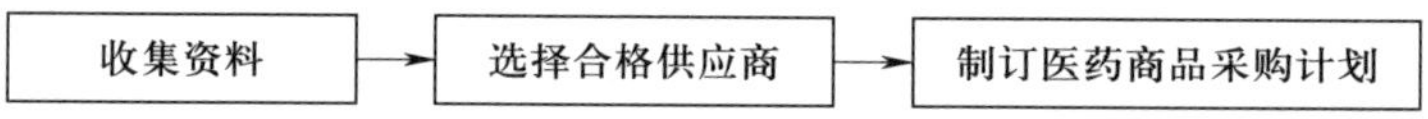

图 3 – 5　医药商品采购计划制订的操作流程

学以致用

同学们，药店制定医药商品采购计划时，为什么要考虑季节的变化？

答：因为不同季节有的医药商品销售量变化比较大，例如春秋两季感冒药销量比较大。

二、合格供应商筛选

1. 选择合格供应商的目的

（1）能够完成企业所需品种、规格、质量医药商品等的选择和购进任务。

（2）能够经营市场的主流产品、畅销产品，从而增强企业的竞争力。

（3）能够保证稳定合格的货源，从而降低企业的购进成本，为企业带来良好的经济效益。

2. 选择合格供应商的基本步骤

（1）广泛收集材料，审核供应商的基本情况

1）收集材料。通过供应商的市场调查，收集当前市场上主要供应商的资料，如经营范围、供应能力、产品质量、产品价格、企业信誉度等，进行综合评价从而筛选比较合适的几家供应商。

2）审核各供应商的基本情况。主要包括各供应商的合法性，即应该具备药品生产许可证或药品经营许可证以及营业执照。

（2）分析和比较供应商的优劣

1）供应商基本的硬件设施，如生产车间、设备、营业场所、仓储设备、卫生环境等；软件设施，如人员素质、团队精神、企业风貌和协作精神等。这些都是供应商能否提供稳定合格货源的先决条件。

2）企业一旦选定供应商，就希望有比较稳定可靠货源。因此，合理的价格和优质的信誉度也是非常重要的选择因素。

3）比较各供货商的服务情况，主要包括能否提供优惠送货条件；能否真实主动地介绍药品性能、适应证等相关情况；能否主动向企业提供经营服务与指导，并在可能的条件下给予一定的技术支持，从而达到购与销相互促进，共同发展。

（3）建立合格供应商档案

经过比较确定相对稳定的合格供应商，填写合格供应商档案表（见表3－1）。

表3－1　　合格供应商档案表

企业名称		负责人		地址		联系方式	
供货名称	批号	质量	价格	供货能力	运输能力	信誉度	其他服务

供应商档案的建立，是企业积累资料的过程，既可以为进一步监督和分析、比较供应商提供书面资料，又可以为企业进一步作出选择供应商的决策提供实际理论依据，并为长期与供应商合作打下良好的基础。

3. 选择合格供应商的基本方法

（1）对比法

这是最常用的选择合格供应商的方法。主要是把供应商的合法性、商品品种、质量、价格、运输和企业信誉度等情况进行比较，然后择优确定供应商。

（2）开发法

主要指在对供应商全面了解的基础上，把技术潜力、设备潜力大，生产的产品在市场上的竞争力强的供应商作为合作对象。

4. 正确处理与供应商的关系

（1）防止供应商与企业采购代理人相互勾结，进货把关不严，使企业财产流入个人手中，导致产品价格升高、质量下降进而影响企业声誉。

（2）注意避免过分依赖某一个供应商，这样容易被供应商牵着鼻子走。

（3）防止供应商之间相互串通，哄抬药价。

三、医药商品采购合同的签订

医药商品采购合同指供应商与企业之间就医药商品的采购数量、采购价格、质量要求、交货时间、交货地点、交货方式和结算方式等事项经过谈判协商达成一致意见而签订的关于供需关系的法律性文件，双方都应遵守和履行。

质量保证协议指购销双方为保证医药商品质量、明确质量责任而签订的合同。内容包括明确双方质量责任，供应商应当提供符合规定的资料且对其真实性、有效性负责，供应商应当按照国家规定开具发票，医药商品质量符合相关标准要求，医药商品包装、标签、说明书符合有关规定，药品运输质量保证及责任，质量保证协议有效期限等条目。

1. 药品采购合同的形式

《中华人民共和国民法典》第四百六十九条规定，当事人订立合同，可以采用书面形式、口头形式或者其他形式。书面形式是合同书、信件、电报、电传、传真等可以有形地表现所载内容的形式。以电子数据交换、电子邮件等方式能够有形地表现所载内容，并可以随时调取查用的数据电文，视为书面形式。口头形式是指当事人面对面地谈话或者以电话交谈等方式达成的协议。口头订立合同的特点是直接、简便、快速，数额较小。

2. 合同内容

合同内容见表 3－2。

表 3－2　合同内容

项目	内容
合同双方名称	指合同必须写明供应商和购货企业名称。名称要与所盖合同章名称一致
医药商品信息	指合同中需包括医药商品的品名、规格、单位、剂型。医药商品的品名指的是通用名称；规格指的是制剂规格；复方制剂要写明主药含量；单位有瓶、盒，袋等；剂型要详细具体写明
医药商品数量	指明确表达医药商品的计量单位
医药商品价格	指与计量单位一致的单位价格，由合同双方协商议定
质量条款	指如企业与供应商签订了质量保证协议，不必在每份合同上都写明质量条款，但需说明按双方另行签订的质量保证协议执行
交货日期、方式、地点	指合同要标明交货日期，同时还要标明医药商品到站地点、交货方式。交货日期要写明“某年某月某日前交货”的具体日期；交货方式如果委托第三方配送，应当提供与承运方签订的运输协议；交货地点应具体详细，避免不确定地点
结算方式	指根据实际情况，明确规定采用何种结算方式。如常用结算方式有一次性付款，分期付款，委托收款，承兑汇票、支票、电汇等
违约责任	指在洽谈违约责任时，要阐明供方延期交货或交货不足数量时，以及供方所发医药商品有质量不合格等情况时，供方应承担的违约责任；需方不按时支付货款，以及拒收或者退回合格医药商品，使对方造成损失时，需方应承担的违约责任

3. 医药商品采购合同签订的操作过程

（1）准备好企业资料、名片等，整理可能存在异议的问题，如价格、退换货、活动支持等，双方约定具体时间讨论合同内容。

（2）向供应商索取企业资料、品种资料（需首营审核通过），获取医药商品信息，向供应商提出异议问题，收集更多有效信息；提出的异议需供应商进行有针对性的回答，加深对医药商品的印象，重点考察医药商品的核心优势和弱势，考虑是否有购进或替换医药商品的计划。对于供应商能给予的促销活动支持、医药商品培训计划、医药商品陈列服务、销售激励政策等要了解详尽；能通过沟通谈判获取医药商品信息，如医药商品的基本属性、优势、毛利点、成功案例等。

（3）根据谈判情况，确定合同中的采购方案，拟写合法的正式合同文本；与供应商约定签约时间、地点，正式签订合同。注意按照商务礼仪要求，完成签约的完整过程；合同签订人必须是法定代表人或具有法定代表人授权书的代理人。授权书中应明确规定授权范围。

药品采购合同签订的操作流程如图 3－6 所示。

图 3－6　药品采购合同签订的操作流程

学以致用

同学们，签订合同时为什么要详尽了解厂家能给予的促销活动支持、医药商品培训计划、医药商品陈列服务、销售激励政策等？

答：医药商品促销是一项不小的开支，厂家能给予就能减少自己的销售成本，增加利润。

四、医药商品采购合同模板

例 1：医药商品采购合同 1

合同编号：____________

买受人（买方）____________

出卖人（卖方）____________

签订地点：____________

买方自愿购买卖方提供的 ××市医疗机构药品集中招标采购中标的药品，为明确双方的权利和义务，现根据《中华人民共和国民法典》等法律法规、《××市医疗机构药品集中招标采购实施办法》和招投标文件的规定，本着平等协商的原则，就有关事宜达成如下协议。

一、概况

1. 数量：所需药品的实际数量。买方需要临时增加药品数量的，须提前 24 小时书面提出。

2. 价格：

（1）卖方提交药品的价格必须同中标成交通知书中确认的价格一致；

（2）买卖双方在合同约定的交付期限内遇政府价格调整的，重新协商并签订补充条款。

二、质量标准

卖方交付的药品必须符合药典或国家药品监督管理部门规定的标准，并与投标时的承诺相一致；药品不符合质量标准的（以药检部门的检验结果为准），买方有权在其他中标药品中选择替代药品，同时在 3 天内报 × × 市医疗机构药品集中招标采购协调管理委员会办公室备案。

三、有效期

1. 卖方交付药品的有效期必须与招投标文件中规定的有效期一致。

2. 卖方所提供药品的有效期不得少于 6 个月。

3. 特殊品种双方另行协商。

四、包装标准

1. 卖方提供的药品必须按标准保护措施进行包装，以防止药品在转运中损坏或变质，确保药品安全无损地运抵指定现场，否则造成的一切损失均由卖方负责。

2. 每一个包装箱必须附一份详细装箱单和质量合格证。

3. 特殊要求：____________。

五、配送

1. 配送由买方委托的药品经营企业负责，每次配送的时间和数量以买方的采购计划及合同为准。

2. 配送时必须提供同批号的药检报告书（进口药品附注册证）。

六、伴随服务

如果卖方对可能发生的伴随服务需要收取费用的，必须在报价时注明，并作如下约定：____________。

七、双方的义务

1. 卖方应按照合同中买方规定的时间，配送药品并提供伴随服务。

2. 买方在使用成交药品时，如遇第三方提出侵犯其专利权、商标权或保护期的，责任由卖方承担。

3. 买方应购买本合同项下的成交品种。卖方无违约行为的，买方不得以任何理由购买其他品牌的药品替代本合同成交品种。

4. 买方应完成本合同的药品采购量。

5. 买方应按照合同规定结算货款。指定结算银行的买方，不得以任何理由干涉结算银行的正常结算行为。

八、履行期限

本合同履行期限为＿＿＿＿＿＿天（不得少于一季），自＿＿＿＿＿＿年＿＿＿＿月＿＿＿＿日起至＿＿＿＿＿＿年＿＿＿＿月＿＿＿＿日止。履行期满前十天，一方当事人就续约一事提出书面异议的，本合同履行期满终止。双方均未提出异议的，则本合同自动续约；续约的新合同中的双方权利义务、履行期限等与本合同相同，数量根据实际情况由双方另行协商。

九、结算方式及期限

1. 双方约定通过下列第＿＿＿＿＿＿种方式结算。

（1）转账支票；

（2）代记凭证；

（3）电汇；

（4）汇票；

（5）其他：＿＿＿＿＿＿。

2. 结算期限：＿＿＿＿＿＿。

十、违约责任

1. 卖方未按合同规定履约（包括质量、价格、服务等），买方可收取违约金，违约金为卖方迟延履行的，每延误 1 天，违约金为迟交药品货款的＿＿＿＿＿＿%，直至履约为止。违约金的最高限额是合同总价的 10%，一旦达到违约金的最高限额，买方即可终止本合同。

2. 买方未按合同规定履约（未完成药品采购量等），卖方可收取违约金，违约金为买方迟延履行的，每延误 1 天，违约金为拖延药品货款的＿＿＿＿＿＿%，直至履约为止。违约金的最高限额是合同总价的 10%，一旦达到违约金的最高限额，卖方即可终止本合同。

十一、合同争议解决方式

本合同在履行过程中发生争议，由双方当事人协商解决。协商不能解决的，选定下列第＿＿＿＿＿＿种方式解决（不选定的划除）：

（1）提交××仲裁委员会仲裁；

（2）依法向人民法院提起诉讼。

十二、合同效力

本合同及补充协议与招投标文件的规定不一致的，以招投标文件规定为准。

十三、附则

1. 本合同如有未尽事宜，双方可通过协商签订补充协议，补充协议与本合同具有同等效力。

2. 本合同（包括续约合同）履行期限均不能超出招标周期（即自合同签订生效之日始，至下一轮招标结果通知发布之日止）。

3. 本合同一式两份，双方各执一份。

买方（盖章）____________	卖方（盖章）____________
地址：____________	地址：____________
法定代表人：____________	法定代表人：____________
委托代理人：____________	委托代理人：____________
电话：____________	电话：____________
邮编：____________	邮编：____________
开户银行：____________	开户银行：____________
账号：____________	账号：____________
____________年______月______日	____________年______月______日

例2：医药商品采购合同2

甲方：____________________（医疗机构）

乙方：____________________（经销商）

为保护甲乙双方的合法权益，根据国家有关法律、法规，及地方政府有关规定；本着互惠互利共同发展的原则，经双方充分协商，明确甲乙双方的权利和义务，特订立本协议。

第一条 乙方须根据甲方所提供的药品目录，以网上（或网下）采购的形式采购药品目录中的药品（见附表），甲方通过药品网上交易系统（网下品种以电邮方式）向乙方发送订单通知，乙方据此供货，双方确认后的订单为本协议的重要组成部分。

第二条 乙方须按订单为甲方供应药品，不得更改、不得缺少。如有特殊情况应与甲方协商解决。

第三条 乙方应保证甲方在使用药品时免受第三方提出的有关专利权、商标权或保护期等方面的权利要求。

第四条 乙方所供应药品的质量应符合国家药品相关标准，药品包装、质量及价格须与入围品种的挂网信息一致，不得更改。乙方须按甲方要求提供相应的药检报告书等相关文件，并将药品送到甲方指定地点，经甲方相关人员验收签字。

第五条 供货期限

乙方自甲方订单发出后的3个工作日内交货，最长不超过5个工作日；急救药品乙方应在2小时内送达。

第六条 供货价格与货款结算

（一）供货价格：按平台所公布的采购价格执行，网下药品不得高于国家或省级物价部门规定的价格。该价格包含成本、运输、包装、伴随服务、税费及其他一切附加费用；协议履行期间，如遇政策性调价，按更新后的价格执行，包括尚未售出的药品。

（二）货款结算：甲方在收到配送药品之日起最迟不得超过90日进行货款结算。

第七条　药品验收及异议

甲方对不符合质量、有效期、包装和订单数量要求的药品，有权拒绝接收，乙方应对不符合要求的药品及时进行更换，不得影响甲方的临床应用。甲方因使用、保管、保养不善等自身原因造成产品失效或质量下降的，后果自负。

第八条　甲方的违约责任

（一）甲方违反本协议的规定，通过平台以外途径购买替代挂网入围药品，承担违约责任。

（二）甲方无正当理由违反协议规定拒绝收货或违约付款的，应当承担乙方由此造成的损失。

第九条　乙方的违约责任

（一）乙方确认甲方发出的订单通知后拒绝供货的，应承担违约责任。

（二）乙方所供药品因药品质量不符合有关规定而造成后果的，按相关法律规定处理。

第十条　协议双方因不可抗力而导致协议实施延误或不能履行协议义务，不承担误期赔偿或终止协议的责任（不可抗力系指那些协议双方无法控制、不可预见的事件，但不包括协议某一方的违约或疏忽。这些事件包括但不限于战争、严重火灾、洪水、台风、地震及其他双方商定的事件）。在不可抗力事件发生后，协议双方应尽快以书面形式将不可抗力的情况和原因通知对方。除另行要求外，协议双方应尽实际可能继续履行协议义务，以及寻求采取合理方案履行不受不可抗力影响的其他事项。不可抗力事件影响消除后，双方可通过协商在合理的时间内达成进一步履行协议的协议。

第十一条　协议的变更及解除

甲方采购品种由于药品生产企业关、停、并、转的原因造成协议不能履行的，乙方应及时向甲方通报并提供相关证明，双方可以解除就该品种订立的协议，如需变更为其他厂家或品种，须经双方协商解决。

第十二条　本协议未尽事项，经双方共同协商，可根据相关法律法规的规定签订补充协议，补充协议与正式协议具有同等法律效力。

第十三条　因协议引起的或与本协议有关的任何争议，由双方协商解决；协商或调解不成，双方可依照有关法律规定将争议提交仲裁，或向人民法院起诉。

第十四条　本协议自双方签订之日起生效，自本协议生效之日起在协议期内发生的有关网上交易的各项事宜，均受本协议的约束。

第十五条　本协议有效期从__________年_____月_____日起至__________年_____月_____日止。本协议一式两份，甲乙双方各持一份。

甲方（公章）：__________　　乙方（公章）：__________

法定代表人（签字）：__________　　法定代表人（签字）：__________

__________年_____月_____日　　__________年_____月_____日

例 3：医药商品采购合同 3

签订地点：____________________

签订时间：____________年______月______日

买受方（简称甲方）：____________________

卖出方（简称乙方）：____________________

使用方（简称丙方）：____________________

甲方接受丙方委托并根据委托书授权与乙方本着公开平等、诚实信用的原则，根据《中华人民共和国民法典》等法律法规，经双方协商一致，就____________年度 × × 区卫生系统药品集中采购配送的有关事项达成如下具体协议。

一、药品品种、规格、剂型、产地、价格

甲方向乙方采购的药品品种、规格、剂型、产地、价格，详见《中选通知书》附件清单。由于医疗活动具有不可预见性，故采购数量不宜明确，以丙方实际需要的采购计划为准。

二、质量标准

必须符合《中华人民共和国药品管理法》《药品流通监督管理办法》及相关法律法规规定的质量标准。

三、包装标准

乙方提供的全部药品均应按国家规定的标准保护措施进行包装、运输，每一个包装箱内应附有一份详细装箱数量单。对拼装或散装的药品，同样按国家规定的标准保护措施进行包装并提供药品清单。

四、采购时间

除抢救药品外的常规药品，丙方在每周星期一至星期二向中选配送公司发出采购计划，以便于乙方组织货源安排配送。

五、配送服务

乙方自接到丙方采购计划始，72 小时内送达到指定地点并当面验收交接，配送率不得低于项目计划的 70%。因交通原因可能在非工作时间内送达者，应事先通知丙方有关人员等待，以免货到时无人接收。

六、伴随服务

乙方向丙方提供下列伴随服务：

1. 药品的现场搬运或入库，同时丙方予以协助；

2. 对丙方验收时发现的破损、无合格证明、过期、淘汰以及其他不符合约定的药品及时更换，一切费用由乙方负责；

3. 票、货同行，便于乙方、丙方验收交接。

七、药品退货

因药品流通不畅，丙方需要退货的药品，必须在药品满有效期前 3 个月之前向乙方提出。少于有效期前三个月提出退货，乙方拒绝接受。

八、药款支付

1. 中选药品的货款由××区卫生系统会计核算中心统一结算支付，备案自主采购的药品款由丙方自付。

2. 票据截止时间为每月 20 日，丙方按财务科要求将所有发票汇总上报采购中心。每月 20 日以后的发票纳入次月。

3. 从次月开始计算，会计核算中心于第三个月内即支付全部发票货款（例如：采购中心 10 月接到丙方上报的发票，次年 1 月会计核算中心即支付上年 10 月发票货款）。

4. 货款直接拨付给乙方的法定账户（以合同账户为准，书写清楚准确）。

九、权利和义务

1. 遇紧急或突发公共卫生事件时，丙方按“就近原则”及时采购。

2. 乙方应保证其中选的药品，不存在专利权、商标权或保护期等知识产权方面的争议。如产生争议由乙方自行处理和承担责任。

3. 乙方供应的药品在丙方使用过程中，因受举报、检验等查出质量问题，系乙方原因的由乙方负全部责任，系丙方原因的由丙方负责全部责任。

4. 对丙方扣留正常发票而不能按时上报甲方和会计核算中心时，乙方可直接向××区卫生局纪委举报，××区卫生局决不姑息任何损害乙方利益的行为。

十、违约责任

1. 乙方提供的药品不符合合同约定的品种、规格、剂型、产地、质量标准、配送期限，给丙方造成损失的，乙方无条件赔偿由此而引起的一切损失（含医疗纠纷所支付的赔偿）。

2. 自该合同签订之日起，乙方自觉履行“报价履约责任”：在配送过程中，除不可抗因素外，每撤一项目或在采购中心敦促通知书发出后 7 日内（以邮局印鉴日期为准）仍不能配送者，每一项目处 5 000 元违约金，累计达三个项目者（包括 7 日内不能配送而强制撤标者）撤销其全部配送资格。

3. 甲方未在合同约定的期限内向乙方支付货款，乙方可要求甲方支付违约金。甲方每迟支付 7 日，违约金为未支付货款金额的 5%，直至甲方支付应付货款为止，但违约金最高不超过未支付货款金额的 50%。

十一、管理服务费

按《××省集中招标采购药品价格及收费管理暂行办法》，在本合同结束后一个月内甲方向乙方收取。

十二、合同生效及合同有效期

本合同自甲乙双方签字盖章后生效；有效期暂定一年。

十三、附则

1. 本合同如有未尽事宜，经协商可以签订集中采购配送补充协议，补充协议不得违背本合同的实质性内容，补充协议与本合同具有同等的法律效力。

2. 本合同一式三份，甲方执二份，乙方执一份，并在××区卫生网公示。

3. 乙方和丙方严格按照《中华人民共和国药品管理法》和《药品流通监督管理办法》，相互交换、索取规定的各种资质文件，以存档备查。

甲方：____________　　　　乙方：____________

______年____月____日　　　　______年____月____日

实训二　首营企业的审核

一、实训目的

1. 掌握审核首营企业的资料有哪些。
2. 熟练运用计算机进行首营企业的录入和审核。
3. 养成严谨细致、认真规范、对药品质量负责的职业素养。

二、实训准备

1. 首营企业：拜耳医药保健有限公司的有关资料。
2. 首营药品：达喜（通用名：铝碳酸镁咀嚼片），规格30片，进货500盒。
3. 计算机房：计算机上装有药品经营软件。

注：可以根据实际情况选择首营企业。如果没有相应的软件，可以按照首营企业的审核流程书面完成。

三、实训内容与步骤

班级分组，每六人一组。一人扮演采购员，一人扮演采购部经理，一人扮演质管员，一人扮演质管部经理，一人扮演质管负责人，一人负责纠错。按照第二节内容中首营企业录入和审核的操作流程进行操作。操作完成后轮换。

四、实训测评

按表3－3所列评分标准，对首营企业的录入和审核实训项目进行测评，并做好记录。

表3－3　实训评分标准

序号	考核内容	考核标准	配分	得分
1	索取首营企业资料	能收集完整的企业资料	20	

续表

序号	考核内容	考核标准	配分	得分
2	提交首营企业资料	能利用计算机系统完成首营企业资料的信息录入及扫描上传	25	
3	核查首营资料	能通过国家药品监督管理局、国家市场监督管理总局的网站和国家企业信用信息公示系统查询相关信息，完成资料有效性、真实性核查	35	
4		能找出有问题的资料，并指出错误原因	10	
5	执行处理意见	能根据核查情况及审核结果执行处理意见，能完成首营企业审核通过的资料建档及质保协议签订	10	
合计			100	

章节习题

一、单选题

1. 不属于医药商品采购的岗位职责的是（　　）。

A. 负责厂家产品的筛选、洽谈、定价

B. 负责跟踪落实供应商交货进度，确保及时到货

C. 负责首营品种的审批、采购等管理工作

D. 负责对存量商品进行动态跟踪、分析、及时补充适销库存

2. 下列采购药品，属于首营药品的是（　　）。

A. 第二次从民生药厂采购

B. 第三次从中美华东药厂采购

C. 第一次从英特医药有限公司采购

D. 第四次从浙江康恩贝制药有限公司采购

3. 选择合格供应商的目的不考虑的是（　　）。

A. 品种齐全质量好　　B. 主流畅销产品

C. 货源稳定　　D. 质次价格低

4. 不符合首营审核的基本流程的是（　　）。

A. 采购部门向质管部门提出申请，提供有关资料

B. 质管部门会同相关部门审核，并完成有关程序

C. 对首次经营的品种要经质管部门审核通过报质管负责人同意后方可采购

D. 对购进的首营药品马上列入正式经营品种

5. 首营品种审核中下列不符合要求的资料是（　　）。
A. 加盖首营品种供货单位质量管理机构原印章的药品出厂检验报告单
B. 首营品种的药品质量标准复印件
C. 首营品种的药品说明书实样
D. 首营品种的药品生产企业许可证复印件
6. 医药商品采购的首要原则是（　　）。
A. 以需定购原则
B. 主动协调与各方利益关系的原则
C. 注重质量、加强核算、合理储存的原则
D. 勤进快销、进销结合的原则
7. 药品采购合同中必须明确的条款是（　　）。
A. 药品信息　　B. 质量条款　　C. 结算方式　　D. 违约责任
8. 需要签订明确质量责任的质量保证协议的是（　　）。
A. 标准书面合同　　B. 传真
C. 口头协议　　D. 都是
9. 签订了质量保证协议后，在每份合同中不必都要注明的是（　　）。
A. 交货日期　　B. 质量条款　　C. 交货方式　　D. 交货地点

二、简答题

1. 简述首营企业审核资料应包括的内容。
2. 首营品种审核资料存在问题时，应如何处理？
3. 简述选择合格供应商的基本步骤。
4. 简述质量保证协议的内容。
5. 简述医药商品采购合同中的项目条款。

单选题参考答案

1. C　2. C　3. D　4. D　5. A　6. A　7. B　8. D　9. B

第四章

医药商品仓储

导学情景

九州通医药集团股份有限公司管理方面的难题

九州通医药集团股份有限公司（以下简称九州通）是在全国各地建立了50多家分公司的大型医药物流企业，在我国医药商业企业中名列第三，民营企业中名列第一。

但是，随着企业规模的不断扩大，市场竞争压力的持续升高，九州通在发展中也出现了一些新的问题。其中，库存管理问题尤为突出，成为影响企业发展的瓶颈。当时九州通使用的信息系统功能比较简单，仍有一部分作业须由手工完成。

此外，采购与销售环节管理规划不完善，导致无法有效降低库存成本，提高资金利用率。如何降低企业平均库存量，如何提高资金利用率，如何进一步提高企业竞争力等种种问题困扰着企业高层管理人员以及企业的物流团队，成为企业一时无法解决的难题。

想一想：

1. 九州通采用更先进的信息系统后，能解决现存问题吗?
2. 管理人员应怎样解决企业面临的难题?

医药商品仓储存在于医药商品从生产到流通再到使用的所有环节。从生产企业原材料、半成品、成品药的存储到医药经营企业为保障供应进行的储备，再到使用环节中家庭用药的保存，都与其息息相关。因此，医药商品仓储在流通中占有重要地位，本章以医药商品仓储作业为主体，介绍医药商品仓储的基础知识，以及医药商品入库作业、在库作业和出库作业，使学生对医药商品仓储有一个基本的认识。

§4－1　医药商品仓储概述

学习目标

1. 理解医药商品仓储的概念。
2. 了解医药商品仓储的作用。
3. 理解医药商品仓库的布局。
4. 掌握医药商品仓库设计要求。
5. 掌握医药商品仓库的类型。

医药商品是人们预防、治疗、诊断疾病的重要工具，其质量直接关系到人们的健康与安全。医药商品的质量不仅与自身性质有关，也受到外部环境的影响，为保证医药商品的安全有效性，对医药商品进行正确储存就显得格外重要。

一、医药商品仓储的相关概念

1. 仓储的概念

仓，即仓库，是为存放物品而设置的建筑物、构筑物或场地；储，表示对物品收存、保管、交付使用等行为。因此，仓储是一种利用仓库存放、储存未即时使用的物品的行为。

所以，仓储是指运用科学方法在保证物品质量的前提下，对物品进行管理的过程。其主要包括物品的堆存、管理、保养、维护等活动。仓储的目的是克服物品生产与消费在时间上的差异，从而更好地发挥物品的效用。

仓储和运输是物流的两个关键环节，被称为“物流的支柱”。

2. 仓库的概念

仓库是指由储存物品的库房、运输传送设施、出入库输送通道和设备以及消防设施、管理用房等组成的，用于保管、储存物品的建筑物、构筑物或场地的总称。

仓库主要用来存放物品，并对物品实施保管，随着物流业的快速发展，仓库也进行物品的流通加工、分拣配送、信息处理等工作。

3. 医药商品仓储的概念

医药商品仓储是指医药商品从生产环节到消费环节的流通过程中，所经过的一次至多次、时间或长或短的停留储备。

医药商品仓储是医药商品流通过程中必不可少的环节。医药商品仓储需要运用现代的科学技术与管理方法，根据不同医药商品的质量变化规律，以预防为主，来保证医药商品质量的安全性和有效性。

二、医药商品仓储的作用

1. 保障医药商品价值

医药商品仓储的基本职能是保存医药商品，保证其在库不丢失、不损坏，数量准确、质量完好。因此，医药商品仓库应具备一定的条件和设备，能够对医药商品进行养护，确保医药商品的安全，避免医药商品破损、变质，减少各种损失，以保证医药商品的使用价值。

2. 保障医药商品供需

医药商品是特殊商品，为了预防和应对突发情况的发生，就要有一定数量的医药商品储存，以备急需之用。同时，经济的发展使医药商品的生产与消费在空间和时间上的间隔越来越大，造成了医药商品供需不平衡，就需要医药商品仓库起到“蓄水池”的调节作用。

3. 保证医药商品流通

医药商品仓库要严格控制进入流通环节的医药商品质量，防止不合格的医药商品进入流通领域，一方面是不合格的医药商品不许入库，另一方面是不符合规定的医药商品不许发放。这样，就可以有效阻止不符合规定的医药商品进入流通和消费环节。

4. 提高企业经济效益

医药商品企业通过加强医药商品的储存管理，改善仓储保管条件，提高仓容和设备的使用效率，从而降低储存费用；同时，做好医药商品养护工作，避免和减少医药商品在库损耗，加快资金周转，提高工作效率，扩大服务范围，从而节约开支，增加收益，提高企业的经济效益。

三、医药商品仓库布局

1. 医药商品仓库的工作环境

医药商品企业应当具有与其经营范围、经营规模相适应的经营场所和仓库。仓库的选址、设计、布局、建造、改造和维护应当符合医药商品储存的要求。

仓库的规模及条件应当满足医药商品品种的合理安全储存，并达到以下要求：仓库内外环境整洁，无污染源，库区地面硬化或者绿化便于开展储存作业；仓库内墙、顶光洁，地面平整，门窗结构严密；仓库有可靠的安全防护措施，能够对无关人员进入实行可控管理，防止药品被盗、被替换或者混入假药；有防止室外装卸、搬运、接收、发运等作业受异常天气影响的措施。

2. 医药商品仓库的布局设计

医药商品仓库的布局设计有以下要求：

（1）方便仓库作业和医药商品的安全存储，最大限度地利用仓库面积，防止重复搬运、迂回搬运，避免交通堵塞；

（2）有利于充分利用仓库设施和机械设备；

（3）符合医药商品仓库安全和消防要求；

（4）符合仓库目前需要与长远规划，尽可能减少将来仓库扩建对正常业务的影响；

（5）各作业场所的布置必须与仓库的业务顺序相一致，使各作业环节密切衔接，以便加速作业流程，提高作业效率；

（6）应有用于零货拣选、拼箱发货操作及复核的作业区域；

（7）应有包装物料的存放场所；

（8）应有收货、验收、发货、退货的专用场所和存放不合格医药商品的专用存放场所；

（9）经营特殊管理的医药商品，应有符合国家规定的储存设施。

3. 医药商品仓库的分区

仓库根据功能的不同，会分为不同的区域。一般来说，存储医药商品的区域分类要适度，不可分类过细，防止预留出货位却因货物不足导致存放不满造成仓容浪费；也不可分类过粗，防止品种混杂，造成管理上的困难。应考虑特殊情况，预留一定的机动货区接收计划外医药商品的入库，也可以作为盘点、整理仓库的临时工作场所。

（1）储存作业区

储存作业区是仓库的主体部分和主要作业场地，包括进货、储存、拣选、发货等作业区域。

储存作业区是医药商品进行仓储作业的主要区域，应配备相应的设施设备，主要包括安全有效的隔离设备，避光、通风、防潮、防虫、防鼠等设备，符合储存作业要求的照明设备，仓库温湿度调节系统、自动监测系统，仓库消防设施设备等。

（2）辅助作业区

辅助作业区主要是为医药商品储存提供辅助工作的场地，通常包括包装物料存放、搬运装卸机械存放等场所。

辅助作业区的设置应靠近储存作业区，以便及时提供辅助，同时也要和储存作业区相隔一定距离，以防止辅助作业区发生事故而危及存货区域。

（3）行政生活区

行政生活区主要包括仓库的行政管理机构和生活服务区，可以设置办公室、警务室、司机室、休息室等。

行政生活区一般与储存作业区和辅助作业区隔开一定距离，设有隔离设施和单独的出入口，减少人员往来对仓储作业区的影响和干扰，保证作业操作和储存医药商品的安全。

【知识链接】

《药品经营质量管理规范》中的相关规定

第四十三条 企业应当具有与其药品经营范围、经营规模相适应的经营场所和库房。

第四十四条 库房的选址、设计、布局、建造、改造和维护应当符合药品储存的要求，防止药品的污染、交叉污染、混淆和差错。

第四十五条 药品储存作业区、辅助作业区应当与办公区和生活区分开一定距离或者有隔离措施。

四、医药商品仓库的类型

1. 按药品的性质分类

（1）普通医药商品仓库

普通医药商品仓库是指用于存放无特殊保管要求的医药商品的仓库。通常用于储存不需要特殊保管条件的一般医药商品。这类仓库技术设施比较简单，仅有进出、装卸、搬运、商品养护、安全防火等一般性设备，而无保温、冷藏、防毒等特殊性装备。只能储存物理、化学及生物性质比较稳定、彼此互不干扰的医药商品。这类通用仓库适应性较强、利用率较高，因而是分布最广、比重最大、使用最为普遍的常规性仓库。

（2）特殊医药商品仓库

特殊医药商品仓库是指用于存放需要特殊管理的、易燃、易爆、有毒、腐蚀性或辐射性的医药商品的仓库，主要用于储存危险品和一些特殊医药商品。危险品由于可能对人体及环境造成危险，因此在此类药品的储存方面一般会有特定要求，例如，许多化学药品就是危险品，它们的储存都有专门的法规规范。

2. 按温度要求分类

（1）常温库

常温库是指温度范围在 10～30 ℃的存储仓库。通常用于储存不需要特殊温度条件的一般医药商品。常温仓库技术设施比较简单，但也要安装温湿度调节系统、自动监测系统，以及防火设施设备等。此类仓库综合性较强，通常还具有流通加工、配送、信息服务等增值功能。

（2）阴凉库

阴凉库是指不超过 20 ℃，且太阳不能够直射（避光）的保存仓库，即温度范围为 0～20 ℃的仓库。阴凉库主要用于存放需要避光、通风、阴凉存储的医药商品。此类仓库对温湿度的要求较高，还具有避光等功能，也是医药商业中常用的一种仓库。

（3）冷库

冷库是指用于储放要求冷藏或冷冻的医药商品的仓库。此类仓库通常通过机械制冷方式，使库内保持一定的温度和湿度，以储存对温湿度有特殊要求的医药商品的仓库。冷库通常保持在 2～10 ℃，为了使医药商品合理冷藏，在冷库的医药商品通常分散存放，以使其均匀降温。由于预冷作业只是短期的作业，医药商品不堆垛，一般处于较高的搬运活性状态，多数直接放置在搬运设备上，如放置在推车上或托盘上。

3. 按建筑形式分类

（1）平房仓库

平房仓库即单层建筑仓库。平房仓库是最常见、使用范围十分广泛的一种仓库建筑类型。此种仓库没有上层建筑，不设楼梯。平房仓库设计简单，在建造和维修上投资较少；全部仓储作业都在一个层面上进行，货物在库内装卸搬运方便；各种设备（如通风、供水、供电等）的安装、使用和维修比较方便；仓库地面能承受较重的货物堆放。

（2）自动化立体仓库

1）自动化立体仓库的概念。自动化立体仓库简称立体仓库，一般是指采用几层、十几层乃至几十层高的货架储存单元，用相应的物料搬运设备进行医药商品入库和出库作业的仓库。

自动化立体仓库的主体由货架、巷道式堆垛起重机、入（出）库工作台和自动运进（出）及操作控制系统组成，管理上采用计算机控制及条形码技术。货架是钢结构或钢筋混凝土结构的建筑物或结构体，货架内是标准尺寸的货位空间，巷道式堆垛起重机穿行于货架之间的巷道中，完成存、取货的工作。

2）自动化立体仓库的特点。自动化立体仓库主要有以下三个特点，一是自动化立体仓库一般都比较高。其高度一般在5 m以上，最高达到40 m，常见的自动化立体仓库在7～25 m。二是自动化立体仓库必然是机械化仓库。因为仓库货架通常在5 m以上，人工已难以对货架高处的货物进行进出货操作，必须依靠机械进行作业。三是自动化立体仓库中配置有多层货架。为充分利用自动化立体仓库的存储空间，货架采用多层钢架结构，配合托盘一起使用。

3）自动化立体仓库的优势。自动化立体仓库的优越性是多方面的，对于医药商品企业来说，可从以下几个方面得到体现。

①节约仓库占地面积，提高空间利用率，充分利用仓库空间。自动化立体仓库采用大型仓储货架及自动化管理技术，使得医药商品便于查找，因此自动化立体仓库比传统仓库占地面积小，但是空间利用率更高。自动化立体仓库的空间利用率为普通平房仓库的2～5倍。

②提高仓库管理水平。自动化立体仓库采用信息化管理系统，减少了医药商品信息在流通中出现的错误，提高了工作效率。同时，自动化、机械化的操作流程使搬运工作安全可靠，减少了医药商品的破损率。

③形成先进的生产链，促进生产力进步。由于自动化立体仓库存取效率高，可以有效连接仓库外的生产环节，在存储中形成自动化的物流系统，形成有计划的生产链，使生产能力得到大幅度提升。

§4－2　医药商品入库作业

学习目标

1. 掌握医药商品入库准备的要求和岗位职责。
2. 掌握医药商品入库作业的注意事项。
3. 掌握医药商品入库作业的流程。

4. 掌握医药商品入库操作。

5. 掌握医药商品入库单据的填写方式。

医药商品入库是医药商品质量控制的第一环节，对以后的医药商品质量保障有着重要作用。医药商品入库作业包括入库前准备、收货、验收三部分。

一、医药商品入库前准备

入库前准备是指在医药商品收货作业之前，事先准备好当天要到货的预入库单据。这些单据可以在仓储管理系统（WMS）中查询并打印出来，交给仓库管理人员。仓库管理人员据此合理地安排收货时间、所用设备工具，并安排相关工作人员。

1. 入库前准备工作要求

（1）熟悉各种需入库医药商品的状况

仓库管理人员要了解入库医药商品的品种、规格、数量、包装状态、单体体积、到库确切时间、医药商品存期、医药商品的理化特性以及保管要求，精确妥善地进行库场安排、准备。

（2）全面掌握仓库库场情况

仓库管理人员需了解仓库的库容、设备、人员的变动情况，安排好相关工作。入库时必须使用机械设备进行作业的医药商品，要确保有可使用的设备和货位。必要时对仓库进行清查，清理归位，以便腾出仓容。

（3）仓储计划的拟订

仓库管理人员根据医药商品情况、仓库情况和设备情况，拟订仓储计划，并将计划下达到各相应的作业人员。

（4）妥善安排货位

根据入库医药商品的性能、数量和类别，结合仓库分区分类保管的要求，核算货位的大小，根据货位使用原则，严格验收场地，妥善安排货位，确定堆垛方法等。必要时组织人员彻底清洁货位，清除残留物，清理排水管道，安排消毒、除虫、铺地。仔细检查照明、通风等设备，发现损坏及时修理。

（5）合理组织人力

根据入库医药商品的数量和时间，安排好医药商品收货验收人员、搬运堆码人员以及医药商品入库操作流程，确定各个环节所需要的人员和设备。与各岗位工作人员确认医药商品入库时所需的各种工具，发现缺少、缺损及时调整补充。

（6）文件单据准备

仓库管理人员需保管医药商品入库时所需要的各类单据、记录等，并在医药商品到货时将所需单据提前交给相关工作人员。

2. 医药商品入库流程

医药商品入库工作涉及多个岗位，在工作中应严格遵守相关要求，认真执行入库流程（如图 4－1 所示），从而防止假冒伪劣药品、过期药品和其他质量不合格药品进入仓库，为医药商品后续的储存、养护和出库工作打下良好基础。

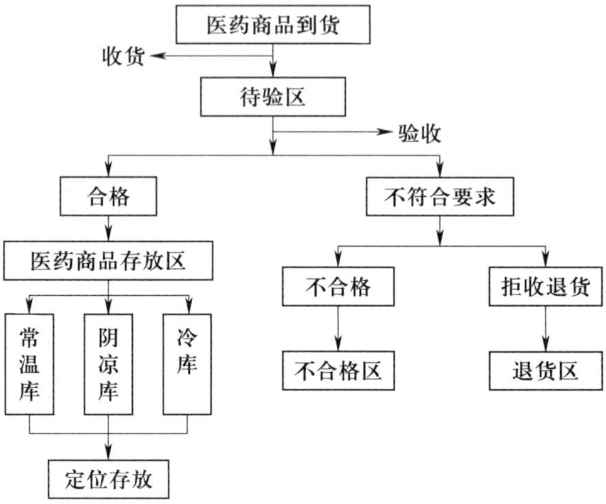

图 4－1　医药商品入库流程图

3. 医药商品入库单据

(1) 采购记录

采购记录应当包括供货单位、生产企业、药品通用名称、剂型、规格、批准文号、批号、数量、收货单位、购货日期等内容，采购中药材、中药饮片的，还应当标明产地（或来源）级别及质量等内容。

(2) 随货同行单

随货同行单内容应包括药品通用名称、规格、剂型、批准文号、上市许可持有人、生产企业、单位、单价、金额、批号、生产日期、有效期、质量等内容（见表 4－1）。随货同行单应加盖供货单位药品出库专用章原印章。随货同行单的样式需与企业备案样式一致。

表 4－1　　药品随货同行单

×××随货同行单　　　　单据编号：

购货单位：　　　　业务员：

收货地址：　　　　发货日期：

通用名称	规格	剂型	批准文号	上市许可持有人	生产企业	单位	单价	金额	批号	生产日期	有效期	质量

制单员：　　　　保管员：　　　　复核员：　　　　收货人：

(3) 药品检验报告书

药品检验报告书是药品生产企业的质量检验部门依据质量标准，对所生产药品进行抽样检验，从而判定该批次药品质量是否合格而出具的具有法律效力的技术文件，是药品可以出厂的通行证，也是药品监督管理部门对不合格药品实施行政处罚的重要依据之一。

药品检验报告书内容一般包括检品名称、批号、生产企业、规格、检验目的、检验项目、收检日期、报告日期、检验依据、每个项目检验结论、整体结论等内容。所有内容都应使用计算机规范填写，不得有手写涂改痕迹。

药品检验报告书由供货单位提供，上应加盖供货单位质量管理专用章的原印章或药品检验专用章原印章；从批发企业采购药品，药品检验报告书的传递和保存可以采用电子数据形式，但应当保证其合法性和有效性。

（4）收货记录单

收货记录单应包括药品通用名称、生产企业、批准文号、剂型、规格、数量、生产日期、有效期等内容，采购医药商品为中药材、中药饮片的，还应当标明产地（或来源）及重量，应有收货员签字。

（5）验收记录单

验收记录单应当包括药品到货日期、供货单位、通用名称、规格、剂型、数量、批准文号、上市许可持有人、生产企业、批号、生产日期、有效期、到货数量、验收合格数量、验收结论、验收员等内容（见表4－2）。验收员应在验收记录上签署姓名和验收日期。

表4－2　　药品验收记录单

到货日期	供货单位	通用名称	规格	剂型	数量	批准文号	上市许可持有人	生产企业	批号	生产日期	有效期	到货数量	验收合格数量	验收结论	验收员	备注

（6）拒收记录单

拒收记录单应当包括药品通用名称、剂型、规格、批准文号、批号、生产企业、供货单位、数量、单价、金额、生产日期、有效期等内容，还应包括药品的拒收理由，验收员的签字等信息。

二、医药商品收货作业

1. 医药商品收货作业的概念

医药商品收货作业是指医药商品经营企业对到货的医药商品，通过单据查验，对医药商品信息和实物进行检查和核对，并将符合要求的医药商品按照其特性放入相应的待验区的过程。收货作业主要包括单据之间的核对、单据和实物之间的核对、运输方式和运输条件的检查及合格医药商品放入待验区等工作。

2. 医药商品收货员岗位职责

医药商品收货员的岗位职责主要是对医药商品进行接收和初步检查，确保及时完成仓库物资的日常接收工作，具体岗位职责有：

（1）负责对医药商品进行接收，确认医药商品的名称、数量、质量与订单一致，及时发现存在异常的医药商品并进行妥善处理；

（2）负责按照要求在正确位置贴放条码，确保条码与医药商品一致；

（3）负责保持相关车辆运送通道畅通；

（4）负责仓库物资数据的统计和系统数据录入工作，保管相关单据；

（5）负责仓库内的卫生清洁工作，确保仓库内环境适合储存医药商品；

（6）负责协助验收人员完成相关辅助工作。

3. 医药商品收货的操作流程

（1）一般医药商品收货

1）检查运输工具及状况。到货时，检查收货场所应配备的设备工具，设备应能正常运行。除设备工具外，还应检查运输单据中所载明的启运时间，计算在途运输时间，并核实是否在协议约定的最大在途时限范围内。一旦超出最大在途时限范围，立即报质管部门处理，并留存相应的运输凭证。

供货单位委托运输医药商品的，采购部工作人员要提前向供货单位索要委托的承运方式、承运单位、启运时间等信息，并提前通知收货员；收货员在医药商品到货后，要逐一核对上述内容，内容不一致的，通知采购部门，并报质管部门处理。

2）检查所需单据。收货员将随货同行单与本企业备案的随货同行单式样进行核对，并将随货同行单上的出库专用章与本企业备案的印章式样进行核对。

随货同行单与本企业备案的随货同行单式样不一致的、出库专用章与本企业备案的印章式样不一致的，应当拒收，并通知质管部门处理。

3）单物核对。随货同行单信息应与到货医药商品实物的信息一致，对于与到货医药商品内容不相符的，由采购部门负责与供货单位核实和处理。随货同行单内容中，除数量以外的其他内容与医药商品实物不符的，经供货单位确认并提供正确的随货同行单后，方可收货。随货同行单与医药商品实物数量不符的，经供货单位确认后，应当由采购部门确定并调整采购数量后，方可收货。供货单位对随货同行单与医药商品实物不相符的内容，不予确认的，应当拒收，存在异常情况的，报质管部门处理。

4）签字交接。收货后，收货员在随货同行单上签字，或者盖收货专用章，交给供货单位或委托运输单位送货人员，并在计算机系统中填写收货记录单。

收货员将医药商品按品种、批号进行托盘堆码，需将标签全部朝外，便于验收、入库上架、出库下架时对医药商品信息的识别。堆码完成后，将托盘转移至符合储存条件的待验区内。通知验收员进行验收，并将随货同行文件转交给验收员。

（2）特殊医药商品的收货

特殊管理的医药商品，收货场所应具备物理隔离和安全措施，作业应在特殊区域内，由双人完成。

1）检查运输工具及情况时，应检查是否有专人押运、是否有中途停车过夜的现象。

2）如果商品是麻醉药品和第一类精神药品，应由承运单位与收货单位双方共同对货物进行现场检查，现场交接货物及资料。如果是委托运输的，应向承运单位索取其所在省、自治区、直辖市药品监督管理部门发放的《麻醉药品、第一类精神药品运输证明》的副本，检查证明文件的有效期。

边学边练

各位同学，请想一想：

如果到货的医药商品是进口医药商品，那么在索取随货同行文件时，应包括哪些文件？

4. 医药商品收货注意事项

医药商品到货后，收货员收货时的注意事项如下。

（1）医药商品到货后，收货员对运输工具和运输状况进行检查。重点检查运输车的车厢密闭状态是否良好，车厢内环境有无积水、污染源等影响因素。不符合规定的，报质管部门处理。

（2）核实车厢是否密闭上锁，对车厢内环境进行检查，如发现车厢内有雨淋、腐蚀、污染等现象，立即通知采购部，并报质管部门。

（3）物流信息确认后，收货员应当核对查验随货同行单（票）以及相关的药品采购记录，无随货同行单（票）或无采购记录的应当拒收。

（4）随货同行单（票）记载的供货单位、生产厂商、药品通用名称、剂型、规格、批号、数量、收货单位、收货地址、发货日期等内容，与采购记录以及本企业实际情况不符的，应当拒收，并通知采购部门处理。

【知识链接】

《药品经营质量管理规范》中的相关规定

第七十二条　企业应当按照规定的程序和要求对到货药品逐批进行收货、验收，防止不合格药品入库。

第七十三条　药品到货时，收货人员应当核实运输方式是否符合要求，并对照随货同行单（票）和采购记录核对药品，做到票、账、货相符。

随货同行单（票）应当包括供货单位、生产厂商、药品的通用名称、剂型、规格、批号、数量、收货单位、收货地址、发货日期等内容，并加盖供货单位药品出库专用章原印章。

第七十四条　冷藏、冷冻药品到货时，应当对其运输方式及运输过程的温度记录、运输时间等质量控制状况进行重点检查并记录。不符合温度要求的应当拒收。

第七十五条　收货人员对符合收货要求的药品，应当按品种特性要求放于相应待验区域，或者设置状态标志，通知验收。冷藏、冷冻药品应当在冷库内待验。

三、医药商品验收作业

1. 医药商品验收作业的概念

医药商品验收作业是指根据国家药品标准、药品质量条款及相关法律法规，在相关待验区内，对医药商品质量状况进行查验的过程。

医药商品验收作业是医药商品经营企业保证医药商品质量的重要措施之一，可保证入库医药商品数量准确，质量完好，防止不合格药品、假冒伪劣药品和不符合包装要求的医药商品入库。医药商品验收工作是医药商品经营活动中技术要求最高的一个环节。

验收作业主要包括随货资料之间的检查，核对单据与医药商品实物，核对医药商品的外观质量及抽样检查，确定实物是否合格，根据医药商品不同类别和特性在规定的时限内完成上架入库、拒收处理等工作。

2. 医药商品验收员岗位职责

（1）严格执行医药商品验收管理制度及验收程序，负责医药商品的验收工作；

（2）负责按照规定的程序和要求对到货的医药商品逐批进行验收；

（3）负责按照验收方法和抽样原则进行验收和抽取样品；

（4）负责对验收不合格的医药商品拒收，做好不合格医药商品的隔离存放工作，并及时报质管员处理；

（5）负责规范填写验收记录，按规定保存备查；

（6）负责收集医药商品质量检验报告书和进口医药商品检验报告书；

（7）负责收集质量信息，配合质管员做好医药商品质量档案工作，验收中发现的质量变化情况及时报质管员；

（8）普通医药商品到货后一个工作日内完成验收；

（9）验收完成后，负责医药商品电子监管码的扫码上传工作。

【知识链接】

质量管理、验收岗位人员从业要求

1. 从事质量管理工作的，应当具有药学专业中专或者医学、生物、化学等相关专业大学专科以上学历或者具有药学初级以上专业技术职称；

2. 从事验收工作的，应当具有药学或者医学、生物、化学等相关专业中专以上学历或者具有药学初级以上专业技术职称；

3. 从事中药材、中药饮片验收工作的，应当具有中药学专业中专以上学历或者具有中药学中级以上专业技术职称；直接收购地产中药材的，验收人员应当具有中药学中级以上专业技术职称；

4. 经营疫苗的企业还应当配备 2 名以上专业技术人员，专门负责疫苗质量管理和验收工作，专业技术人员应当具有预防医学、药学、微生物学或者医学等专业本科以上学历及中级以上专业技术职称，并有 3 年以上从事疫苗管理或者技术工作经历。

3. 医药商品验收的流程

（1）一般医药商品验收

1）接收单据。验收员接收随货同行单与检验报告书等随货资料，确认医药商品在待验区内，清点数量。

2）文件核查。对检验报告书进行进一步检查。若供货单位为生产企业，应加盖供货单位药品检验专用章或质量管理专用章原印章；若供货单位为批发企业，应加盖批发企业质量管理专用章原印章。

3）单物核对。验收员应将随货同行单信息与医药商品实物逐一进行核对，如药品通用名称、剂型、规格、数量、生产企业、批准文号、生产日期、有效期等。

4）开箱抽样。验收员对抽取的整件医药商品应当开箱抽样检查，从每整件的上、中、下不同位置随机抽样检查至最小包装。

验收员进行抽样时应注意，整件医药商品数量在 2 件及以下的应当全部抽样检查；整件数量在 2 件以上至 50 件以下的至少抽样检查 3 件；整件数量在 50 件及以上的每增加 50 件，至少增加抽样检查 1 件，不足 50 件的按 50 件计。

5）封箱还原。验收结束后，验收员将抽样检查后的完好样品放回原包装，用专用的封箱带和封签进行封箱，在抽验的整件包装上标明抽验标志并签字。

6）填写验收记录单。验收员填写验收记录单，包括药品通用名称、规格、剂型、数量、批准文号、上市许可持有人、生产企业、批号、生产日期、有效期、到货数量、验收合格数量、验收结论、验收员等内容，并在验收记录上签署姓名和验收日期。

7）入库交接。验收合格的医药商品，由验收员与仓储部门办理入库交接手续。仓库管理人员将验收合格医药商品从待验区域转到符合要求的合格药品储存区域，在计算机系统确认后，系统自动生成库存记录。

验收员在检验报告书上加盖本企业质量管理章并扫描上传到计算机系统，纸质文件整理存档。

（2）特殊医药商品的验收

特殊管理的医药商品验收流程与一般医药商品验收一致。特殊管理的医药商品验收有以下几点注意事项。

1）如果医药商品是麻醉药品和第一类精神药品，验收应由专人负责，双人完成，货到即验。验收时要求双人开箱，验收清点到最小包装。填写验收记录时，需要双人签字。

2）应检查特殊管理医药商品的包装、标签及说明书上是否印有规定的标识。例如，麻醉药品的标识为蓝白相间的“麻”字样；精神药品的标识为绿白相间的“精神药品”字样；毒性药品的标识为黑底白字的“毒”字样；放射性药品的标识为红黄相间的圆形图案等。

3）特殊管理的医药商品应建立专用账册管理，保存期限应自有效期满之日起不少于 5 年。

边学边练

各位同学，请想一想：

如果到货的医药商品是拼箱商品，那么在进行验收时，应如何验收，注意的事项有哪些？

4. 医药商品验收注意事项

医药商品验收时，验收员有如下注意事项。

（1）验收员应进一步核实随货资料之间的信息是否正确，核对随货同行单与医药商品实物之间的信息是否相符。

（2）验收员应当按照批号逐批查验医药商品的合格证明文件，对于相关证明文件不全或内容与到货医药商品不符的，不得入库，并交质管部门处理。

（3）验收员应当对每次到货的医药商品进行逐批抽样验收，抽取的样品应当具有代表性，同一批号的医药商品应当至少检查一个最小包装。

（4）验收人员应对医药商品的包装、说明书、标签等进行检查。每个最小销售单元的包装上，项目齐全，要有说明书。检查标签和说明书时应注意以下问题：

1）标签上应有药品通用名称、成分、性状、适应证或者功能主治、规格、用法用量、不良反应、禁忌、注意事项、贮藏、生产日期、产品批号、有效期、批准文号、生产企业等内容。对注射剂瓶、滴眼剂瓶等因标签尺寸限制无法全部注明上述内容的，至少应标明药品通用名称、规格、产品批号、有效期；对中药蜜丸蜡壳，至少注明药品通用名称。

2）化学药品与生物制品说明书应列有药品名称（通用名称、商品名称、英文名称、汉语拼音）、成分（活性成分的化学名称、分子式、相对分子质量、化学结构式）、性状、适应证、规格、用法用量、不良反应、禁忌、注意事项、孕妇及哺乳期妇女用药、儿童用药、老年患者用药、药物相互作用、药物过量、临床试验、药理毒性、贮藏、包装、有效期、执行标准、批准文号、生产企业（企业名称、生产地址、邮政编码、电话和传真）。

3）中药说明书应列有药品名称（通用名称、汉语拼音）、成分、性状、功能主治、规格、用法用量、不良反应、禁忌、注意事项、药物相互作用、贮藏、包装、有效期、执行标准、批准文号、说明书修订日期、生产企业（企业名称、生产地址、邮政编码、电话和传真）。

4）特殊管理的药品、外用药品的包装、标签及说明书上均有规定的标识和警示说明；处方药和非处方药的标签和说明书上有相应的警示语或忠告语，非处方药的包装有国家规定的专有标识；蛋白同化制剂和肽类激素及含兴奋剂类成分的药品应标明“运动员慎用”警示标识。

5）进口药品的包装、标签以中文注明药品通用名称、主要成分以及注册证号，并有中文说明书。

6）中药饮片的包装或容器与药品性质相适应并符合药品质量要求，且应有药品通用名称、批号、包装、规格、产地、生产日期、生产企业等，并附有质量合格的标志。实施批号管理的中药饮片，还需注明批准文号。

7）中药材要有包装，并标明药品通用名称、规格、产地、供货单位、收购日期、发货日期等；实施批号管理的中药材，还需注明批准文号。

（5）验收员在验收结束后，应当将抽取的完好样品放回原包装箱，用专用的封箱带和封签加封并标示。填写验收记录单，填写内容真实完整。

5. 医药商品的质量检查

因医药商品具有特殊性，其质量检验至关重要。以药品为例，药品质量检验的依据之一是药品标准。药品标准是国家对药品的质量规格和检验方法所做的技术规定，是药品生产、销售、使用和检验单位共同遵守的法定依据。

药品标准的内容一般包括名称、成分或处方的组成；含量及其检查、检验的方法；允许的杂质及其限量、限度，技术要求以及作用、用法、用量；制剂的辅料；注意事项；贮藏方法、条件等内容。

药品检查一般采用外观质量检验，即根据药品标准或说明书中规定的性状，结合自己的业务知识和实践经验，通过眼睛、鼻子、手等感觉器官来检验药品的形状、颜色等外观质量。

（1）片剂

主要检查色泽、斑点、异物、麻面、吸潮、粘连、溶化、发霉、结晶析出、边缘不整、松片、装量等内容。含生药、脏器及蛋白质类药物的制剂还应检查有无虫蛀、异臭等。包衣片除上述检查内容外，还应检查是否存在花斑、瘪片、龟裂、爆裂、脱壳、掉皮、膨胀、片芯变色、变软等问题。

（2）胶囊剂

主要检查色泽、漏药、破裂、变形、粘连、异臭、霉变、生虫等内容。软胶囊还应检查气泡及畸形丸。

硬胶囊剂应外观整洁，大小相等，长短一致，无斑点；带色胶囊颜色应均匀一致，不得有褪色、变色等现象。软胶囊剂大小应均匀一致，整洁、光亮；不得有粘连、粘瓶、异臭、变形、破裂、漏油等现象。

（3）注射剂

1）水针剂、混悬针剂主要检查色泽、结晶析出、混浊沉淀、霉菌生长、澄明度、装量等内容。

2）油针剂主要检查色泽、混浊、霉菌生长、异臭、酸败、澄明度、装量等内容。

3）粉针剂主要检查色泽、粘瓶、吸潮、结块、溶化、异物、黑点、溶解后澄明度、装量等内容；冻干型粉针剂主要检查色泽、粘瓶、萎缩、溶化等内容。

（4）滴眼剂

1）溶液型滴眼剂主要检查色泽、结晶析出、混浊沉淀、霉菌生长、澄明度等内容。药液色泽应一致，无明显的变色现象；药液应澄明，不得有混浊、沉淀、结晶析出和霉菌生长。

2）混悬型滴眼剂主要检查色泽、异物、颗粒细度等内容。药液色泽应一致，不得有明显的变色现象；不得有结块、色块、玻璃屑等不溶性异物。

（5）颗粒剂

主要检查色泽、气味、吸潮、软化、结块、颗粒是否均匀等内容。颗粒剂应干燥，粒径均一，色泽一致，无吸潮、软化、结块、潮解等现象；无异物、异臭、霉变、虫蛀等。

（6）散剂

主要检查色泽、异臭、潮解、风化、霉变、虫蛀等现象。袋装散剂用手摸，将药袋放平，用两手指横敲三下，不得有药粉喷出；瓶装散剂上下翻转，应干燥、疏松、无吸潮结块、溶化等现象。

取袋装的散剂拆开封口，瓶装散剂启开瓶盖、瓶塞后，用手煽动，空气中不得有异臭（麻、毒药品不检查此项）；不得有生霉、虫蛀等。

§4－3　医药商品在库作业

学习目标

1. 知悉医药商品在库作业人员岗位职责。
2. 掌握医药商品储位管理和堆码的要求。
3. 掌握医药商品养护的要求。
4. 掌握医药商品盘点的要求。
5. 对医药商品进行储位分配和堆码操作。
6. 对在库医药商品进行盘点操作。
7. 正确填写医药商品在库单据。

医药商品在库作业是医药商品质量管理的重要环节，其工作流程包括存储、养护、盘点等多个环节，各环节的工作内容都应围绕保证医药商品储存质量展开，企业应当按照规定的程序和要求对医药商品进行管理和养护，保障医药商品储存环境，减少不合格医药商品的产生。

一、医药商品存储

1. 医药商品储位管理

（1）储位管理基本原则

1）明确标示储位。先将存储区域经过详细规划区分，并标示编号，让每一预备储存的医药商品都有位置，不能是边界含糊不清的位置。不能把通道当成储存区使用，虽然短时间会方便，但影响作业，违背了储位管理的基本原则。

2）有效定位医药商品。依据医药商品特性、储存策略与其他影响因素，寻找合适的储存单位，安排医药商品合适的货位。例如，进出频繁的医药商品应放置在靠近出口处。运用计算机管理系统管理货位，可以大大提高储位管理的信息化水平。

3）准确登记变动。医药商品位置或数量受其他作业影响改变时，都须准确记录变动情形，使账目和医药商品完全相符。

（2）储位分配的方法

1）固定货位。利用信息系统事先将货架进行分类、编号，各货架内放置的医药商品事先加以确定，各货位内放置的医药商品长期一致。固定医药商品的货位使备货作业更容易，信息管理系统的建立较为方便，只要第一次将货位编号及医药商品代码输入计算机，就能很容易地掌握医药商品出入库动态。

2）自由货位（随机货位）。所有医药商品按顺序摆放在货架中，事先不确定各类医药商品专用的货架。各货架内放置的医药商品不断变化。使用这种分配方法，在医药商品变更登记时出差错的可能性较高，适应于周转较快、出入库频繁的季节性医药商品或物流量变化剧烈的医药商品。

（3）储位分配的要求

1）明确储存计划，尽量使每周、每月医药商品出入库量基本保持平衡，并做好季节性和日常性的储存调整。

2）留有适当的机动货位作为缓冲区，或用于存放单据未到、待整理的医药商品和倒垛等临时或应急之用。

3）使用合适的货架或托盘等保管设备，在不影响出货效率和保证安全的情况下，应尽可能向高处码放，防止破损，有效利用库内容积，提高仓库保管效率。

4）安排场所时，较轻的医药商品安排在货架的上部，较重的在下部，有利于提高效率、方便操作、保证安全。

5）安排储位时，进出频繁的放在靠近出入口、易于作业的地方；流动性差的放在距离出入口稍远的地方；季节性药品则依其季节特性来选定放置场所。

6）同一医药商品要存于同一储位，若一种医药商品散布于仓库内多个储位，则会对存取、盘点、检查等作业造成不便。

7）同类或有互补性的可安排相邻货位，以便缺货时寻找同类医药商品或替代品。

8）性质相反或相互影响的医药商品须尽量分开，以免发生差错事故或受到影响。

9）易燃物须存于有防火设备的仓间；贵重、易被盗品须存放于有防盗措施的库房、房间、橱柜内。

10）对性质极不稳定、易变质、易破损的医药商品，须留有足够货位，以便分批号存放。

（4）储位的编号

在安排好的储位上，采用统一标记，编制顺序号码，作出明显标志。其目的在于准确提供进出货、拣货、补货时的位置信息，使各种作业可以按储位的编号进行，减少错误；便于不同货区人员之间的相互协作；有利于实现仓储作业的计算机管理，提高工作效率。

1）储位编号的原则。一是库存所有医药商品都有自己唯一的编号，号码不能重复；二是编号要按医药商品分类系列顺序分段编排，编号应尽量简短实用，便于记忆和使用方便；三是编号要考虑各方面的需要，使医药商品的编号具有通用性。

2）储位编号方法。由于医药商品的特点和库房的规模不同，与之相适应的编码方法也不同，选择编码方法时，应考虑医药商品的储存量、周转率、库房规模、保管设备和管理设备等因素。

储存定位系统可用人工或计算机管理，常用的方法有以下几种。

①区段法。把保管区域分成 A、B、C 等几个区段，对不同区段编号，每个号码所代表的储位区域可能会很大，如冷库、阴凉库等。

②分类法。把一些性质相关的医药商品集合后，区分为几类，再对每类进行编号，如阴凉库中的片剂区等。

③四号定位法。用四组号码来确定存取位置的固定货位方法，这四组号码分别是：第一组为货区位置，按顺序编号，用于表示库房和货物入口；第二组为排号位置，用于表示货位；第三组为段号位置，用于表示货架或货垛；第四组为组号位置，用于表示地面堆垛的医药商品或货架的货格。

④地址法。利用储位中的现有参考单位，如建筑群栋号、楼房层数，以及区、段、排、行、层、格等，依照相关顺序进行编号，标注所代表的储位。由于有相对顺序性可参考，编号简单明确、使用方便，是目前使用最多的编码方式。用数码和字母的组合混合编号比较好。

⑤计算机定位。利用计算机储存容量大、检索迅速的优势，在入库时，将存放货位输入计算机，出库时向计算机发出指令，并按计算机的指示人工或自动寻址找到存放货，拣选取货的方式。

计算机定位适用于自由货位方式。这种方式可以充分利用每一个货位，而不需专位待货，有利于提高仓库的储存能力。当吞吐量相同时，可比一般仓库使用更少的建筑面积。

2. 医药商品堆码管理

（1）货垛和堆码的概念

货垛是指为了便于保管和装卸、运输，按一定要求，分门别类堆放在一起的一批物品。

堆码是指将物品整齐、规则地摆放成货垛的作业。

（2）医药商品堆码作业的原则

堆码医药商品时，必须根据医药商品的性能、包装形状特点、种类、数量，结合季节和气候情况、储存时间的长短和仓库设备条件，选择合理垛形，并在安全、合理、方便、节约的原则下合理堆放。

1）安全。必须严格遵守安全操作规程；使用各种装卸搬运设备，严禁超载，堆码必须不偏不斜，不歪不倒，牢固坚实，以免倒塌伤人、摔坏医药商品。

2）合理。不同医药商品的性质、规格、尺寸不相同，应采用各种不同垛形。不同品种、产地、等级、单价的医药商品，须分别堆码，以便收发、保管。

3）方便。货垛应便于清点、收发作业，按一定的规格、尺寸叠放，排列整齐、规范。医药商品包装标志应一律朝外，便于查找。

4）节约。堆码时应注意节省空间位置，适当、合理安排货位的使用，提高仓容利用率。

（3）医药商品堆码的要求

1）堆码要整齐、稳固、美观、横竖成直线，尽量保持端面整齐；垛底稳固、层次分明；避免挤占货位或通道，防止货垛被其他货垛围堵成死垛。在库位不紧张的情况下，尽量避免医药商品堆码的覆盖和拥挤。

2）采取合适的堆码方式。仓库通道与堆垛之间保持适当的宽度和距离，提高装卸的效率。对长存怕潮、怕压的医药商品、包装不坚固或过重的医药商品，应控制堆放高度，不宜堆码过高，防止下层包装受压变形。医药商品信息应面对通道，将可识别的药品通用名称、规格、标志、标签等一律面向通道，并不得倒置，使作业人员容易辨识，方便存取和检查。将出入库率高、货量大的医药商品放置在离出货区近的地方，便于出货。不得堆入散件、破包、污染、潮湿件，防止因货垛倾斜、倒塌造成货物损失或工作人员受伤。性质相互抵触的医药商品应视具体情况对其隔离、隔开、隔库进行储存，不得混放。

3）采用合适的堆码工具。要根据不同医药商品的批量、包装外形、性质和盘点方法的不同要求，利用不同的堆码工具，采取不同的堆码形式。单独使用托盘堆码时，托盘的叉口要向巷道一侧，行与行要整齐；有货架时，托盘放在货架上要整齐一致。

4）医药商品应按分类或批号相对集中堆放。医药商品应按批号堆码，一个批号一个货垛。如需要混批号堆码，同一货垛内，有效期较短的医药商品，有效期时限不得超过一个月，有效期较长的不超过三个月。货垛上方悬挂或摆放规定颜色的标志，以显示该货垛医药商品的状态。

（4）堆码的距离要求

医药商品堆码要做到货垛之间，货垛与墙、柱之间保持一定距离，留有适宜的通道，以便医药商品的搬运、检查和养护。

1）顶距，是指货垛顶部与仓库屋顶平面之间的距离，主要是为了通风，平顶楼房顶距应在 30 cm 为宜。

2）灯距，是指在仓库里的照明灯与货垛之间的距离，主要是防止火灾，货垛与灯的距离一般不应少于 50 cm。

3）墙距，是指货垛与墙的距离，主要是防止渗水，便于通风散潮，一般不小于 30 cm。

4）柱距，是指货垛与屋柱之间的距离，主要是为防止医药商品受潮，一般留有 30 cm 距离。

5）堆距，是指货垛与货垛之间的距离，主要是为便于通风和检查医药商品，一般不少于 5 cm 即可。

（5）堆码的方式

1）重叠堆垛法。又称垂直堆码法，它是按单件医药商品往上一层层地重叠堆放，医药商品各层码放方法相同，上下对应。这种方法工人操作速度快，医药商品包装的四个角和边垂直，承重能力较强。在医药商品底部面积较小的情况下，采取这种方法具有足够的稳定性，配上相应的紧固方法，可以坚持稳定，节省劳力。

2）牵制堆垛法。又称衬垫堆码，它是在垂直堆垛法的基础上，在每隔一层或每隔两层之间夹进衬垫（如木板），利用衬垫来牵制本层医药商品，以增强货垛的稳固性。

3）纵横交错堆码法。纵横交错堆码法适用于长方形包装货物，并且长宽成一定比例。

每层医药商品并列摆放，上下层的医药商品纵横向交错摆放，即一层纵向排列，一层横向排列。将堆码成方形，便于计数，能充分利用空间，牢固性强。每层可由2～10件医药商品并列摆放，按并列医药商品之间是否留有空隙，分为不留空隙交错和留空隙交错两种垛形；按交错方式的不同，可分为正反交错式和旋转交错式。

①正反交错式。同一层以90°垂直堆码，相邻两层的码放形式是另一层旋转180°，这种方法类似于建筑上的砌砖方法，不同层间咬合强度较高，相邻层之间不重缝，因而码放后稳定性较高，但操纵较为麻烦。

②旋转交错式。第一层相邻的两个医药商品包装体互为90°，两层间码放又相差180°。这样相邻两层之间互相咬合交叉，稳定性较高，不容易倒塌。缺点是码放的难度较高，且中间形成空穴，降低了空间利用率。

4）压缝堆码法。压缝堆码法是将上一层的医药商品跨压在下层两件医药商品之间的缝隙上，逐层如此堆高，具有货垛稳固的特点，不容易倒，便于医药商品计算，但是不能充分利用仓库空间。

5）通风堆码法。通风堆码法是医药商品在堆码时，任意两件相邻的医药商品之间都留有空隙，以便通风。层与层之间采用压缝式或纵横交错式，起到通风、防潮、散湿、散热的作用。

6）托盘堆码法。随着托盘在物流中的广泛应用，形成了医药商品在托盘上的堆码方式。

托盘堆码要求医药商品不能超出托盘四边，需留出1～2 cm距离；医药商品需按照包装尺寸合理摆放，保持整个托盘货品的稳定性；必须符合医药商品外包装上储运标识的规定，严禁超高、超重、超限额和倒置、侧置存放，若有特殊摆放要求，按其要求进行摆放；同一药品同一批号的堆码在同一托盘上，码放高度一般在1.2～1.5 m，注意医药商品的码放极限；医药商品数量较少，不足一个托盘的可以拼板码放，码放时要求医药商品沿托盘边线交叉纵向排列，不同品种不可上下交叠，避免医药商品混淆。

7）五五堆码法。五五堆码法是指以五为基本计数单位，堆码数量为五的倍数，使医药商品“五五成行，五五成方，五五成层，五五成堆”，此种方法堆放整齐，上下垂直，方便医药商品数量的控制、清存和盘点。

3. 在库岗位设置及职责

（1）工作人员设置

1）仓库保管员。仓库保管员是医药商品在库储存期间各项管理工作的具体执行者。其主要职责是：负责对库存医药商品进行合理储存；协助养护人员实施医药商品养护的具体操作；对仓库的温湿度等储存条件进行动态监测和控制；在仓库温湿度超出规定范围时，及时采取措施进行有效调控并记录；对近有效期医药商品进行监控，按月填报近有效期药品催销表等。

2）养护人员。医药商品养护人员负责具体的医药商品养护工作，并协调各相关岗位，保证医药商品养护工作的有效开展。其主要职责是：检查在库医药商品储存条件及库存医药商品质量；针对不同医药商品的储存特性，采取科学有效的养护方法，定期汇总、分析和上报医药商品养护质量信息；负责验收、养护、储存设备的管理工作，并建立医药商品养护档案。

（2）养护人员的工作程序

1）每天监测仓库温湿度，温湿度检测一天两次，如仓库温湿度超出规定范围，及时采取调控措施。

2）对在库医药商品实行定期和不定期检查。检查内容包括日期、药品通用名称、规格、单位、库存数量、生产企业、生产批号、有效期、质量情况等，并应按规定填写库存医药商品质量养护记录。

3）对在库医药商品采取适当养护措施。按医药商品性质和对温湿度的特殊要求，利用仓库现有条件和设备，采取密封、避光、通风、降温、除湿等养护方法，调控温湿度，预防医药商品发生质量变异。对中药材和中药饮片，应按其特性，采取干燥、降氧、熏蒸等方法进行养护。

【知识链接】

药品养护工作从业要求

1. 从事药品养护工作的人员，应当具有药学或者医学、生物、化学等相关专业中专以上学历或者具有药学初级以上专业技术职称。

2. 从事中药材、中药饮片养护工作的人员，应当具有中药学专业中专以上学历或者具有中药学初级以上专业技术职称。

3. 从事药品养护工作的人员，应熟悉在库储存药品的性质与储存养护要求，以便指导并配合仓库保管员对在库药品进行合理储存保管。

4. 医药商品在库检查

（1）随机检查法

当气候条件出现异常变化，如遇高温、严寒、雨季或发现医药商品有质量变化迹象时，应由质管部门组织有关人员对医药商品进行局部或全面检查。

检查时为避免漏查，应严格规定检查顺序，如按每个货架、货垛顺时针检查等。此方法随机性大，不利于及时发现不合格医药商品或近有效期医药商品。

（2）日查法

设专职养护人员每天巡查，可以及时发现不合格医药商品及近有效期医药商品，但费时费力。

（3）月末清查法

月末清查法是在月末统一进行清查，可以及时发现不合格及近有效期医药商品，但一次性清查量大，易出错。

（4）季末盘点法

季末盘点法是指购进医药商品入库后三个月起进行第一次库存检查。但检查间隔时间过长，不能及时发现不合格医药商品及近有效期医药商品，错过最好处理时机。

（5）“三三四”检查法

“三三四”检查法是指每个季度的三个月，第一个月检查30%，第二个月检查30%，第三个月检查40%。此方法多用于普通医药商品，不适合需特殊管理的医药商品或价值较高的医药商品。

二、医药商品养护

医药商品养护是指在医药商品储存或运输过程中，对医药商品进行科学保养的技术性工作，是保证医药商品在库储存期间质量完好的一项重要措施。

企业必须遵守《药品经营质量管理规范》的相关规定，对在库医药商品实施科学养护。其主要工作内容有：检查控制在库医药商品的储存条件，对医药商品定期进行质量检查，对发现的问题及时采取有效的处理措施。

1. 药品稳定性

药品稳定性是药品（包括原料药和制剂）在一定的时间内保持其物理、化学和生物学性质稳定的能力。药品稳定是保障药品安全和有效的前提条件。

药品稳定性的决定因素是药品的结构。结构不同，物理、化学和生物学性质不同，稳定性也有很大差别。

（1）药品稳定性的分类

药品稳定性包括化学稳定性、物理稳定性、生物学稳定性等内容。

1）化学稳定性，是指在规定条件下的有效期内，该药品的每一个活性成分均能保持其完整性与规定限度的标识活性程度。药品易发生的化学变化有氧化、水解、异构化、聚合等。

2）物理稳定性，是指在规定条件下的有效期内，该药品的原有物理性质，包括外观性状、均匀性、溶出性、悬浮性等诸多物理特性保持不变。

3）生物学稳定性，是指在规定条件下的有效期内，该药品按照规定的无菌或微生物生长的状态能保持的程度。微生物污染和繁殖可导致药品的质量变化。

（2）影响药品稳定性的因素

影响药品稳定性的因素包括内在因素和外在因素两大类。

1）影响药品稳定性的内在因素

①水解性。水解是药品降解的主要途径之一。一些酯类、盐类、酰胺类、苷类等药品易水解而引起药品变质，如青霉素、阿司匹林等。

②氧化性。氧化性是药品分解失效的重要原因之一。一些碘化物、酚类、烯醇类、杂环类等的药品，易氧化变质，如维生素C、肾上腺素等。

③吸湿性。吸湿性是药品的重要特性。药品吸湿后可发生结块、胶黏、潮解、稀释，甚至发霉、分解变质等现象。

④风化性。许多含有结晶水的药品都易风化。药物风化后，药效虽未改变，但因失水量

不定，往往影响使用剂量的准确性。

⑤挥发性。一些沸点较低的药品成分常温下就能变为气体扩散到空气中，如乙醇、挥发油、樟脑等，它们在常温下即有很强的挥发性。

⑥升华性。有些固态药品不经过液态而变为气态，这种性质称为药品的升华性，如碘、冰片、樟脑、薄荷脑等均具有升华性。

2）影响药品稳定性的外在因素

①温度。温度对储存药品的质量影响较大，温度过高或过低都可能导致药品变质失效，尤其是生物制品、抗生素及中药对温度要求更严。

温度过高，会加快药品的化学反应或物理反应速度，更利于害虫、霉菌的生长繁殖，使有挥发性的药品加速挥发造成损失，使含脂肪较多的中药泛油，使含结晶水的药品风化等，从而影响药品的质量。

一般药品宜储存于阴凉处，但温度过低也可以使一些药品产生沉淀、冻结、凝固，甚至变质失效，有的则使容器破裂而造成损失。

②湿度。空气中水蒸气的含量称为湿度。湿度对药品质量的影响很大，湿度过大可以使药品吸湿而发生潮解、稀释、变形、水解、发霉等；湿度过小又容易使某些药品风化或干裂。

③空气。空气的成分很复杂，其中水分会影响环境的湿度；氧气的化学性质很活泼，易使某些药品发生氧化而变质；二氧化碳会使某些药品发生变质；空气中的灰尘和微生物也会污染药品。

④光线。许多药品遇光能加速其氧化过程；有些药物受光线作用后，可发生分解；光线还可以直接导致药品变色。

⑤时间。良好的包装和储存条件可以提高药品稳定性，但药品质量始终在变化，因此，药品储存时间过久会导致变质失效。如抗生素等，根据其不稳定程度规定了不同的有效期，要求在规定期限内使用。

2. 医药商品养护措施

（1）医药商品养护要求

1）提供符合规定的、具有合适温湿度条件的仓库，根据所进医药商品在温湿度方面的储存要求与数量情况，设立相应的冷库、阴凉库、常温库以及特殊药品库等，并配有温湿度自动调节与监控设施。

2）根据温湿度变化采取相应措施并做好记录，做好降温、保暖、防潮、加湿等工作。有异常情况即采取相应措施并记录采取措施后的温湿度。

3）提供具有有效避光条件的仓库，对部分易受光线影响而引起质量下降的医药商品，应存放于已有避光措施的仓库内，如悬挂深色窗帘、仓库不采取自然采光设计等。

4）提供合适有效的具有防虫、防霉条件的仓库，保持其结构的严密性，采取与外部环境隔离措施，并配置适宜有效的防护设施，通风口处应装有严密的金属滤网。

5）重点养护医药商品，如质量不稳定、有特殊储存要求、储存时间较长、有效期较短、近期发生过质量问题的品种等，通常进行循环检查。循环检查按季度进行，一般购进药库后三个月起进行第一次库存医药商品检查。

6）检查色标和医药商品储存是否符合规定，确保医药商品的储存条件，保证检测器等养护设施发挥作用，每天两次记录各仓库温湿度。如仓库温湿度超出规定，及时采取调控措施。

7）对由于异常原因可能出现问题的医药商品，应报质管部门抽样，送医药商品检验机构检验。

8）提供必要的具有防火、防爆及通风条件的仓库，对易燃、易爆、强腐蚀性等危险性医药商品进行另设仓库或单独存放，并采取必要的安全防护措施。

（2）医药商品仓库温湿度控制

温湿度调控是仓库管理中的重要环节，直接影响医药商品质量安全。同时，做好温湿度调控更是降低成本、提高效率的关键。

1）温湿度的基本概念

①空气温度，是指空气的冷热程度。一般而言，距地面越近气温越高，距地面越远气温越低。在仓库日常温度管理中，气温的单位多用摄氏度表示。

②空气湿度，是指空气中水蒸气含量的多少或空气干湿的程度。表示空气湿度，主要有以下几种方法。一种是绝对湿度，是指空气里实际所含的水蒸气量与容积的比，一般以“克/立方米”为单位。温度对绝对湿度有着直接影响。一般情况下，温度越高，水蒸气蒸发越多，绝对湿度就越大；反之，绝对湿度就小。一种是饱和湿度，是指在一定温度下，一定容积的空气中所能容纳的水蒸气量的最大限度。如果超过这个限度，多余的水蒸气就会凝结，变成水滴。此时的空气湿度便称为饱和湿度。一种是相对湿度，是指空气中实际含有的水蒸气距离饱和状态程度的百分比，即在一定温度下，绝对湿度占饱和湿度的百分比。相对湿度用百分率来表示。空气的绝对湿度、饱和湿度、相对湿度与温度之间有着相应关系。温度如果发生了变化，则各种湿度也随之发生变化。

③露点，是指含有一定量水蒸气的空气，当温度下降到一定程度时，所含的水蒸气就会达到饱和状态并开始液化成水，这种现象叫做结露。水蒸气开始液化成水时的温度叫做露点温度，简称露点。

风与空气中的温湿度有密切关系，也是影响空气温湿度变化的重要因素之一。

2）湿度的控制

①洒水。当湿度比较低的时候，可以用洒水来增加湿度，毕竟有些医药商品在储存中对湿度也有一定要求。因此，适当地洒水可以让空气中的水蒸气含量变高，提高湿度。

②加湿器。湿度比较低时，还可以使用加湿器来增加湿度。这是增加湿度比较方便、快速的方法，节省人工，但当湿度达到要求后就需要及时关闭加湿器。

③干燥剂。在仓库内潮湿严重的情况下，可以将干燥剂放置在仓库里，但通常用量较多，且干燥剂应密封使用，不得与医药商品进行近距离接触或直接放置在药品上。使用干燥剂可以很快降低仓库湿度，并且干燥剂潮湿后，晾晒后可以继续使用，价格便宜，节约

成本。

④空调除湿器。仓库内可安装空调，空调需要具备除湿功能，当湿度比较高时，可以开启除湿功能进行除湿，能够快速控制湿度，但前期成本较高，空调除湿开启一段时间后，应注意关闭。

⑤吸潮。当仓库内湿度过高，不适宜医药商品保管，而库外湿度过大，不宜进行通风时，可以在密封仓库内用吸潮的办法降低湿度。现代仓库普遍使用机械吸潮方法，常用设备有吸湿机等。吸湿机可以很好地把仓库内的湿空气通过吸湿机冷却凝结为水而排出。

⑥密封。密封就是把医药商品尽可能严密封闭起来，减少外界不良气候条件的影响，以达到安全保管的目的。采用密封方法，要和通风、吸潮结合运用，如运用得法，可以收到防潮、防霉、防热、防溶化、防干裂、防冻、防锈蚀、防虫等多方面的效果。

⑦通风。通风是利用仓库内外空气温度不同而形成的气压差，使仓库内外空气形成对流，达到调节仓库内温湿度的目的。仓库内外温度差距越大，空气流动就越快；若仓库外有风，借风的压力更能加速仓库内外空气的对流。但风力也不能过大。正确地进行通风，不仅可以调节与改善仓库内的温湿度，还能及时散发医药商品及包装物的多余水分。

3. 医药商品生物损害控制

医药商品在储存过程中，影响其质量的因素除储存环境、温湿度条件外，仓库的卫生环境也直接影响医药商品在库保管期间的质量。

（1）害虫的防治

1）害虫的来源。中药材在采收时，已寄生害虫的卵、幼虫或成虫，随药材进入仓库；已污染的包装材料反复使用，污染药材与其他药材同库保管；仓库内部及周围环境未能按时消杀，存在隐藏害虫；运输过程中被害虫污染，携带入库等。

2）害虫的危害性。害虫是带菌的媒介，排泄物、分泌异物及腐败的残体是微生物生长和繁殖的营养物质，可引起害虫和微生物的共生；其排泄物、分泌异物等对药材造成污染；造成药材减量，破坏药材的有效成分，影响药材质量，使疗效降低或丧失药用价值；破坏包装及库房结构，影响药材的安全储存。

3）害虫的防治技术

①高温防治法。在夏季雨水较多时，某些易吸湿的品种或含水量较高的品种可采用烘箱或烘房进行干燥，既可杀虫，也可控制药材的含水量，或将仓库的温度控制在 8 ℃以下。

②化学防治法。采用少量或大量化学用品防治，多采取熏蒸的方法，但应注意仓库保持密闭的时间，以及施药人员的培训和防护措施。

③气调的降氧技术。当氧的体积分数在 8% 以下时，能有效防止害虫的产生；药材仓库可在温度为 25 ℃左右时，密封 15 ~ 30 天，能有效地杀灭害虫。

④远红外干燥法。使用远红外辐射药材，使药材变热，经过热扩散、蒸发或化学变化，最终达到干燥灭虫的目的，但要注意药材对温度的要求。

（2）医药商品霉变的防治方法

真菌在医药商品生产、贮藏等各个环节均可污染医药商品，引起医药商品变质，危害人体健康，有些真菌毒素也是重要的致癌物质。

1）真菌的危害性

①真菌对中药材、中药饮片的危害。真菌将氨基酸、葡萄糖、有机酸等降解产物作为营养物质而吸收，从而降低了中药材、中药饮片药效成分的含量，并生成许多与治疗无关甚至有毒的成分。

②真菌对中成药的危害。中成药被真菌污染后，在一定条件下真菌就会生长繁殖，导致药剂变质、腐败，使疗效降低或丧失，甚至可能产生一些对人体有害的物质。

③真菌对其他药品的危害。真菌的繁殖会腐蚀、污染药品包装或引起局部环境温度上升，严重的直接造成药品污染，使药品失去使用价值。

2）防治方法

①控制中药材的含水量。在低湿高温的环境下，真菌生长会得到抑制。因此，中药材在储存过程中，应注意外包装的密封性，仓库内要经常通风、吸潮，长时间储存的中药材要注意晾晒。

②控制仓库的相对温度和湿度。仓库相对湿度低于70%或温度低于20 ℃时，能有效抑制霉菌的生长繁殖，有效防止药品霉变。因此，仓库内应具备良好的吸潮通风设备，并在高温时注意避光降温。

三、医药商品盘点

1. 医药商品盘点的概念

盘点是指为了有效控制医药商品数量，对各储存场所进行数量清点的作业。盘点可以确定现在仓库内医药商品的存量，纠正账货不符的情况，了解企业经营状况，发现仓储中的问题并及时进行改进。

2. 医药商品盘点的目的

（1）查清实际库存

医药商品在储存一段时间后，易发生账货不符的情况，误差形成的主要原因有记录有误或数量有误，如多记、误记、医药商品损坏、遗失等，查清实际库存可以为合理计划进货数量与品种提供科学依据。

（2）查清企业资产损益

企业损益和总库存有着密切关系，盘点库存医药商品占用企业资金的多少，可以为计算企业资产损益提供数据。

（3）发现仓库管理中的问题

盘点可清查仓库管理中存在的问题，如数量不符、丢失、误记、保养有无问题等，以便及时采取改善措施。

（4）查看保管条件

查看保管条件是否与各种医药商品的保管要求相符合，如仓库环境是否整洁、堆码是否合理稳固、库内温度是否符合要求、各类计量器具是否准确等。

（5）查看仓库安全状况

查看仓库安全状况，检查各种安全措施和消防器材是否符合安全要求，建筑物和设备是否处于安全状态等。

3. 医药商品盘点的方法

（1）账面盘点（永续盘点）

账面盘点是指对经营的每一医药商品分别设账，把每天入库及出库医药商品的数量、单价记录在计算机或账簿上，而后不断积累，最后加总算出账面上的库存量及库存金额。通常适用于量少、单价高的医药商品。

（2）现货盘点（实地盘点）

现货盘点是指安排工作人员实地点数，调查库存数，再按医药商品单价计算出实际库存金额。按盘点时间的不同可分为期末盘点和循环盘点。

1）期末盘点是指期末一起清点所有的货物。此种方法在短时间内工作量很大，常采用分组的方式进行盘点，每组至少 3 人，以便相互监督核查，减少错误。

2）循环盘点是指以固定时间为盘点周期，每天、每周做少种、少量的盘点，到了月末或每期期末则每项医药商品至少完成一次盘点。此种盘点方法需要专门的工作人员负责。

4. 医药商品盘点的步骤

（1）盘点准备

明确建立盘点的程序方法，对参与盘点的人员进行培训，熟悉盘点时使用的表格，准备相关的库存资料。

（2）确定盘点时间

盘点时间通常安排在财务决算前夕，有利于企业决算损益，反映企业财务状况；或安排在淡季及空闲时间，此时医药商品存量较少，易于盘点，人手调集比较方便。

（3）盘点总结及处理

盘点结束后，要确定已经入库的以及还未出库的医药商品；整理归类盘点单据和库存文件；清理出残损、变质、过期的等待处理的医药商品；整理出近有效期的医药商品；整理盘点现场。

5. 医药商品盘点差异的处理

当出现盘点差异时，应找出问题出现的原因，对问题进行处理，并及时采取相应的改进措施。

（1）差异的原因

盘点记录员素质不高，数据记录时发生错登、漏登等情况；使用的账务系统管理制度和流程不完善，导致医药商品数据不准确；出入库作业时盘点记录员失误产生误差；由于盘点记录员不尽责导致医药商品损坏丢失等。

（2）处理方法

提高盘点记录员素质，增强责任心，改进企业盘点管理制度，加强监督管理，提升相关技术水平。

§4-4 医药商品出库作业

学习目标

1. 掌握医药商品出库作业的要求。
2. 掌握医药商品出库的流程。
3. 掌握医药商品分拣复核的操作方法。
4. 掌握填写医药商品出库单据的方法。

医药商品出库是医药商品物流流程的重要环节。企业应当按照规定的程序和要求对医药商品进行出库，防止不合格医药商品出库。医药商品出库工作流程可以细分为拣选、复核、配装运输、单据处理等多个方面，必须遵守《药品经营质量管理规范》的相关规定，保证出库医药商品质量，防止不符合检查标准或怀疑为假冒伪劣药的医药商品出库流入市场。

一、医药商品出库准备

1. 医药商品出库要求

（1）掌握医药商品出库情况

根据出库计划或出库请求，预先做好医药商品出库的各项安排，包括货位、机械设备、工具和工作人员的安排，提高医药商品出库的效率。

（2）做好出库医药商品包装和标识

需经过长途运输的医药商品，包装必须符合运输部门的规定，如捆扎包装、容器包装等，并事先做好医药商品的清理、装箱和编号工作。在包装上挂签、书写编号和发运标记，以免错发和混发。

（3）做到“三不、三核、五检查”

“三不”，即未接单据不翻账，未经审单不备货，未经复核不出库；“三核”，即在出库时，要核实凭证、核对账卡、核对实物；“五检查”，即对单据和实物要进行品名检查、规格检查、包装检查、件数检查、重量检查。医药商品出库要求严格执行各项规章制度，提高医药商品出库服务质量。

2. 医药商品出库工作内容

医药商品出库是仓储作业工作的最终环节，是医药商品离开仓库时所进行的验证、配货、复核、运输交货等工作的总称。医药商品出库应贯彻“先进先出”的原则，具体内容如下。

（1）做好医药商品出库前的准备工作

例如，需要与有关部门联系，做好包装物料和搬运装卸设备的准备等。

(2) 审核医药商品出库凭证

出库必须有合法的出库凭证为依据，审核内容主要包括出库手续是否齐全，所列仓库名称、医药商品品名、规格、数量是否相符等。

(3) 根据出库凭证，核实备货

根据出库凭证所列医药商品品名、规格、数量，经审核无误，先核销保管卡上存量，然后从各个货位上拣出医药商品，加以集中。

(4) 复核查验，防止发货差错

医药商品复核时，要检查单货是否相符，复核货位结存量，以保证出库量的准确性，还需专职复核员进行复验。

(5) 编配包装，集中运输

拼箱出库的医药商品需要进行编配拼装、换装、改装和加固包装等作业。包装后，即可按医药商品运送的不同运输方式、线路和收货点，分单集中待运。

(6) 到货交接

医药商品到货时，运输人员应向收货人员按单逐件点交清楚，填写相关单据。

3. 医药商品出库形式

(1) 送货

仓库根据商品调拨通知单，通过出库作业，把医药商品交由运输部门送达收货单位，这种发货形式就是通常所说的送货。

仓库实行送货，要划清交接责任。仓储部门与运输部门的交接手续，是在仓库现场办理完毕的；运输部门与收货单位的交接手续，是根据货主单位与收货单位签订的协议，一般在收货单位指定的到货地办理。

送货具有预先付货、接车排货、发货等车的特点。仓库实行送货具有多方面好处：仓库可预先安排作业，缩短发货时间；收货单位可避免因人力、车辆等不便而发生的取货困难；在运输时可合理使用运输工具，减少运费。

(2) 自提

由收货单位或其代理人持商品调拨通知单直接到库提取，仓库凭单发货，这种发货形式就是通常所说的自提。

自提具有提单到库、随到随发、自提自运的特点。为划清交接责任，仓库发货人与提货人在仓库现场，对出库医药商品当面交接清楚并办理签收手续。

(3) 过户

过户是一种就地划拨的形式。在这种形式中，医药商品不用出库，但是所有权已从原货主单位转移到新客户手中。仓库必须根据原货主单位开出的正式过户凭证才可办理过户手续。

(4) 取样

客户因为对医药商品质量检验、样品陈列等需要，到仓库提取货样。仓库应根据正式取样凭证才可以发给样品，并做好账务记载。

(5) 转仓

货主单位为了业务方便或改变储存条件，需要将某批库存医药商品从一个仓库转移到另一个仓库，这种发货方式就是通常所说的转仓。仓库必须根据货主单位开出的正式转仓单才可办理转仓手续。

二、医药商品出库的注意事项

1. 仓储部门按照发货单通知保管员发货，拣货员按照发货单完成医药商品分拣工作后在发货单上签字，并将医药商品交复核员复核。复核员必须按清单逐品种、逐批号对医药商品进行质量检查和数量、信息核对，并检查包装状况。

2. 对出库医药商品逐批复核后，复核员应在发货单上签字，明确复核结论，并记录复核内容。复核内容应包括购货单位、医药商品通用名称、剂型、规格、数量、有效期、生产企业、出库日期、质量状况和复核员等内容。

3. 医药商品拼箱发货的，包装箱应当有醒目的拼箱标志。拆零的医药商品应按发货单逐批号核对无误后，由复核员进行装箱加封。

4. 整件医药商品出库时，应检查包装是否完好，使用统一的包装箱，箱上应标明医药商品通用名称等相关信息。

5. 出库时应当对照发货单进行复核，发现以下情况，医药商品不得出库，并报告质管部门处理：

(1) 医药商品包装出现破损、污染、封口不牢、衬垫不实、封条损坏等问题；

(2) 包装内有异常响动或者液体渗漏；

(3) 标签脱落、字迹模糊不清或者标识内容与实物不符；

(4) 医药商品已超过有效期；

(5) 其他异常情况的医药商品。

6. 医药商品出库时，应当附加盖出库企业出库专用章原印章的随货同行单。随货同行单应包括供货单位、生产企业、医药商品通用名称、剂型、规格、批号、数量、收货单位、收货地址、发货日期等内容。

7. 实施电子监管的医药商品，应当在出库时进行扫码和数据上传。

8. 药品出库检查的方法有人工检查法和商品条码检查法。人工检查法由作业人员逐个检查医药商品通用名称、数量、条码等，并逐一与发货单进行核对，检查出库药品质量及出库情况。商品条码检查法需先在电脑里导入条码信息，并保持条码和医药商品的一致，在出库检查时，用扫描仪读出医药商品编号，计算机会自动与发货单进行比较，检查是否有差异。此种方法的最大原则是提前导入条码，保持条码与医药商品同步。

【知识链接】

《药品经营质量管理规范》中的相关规定

第九十五条 药品出库复核应当建立记录，包括购货单位、药品的通用名称、剂型、规格、数量、批号、有效期、生产厂商、出库日期、质量状况和复核人员等内容。

第九十六条　特殊管理的药品出库应当按照有关规定进行复核。

第九十七条　药品拼箱发货的代用包装箱应当有醒目的拼箱标志。

第九十八条　药品出库时，应当附有加盖企业药品出库专用章原印章的随货同行单（票）。

企业按照本规范第六十九条规定直调药品的，直调药品出库时，由供货单位开具两份随货同行单（票），分别发往直调企业和购货单位。随货同行单（票）的内容应当符合本规范第七十三条第二款的要求，还应当标明直调企业名称。

三、医药商品出库流程

1. 医药商品订单处理

在医药商品出库前，首先要制定医药商品出库计划，对订单客户级别等进行划分和处理。

（1）订货方式

1）传统订货。传统订货方式有厂商铺货、厂商巡货、电话订货、传真订货、自行取货等，传统订货方式都需要人员录入订单资料，对高频订货、配送率高的情况，传统订货方式都难以适应。

2）电子订货系统。电子订货系统（EOS）是采用电子资料交换方式，实现下单和接单作业自动化的订货系统。

电子订货系统能实现快速、正确、简单的下单，缩短交货前置时间，使库存适量化，降低库存，减少错误率，减少退货作业，提高服务水平。

电子订货系统由医药商品的生产者或供应者（生产企业、供货单位）、医药商品的销售者或需求者、用于传输订货信息（订单、发货单、收货单、发票等）的计算机系统及用于产生和处理订货信息的计算机系统构成。

电子订货系统具有以下几个特点：商业企业内部计算机网络应用功能完善，能及时产生订货信息；销售时点信息系统与电子订货系统高度结合，产生高质量的信息；满足零售商和供应商之间的信息传递；通过网络传输信息订货；信息传递及时、准确等。

电子订货系统是许多零售商和供应商之间的整体运作系统，而不是单个零售店和单个供应商之间的系统。电子订货系统在零售商和供应商之间建立起了一条高速通道，使双方信息及时得到沟通，订货周期大大缩短，既保障了医药商品的及时供应，又加速了资金周转，实现了零库存战略。

（2）订单有效性分析

订单是否有效对后续医药商品出库工作有直接影响。因此，对订单有效性的判断是医药商品出库准备的重要工作之一。

1）影响订单有效性的因素。订单处理人员应查看订单日期是否有误、是否允许缺货、是否允许延迟交货；应收账款和信用额度是否超出；联系方式、收货地点等基本信息填写是否正确等。

2）无效订单。订单信息不完整、缺乏关键信息、客户累计应收账款超过信用额度的一定数值（如客户累计账款超过信用额度的15%）等，其订单视为无效订单。

（3）订单数据处理

1）订单资料查核输入与确认。订单资料输入前，应仔细核查订单上的各项资料是否完整，符合相关要求，如有疑问应立即与客户联系，确认信息后才能输入系统，对经由电子订货系统接收的订单也需进行核查。

除一般客户资料外，应核查订单的特殊内容，包括配送区域、路径顺序、车辆类型、医药商品特性、客户等级和信用额度等。

2）库存分配。在面对多个订单时，要对库存资源作出分配，确定出货的仓库及顺序，按有无优先权、接单时间、配送区域、客户等级等进行排序。

3）订单数据处理输出与管理。在订单确定后，将订单数据输入系统，形成拣货单，下达到仓库进行拣货。

【知识链接】

客户处理

当多个客户针对某一医药商品的要货量大于该医药商品库存量时，必须对客户进行优先级划分，确定各个客户订单处理的优先顺序及处理理由等。

可以对客户从忠诚度、满意度、信用度等方面进行分析，将客户按照结果划分为最高优先权客户、较高优先权客户、一般优先权客户。然后按照企业对不同参照物的重视程度进行客户订单处理。

1. 具有特殊优先权者先分配：例如缺货补货订单、延迟交货订单、紧急订单或远期订单等，应有优先取得存货的权利。

2. 依客户等级取舍：按照客户重要性程度高低分配优先权。

3. 订单交易量或交易金额取舍：对公司贡献大的订单作优先处理。

4. 按客户信用状况：信用较好的客户为优先处理。

5. 系统自定义：系统的综合评价。

2. 医药商品的分拣

分拣是将医药商品按品种、出入库先后顺序进行分门别类堆放的作业，即依据客户的订单要求或配送计划，迅速、准确地将医药商品从其储位或其他区位拣取出来，并按一定的方式进行分类、集中的作业过程。

分拣是一项准备性工作，其目的是迅速、正确地集中客户订购的医药商品。但分拣工作量大，作业用时短，对准确率要求高，需加强对分拣工作的管理，制定科学合理的作业流程，提高分拣的作业效率和服务质量。

（1）分拣的方式

分拣按照不同形式可以分为不同的类型。

1）按订单处理方式的不同，分拣通常有订单拣取、批量拣取、复合拣取三种方式。

①订单拣取。订单拣取是针对每一份订单，分拣员按照订单所列医药商品及数量，将医药商品从存储区域或分拣区域拣取出来，然后集中在一起的分拣方式。

订单拣取作业方法简单，接到订单可立即拣货，作业前置时间短，作业人员责任明确，但当医药商品品类较多时，该方式行走路径长，拣取效率较低。订单拣取适合订单大小差异较大、订单数量变化频繁、医药商品品类差异较大的情况。

②批量拣取。批量拣取是将多张订单集合成一批，按照医药商品品类分别加总后再进行拣货，然后依据不同客户或不同订单分类集中的分拣方式。

此种方式能够缩短拣取医药商品的时间，增加单位时间内的拣货量。由于需要订单累计到一定数量时才做一次性的处理，此种方式会产生较长的停滞时间。批量拣取适合订单变化较小、订单数量稳定的仓储部门和固定的医药商品出货。

③复合拣取。为克服订单拣取和批量拣取方式的缺点，仓储部门也可以采取将订单拣取和批量拣取组合起来的复合拣取的分拣方式，即根据订单的医药商品品种、数量及出库频率，确定哪些订单适应于订单拣取，哪些适应于批量拣取，再分别采取不同的拣取货物的方式。

2）使用电子标签辅助拣货系统作为辅助拣货工具时，分拣可以分为摘取式拣货和播种式拣货两种不同方式。

①摘取式拣货。摘取式拣货主要应用在采取订单拣取医药商品的场合，依照灯号和数字的显示，能快速简单地引导分拣员找到正确的储位。原则上一个电子标签对应一个储位品项。该灯号除了能引导分拣员到达正确位置外，还可以显示出确切的拣货数量，当拣货工作完成后按下确认键确认。

②播种式拣货。播种式拣货通常应用于处理批量拣取医药商品的场合，它的功用正好和摘取式拣货相反。一个电子标签对应一个门店或一张订单，当订单的医药商品被批次汇总到存储区域时，就用播种式拣货。分拣员将批次汇总后的医药商品，经由扫描仪读取医药商品信息，相应的电子标签会显示数量，分拣员拿取相同数量的医药商品，并分配到标签对应的储位上，然后熄灭标签，完成拣货。

（2）分拣的策略

目前主要的分拣策略包括分区、订单分割、订单分批、分类四种方式。

1）分区策略。按医药商品特性分区（如按医药商品剂型的不同、储存条件的不同），每一个分拣员负责分拣固定区域内的商品。

2）订单分割策略。将订单按拣选区域不同进行分拣的过程称为订单分割。主要用于订单医药商品数目较多或者订单要及时快速处理时，交给多个分拣员同时进行拣货。

3）订单分批策略。为了提高分拣作业效率而把多个订单集合成一批，进行批次分拣作业，其目的是缩短分拣作业时的平均行走搬运的距离和时间。

4）分类策略。分类策略通常与订单分割策略联用，可以分为两种分类策略。

①分拣时分类。在分拣的同时将医药商品货物按订单分类，需计算机进行辅助才能加快分拣速度，同时避免错误的发生。适用于医药商品货物少量多样的场合，每批次的客户订单量不宜过大。

②分拣后集中分类。将医药商品货物总量搬运至空地后进行分类，一是以人工作业为主，订单量和医药商品数量不宜过大，以免超出人员负荷；二是利用分类运输系统集中分类，是比较自动化的作业方式。适用于医药商品货物量较大、体积较大的场合。

（3）分拣的流程

1）销售部门收到订单后，对客户订单进行相应处理，然后将订单转到仓储部门的管理人员。

2）仓储部门的管理人员将订单信息转换成分拣信息，并安排分拣员。

3）分拣员接到相应的分拣单后，先和仓库保管员核对医药商品信息，确认商品信息后，开始分拣工作。

4）使用电子标签辅助拣货系统时，分拣员按电子标签显示的货位及数量拣取医药商品。

5）分拣员完成单个医药商品拣取后，依次分别拍灭相关指示灯，当整个医药商品分拣任务完成后，分拣员应拍灭货架上的总指示灯。

6）分拣员将周转箱放置流水线，搬送至复核区，通知复核员进行医药商品的复核。

3. 医药商品的复核

医药商品出库复核是指遵循医药商品出库原则，严格按照发货单，对医药商品的名称、批号、规格、数量等信息进行复核，同时，还要确保医药商品的质量符合相关规定，防止不合格的医药商品进入流通环节。

（1）复核的要求

1）为防止出现差错，医药商品分拣后通常立刻进行复核。复核员必须按清单逐品种、逐批号核对医药商品通用名称、生产企业、规格、批号、数量、有效期、送货日期，以及送货单位等项目。

2）检查药品品种数量是否准确、商品质量是否完好、配套是否齐全、技术证件是否齐备、外观质量和包装是否完好等内容。

3）对出库医药商品逐批复核无误后，保管员和复核员应在商品调拨通知单上签名，复核员在出库单上签字。出库单应保存至超过医药商品有效期一年，但不得少于三年。

（2）一般医药商品的复核流程

1）根据医药商品订单，清点医药商品数量，数量无误的，将医药商品从周转箱中取出，周转箱放回。

2）扫描商品码，核对医药商品信息，如品名、规格、批号、有效期等内容。所有医药商品逐一进行核对。

3）注意扫描医药商品的电子监管码，将信息传至中国药品电子监管网系统平台。

4）医药商品信息确认无误后，在计算机上点击复核按钮，完成复核，当医药商品需要拼箱时，还要打印拼箱标签。

5）根据医药商品的数量、体积，选择大小合适的包装材料，开始装箱。

6）箱内如有空隙，将衬垫物塞紧，防止医药商品在运输途中挤压变形，在箱子上方放上一层纸板，防止开箱时划破医药商品。

7）医药商品封箱通常采用“十”字封箱法，封箱完成后，在箱子左上角粘贴拼箱标签或拼箱标志。

8）建立出库复核记录，包括购货单位、医药商品品名、剂型、规格、批号、有效期、数量、生产企业、销售日期、质量状况、复核员等信息。

9）将复核完成的医药商品放入相应的发货区。

4. 医药商品的包装

（1）包装的概念

包装是指选用适当的材料或容器，利用包装技术对医药商品的半成品或成品进行封、装、贴签等操作，为医药商品提供品质保证、鉴定商标与说明的一种加工过程的总称。

包装的功能主要有以下三个方面。

1）保护功能。保护医药商品免受日晒、雨淋、灰尘污染等自然因素的侵袭，防止挥发、渗漏、污染、碰撞、挤压、散失等造成的损失。以药品为例，不管剂型如何，药品一般均有遇空气易氧化，易染菌，遇光、遇湿易变质，遇热易挥发、软化、熔解、崩裂，剧烈的震动易使之变质、碎裂等性质。所以应用某种具有保护功能的包装对药品进行密封，以保证药品质量。

2）方便流通。减少流通过程中外力震动、挤压、冲击造成的医药商品破坏，同时规整医药商品，方便流通。以药品为例，药品包装要利于临床用药，特别是非处方药（OTC），包装是辅助使用者进行药品选择、使用所需药品的参谋和助手。因此，药品包装从结构到形式要求都更严格，主要体现在标签与说明书、标志、开封、携带、取用和分剂量等方面。

3）商品宣传。包装是传达医药商品信息的重要渠道，对医药商品起标示作用，好的包装能对医药商品起到展示作用，引起消费者对医药商品的兴趣，是最好的广告。以药品为例，药品包装包括标签、说明书，在药品营销过程中可展现出其功能和作用。

（2）医药商品包装的特殊要求

1）稳定性。医药商品内部的包装材料对保证医药商品稳定性起重要作用。选择适宜的包装材料是保护医药商品质量的前提。医药商品用材特性各异，必须结合实物的理化性选择适宜的包装材料，以保护医药商品不受环境影响，包装不与实物发生反应，不会污染实物及环境。以药品为例，不适宜的材料可引起活性药品成分迁移、吸着、吸附，甚至发生化学反应，导致药品失效或产生严重的毒副作用。因此，药品包装要求在其有效期内能够保证药品的稳定。

2）适用性。包装适用性的选择与包装设计，直接影响着医药商品的整体质量。以药品为例，以前片剂和胶囊剂多用铝塑板式包装，铝塑板透光，有一定的渗湿性和透气性，易使一些性质不稳定的药品吸湿、氧化变质。现在片剂和胶囊剂多采用铝箔板包装或双铝箔板包装，可以延长药品保存时间，还具有质轻、使用方便、污染少、便于调配的优点。

（3）影响包装稳定性的因素

1）温度。通常来说，运输车厢的温度会高于外部温度，金属车体在太阳照射下可高达60～70 ℃。包装存放于户外地面或运输车厢内，容易受高温影响，包装材料会加速变化，如橡胶和塑料等硬化变脆，易破裂损坏。

2）湿度。高湿易使金属腐蚀，有机材料吸湿后表面膨胀变形、起泡，影响外观，机械性能下降；高湿伴随高温时包装材料易霉变，如纸、木等收缩、变形、龟裂等。

3）霉菌和昆虫。最适宜霉菌繁殖的条件是20～30 ℃，相对湿度为80%～90%。当环境温度为18～37 ℃，相对湿度在60%以上时，霉菌对包装产生严重危害。昆虫的繁殖也会对包装造成损害，并污染医药商品。

四、出库中发生问题的处理

出库过程中出现的问题是由多方面因素导致的，工作人员应按照造成问题的原因不同，分别对待处理。

1. 出库凭证的问题

（1）出库凭证超过提货期限的，客户提货时，必须先办理手续，按规定缴足逾期仓储保管费，仓库方可发货。任何非正式凭证都不能作为发货凭证。提货时，发现规格出现错误的，保管员不得自行调换规格发货。

（2）如发现出库凭证有疑点，以及出库凭证有假冒、复制、涂改等情况时，应及时与仓储部门以及出具出库单的单位或部门联系，妥善处理。

（3）商品进库未验收，或者期货未进库的出库凭证，一般应暂缓发货，并通知货主单位，待货到并验收后再发货，提货期顺延。

（4）如因各种原因客户出库凭证遗失，客户应及时与仓库相关管理人员联系挂失；如果挂失时货已被提走，保管员不承担责任，但要协助货主单位找回货物；如果货物还没有提走，经相关人员查实后，做好挂失登记，将原凭证作废，缓期发货。

2. 提货数与实存数不符

如出现提货数量与实际医药商品库存数不符的情况时，一般是实际医药商品库存数小于提货数。造成此类问题的主要原因有以下四点。

（1）医药商品入库时，由于验收问题，增大了实收医药商品的签收数量，从而造成账面数大于实际医药商品库存数。

（2）仓库保管员和发货员在以前的发货过程中因串发、错发等差错，而造成实际医药商品库存数小于账面数。

（3）货主单位没有及时核减开出的提货数，造成账面数大于实际医药商品库存数，从而开出的提货单提货数量过大。

（4）仓储过程中造成了医药商品货物的毁损。

当遇到提货数量大于实际医药商品库存数量时，无论是何种原因造成的，都需要和仓库主管部门以及货主单位及时联系后再作处理。

3. 串发货和错发货

串发货和错发货主要是指发货员由于对医药商品种类规格不熟悉，或者由于工作中的疏漏把错误规格、数量的医药商品发出库的情况。此类情况有以下两种处理方式：如医药商品尚未离库，应立即组织人力，重新发货；如医药商品已经离开仓库，保管员应及时向主管部门和货主单位通报串发或者错发货的品名、规格、数量、提货单位等情况，会同货主单位和运输单位共同协商解决。

4. 包装破漏

包装破漏是指在发货过程中，因医药商品外包装破损引起的渗漏等问题。这类问题主要是在存储过程中因堆垛挤压，发货操作不慎等情况引起的，发货时都应经过整理或更换包装，方可出库，否则造成的损失应由仓储部门承担。

5. 漏记和错记账

漏记账是指在出库作业中，由于没有及时核销明细账而造成账面数量多于或少于实存数的现象。

错记账是指在医药商品出库后，核销明细账时没有按实际发货出库的医药商品名称、数量等登记，从而造成账实不符的情况。

无论是漏记账还是错记账，一经发现，除及时向有关领导如实汇报情况外，同时还应根据原出库凭证查明原因调整相关账目，使之与实际库存保持一致。如因漏记和错记账给货主单位、运输单位和仓储部门造成了损失，应予赔偿，同时应追究相关人员的责任。

实训三　普通医药商品入库作业

一、实训目的

1. 能对普通医药商品进行收货。
2. 能对普通医药商品进行验收。
3. 能正确填写普通医药商品入库单据。
4. 能遵守《药品经营质量管理规范》中普通医药商品入库作业的要求。

二、实训准备

1. 操作场所：医药商品入库实训场。

2. 器具材料：计算机、若干普通医药商品、物流纸箱、裁纸刀、宽胶带、封箱器、各类标签等。

3. 实训所需表格：医药商品入库相关单据，如随货同行单、采购记录、检验报告书、到货异常记录、收货记录单、验收记录单等。

4. 实训设备：货架、托盘、储物箱、扫码枪、自动化立体仓库、自动搬运系统等。

三、实训内容与步骤

某医药物流公司建有大型医药商品仓库，该公司的仓库使用面积为1 000 m^2，分为普通医药商品库、冷藏医药商品库和特管医药商品库。现该公司仓库保管员接到普通医药商品到货通知，请安排收货员完成收货任务，并填写相关收货记录单，与验收员交接，由验收员进行普通医药商品验收，填写验收记录单，并通知仓库管理员进行医药商品入库，完成医药商品入库工作。

普通医药商品入库的具体作业流程如下。

1. 运输工具检查

检查车厢是否封闭，车厢内有无雨淋、污染、腐蚀等现象，检查医药商品外包装是否完好，封条是否严密。

2. 收货单据核对

随货同行单、检验报告书与采购订单进行核对，随货同行单上是否加盖医药商品出库专用章原印章，启运日期是否符合双方协议所约定在途时限。

3. 核对单据与实物

随货同行单与医药商品实物信息进行核对，清点医药商品数量。

4. 填写收货记录

制作普通医药商品收货记录，将医药商品放置在待验区。不合格医药商品放置不合格药品区，填写医药商品到货异常记录。

5. 与验收员交接

在随货同行单上签字交接，并注明日期。通知验收员进行交接，将已签好字的随货同行单等资料交给验收员。

6. 检验报告书核查

验收员与收货员完成交接工作，验收员检查检验报告书内容（检验名称、检验项目、检验结论等内容），以及是否加盖质检专用章。

7. 核对单据与实物

医药商品实物与检验报告书信息进行核对（品名、规格、批号等内容），检查医药商品外包装是否完好、无破损。

8. 开箱抽样

按照抽样原则进行开箱抽样检查，2 件及以下全抽，2 件以上至50 件以下抽3 件，不足50 件按50 件计算，每增加50 件至少增加抽取1 件，从医药商品上、中、下不同位置随机抽取 3 件最小包装进行检查。

9. 医药商品包装检查

箱内应附有合格证，检查最小包装六侧面，检查医药商品实物是否合格，核对医药商品与说明书信息，检查说明书内容是否齐全、印字是否清晰。

10. 封箱还原

医药商品检查完成后，验收员应将完好的样品放回原包装，用专业的封箱带和标签加封，并在抽样的整件上标明“已抽验”标志。

11. 扫码上传

逐一扫描药品电子监管码，将药品信息上传至中国药品电子监管网系统平台。同时将药品验收信息录入仓库管理系统。

12. 填写验收记录

制作普通医药商品验收记录。通知保管员将合格医药商品放入合格医药商品储存区。不合格医药商品放置相应的区域，填写医药商品质量拒收单，通知相关人员进行处理。

【注意事项】

（1）合理安排工作人员，提前做好现场准备工作，确保场地整洁、通道流畅，便于清点。

（2）确保入库所需工具和设备齐全，状态正常，严防安全事故。

（3）对运输工具和运输状况进行检查。重点检查运输车厢密闭状态是否良好，车厢内环境有无积水、污染源等影响因素。

（4）核对查验随货同行单以及相关的医药商品采购记录，无随货同行单（票）或无采购记录的应当拒收。

（5）随货同行单记载的供货单位、生产企业、药品通用名称、剂型、规格、批号、数量、收货单位、收货地址、发货日期等内容，与采购记录以及本企业实际情况不符的，应当拒收，并通知采购部门处理。

（6）核对医药商品信息与单据，核对无误后填写收货记录，填写规范、内容完整、真实有效。通知验收员进行验收。

（7）验收员应进一步核实随货资料之间的信息是否正确，核对随货单据与医药商品实物之间的信息是否符合。

（8）对到货的医药商品进行逐批抽样验收，抽取的样品应当具有代表性。同一批号的医药商品应当至少检查一个最小包装，对医药商品的性状有无异常进行查验，如有无色泽变化、受潮、霉变、分层等。

（9）抽取的整件医药商品应当开箱抽样检查，从每整件的上、中、下不同位置随机抽样检查至最小包装。

（10）抽样时应注意，整件医药商品数量在 2 件及以下的应当全部抽样检查；整件数量在 2 件以上至 50 件以下的至少抽样检查 3 件；整件数量在 50 件以上的，每增加 50 件，至少增加抽样检查 1 件，不足 50 件的按 50 件计。

（11）对医药商品的包装、说明书、标签等进行检查。每个最小的销售单元的包装上，项目齐全，要有说明书。

（12）按照批号逐批查验医药商品的合格证明文件，对于相关证明文件不全或内容与到货医药商品不符的，不得入库，并交质管部门处理。

（13）将抽取的完好样品放回原包装箱，加封并标示。

（14）验收结束后，填写验收单据，填写规范，内容完整、真实有效。

（15）对检验合格的医药商品进行仓库储位分配、堆码、上架存放等入库作业。

四、实训测评

按表 4－3 所列评分标准进行测评，并做好记录。

表 4－3　　实训评分标准

序号	考核内容	考核标准	配分	得分
1	步骤操作的完整性	普通医药商品入库过程操作完整	30	
2	检查运输工具	操作规范，结论正确	5	
3	收货单据核对	信息逐一核查，能得出正确结论	10	
4	核对随货同行单与医药商品信息	操作规范，能得出正确结论	7	
5	填写收货记录单	内容填写规范准确、字迹清晰	6	
6	与验收员进行交接	是否进行该项操作	2	
7	检验报告书核查	检查要点正确	5	
8	核对检验报告书与医药商品信息	信息逐一核查，能得出正确结论	5	
9	开箱抽样	操作规范，抽样正确	10	
10	医药商品包装检查	检查要点正确	7	
11	封箱还原	操作要点正确	5	
12	扫码上传	是否进行该项操作	2	
13	填写验收记录	内容填写规范、准确、字迹清晰	6	
合计			100	

实训四　普通医药商品出库作业

一、实训目的

1. 能对普通医药商品订单进行处理。
2. 能对普通医药商品进行分拣复核。
3. 能正确填写普通医药商品出库单据。

4. 能遵守《药品经营质量管理规范》中普通药品出库作业的要求。

二、实训准备

1. 操作场所：医药商品出库实训场。

2. 器具材料：计算机、若干普通医药商品、物流纸箱、宽胶带、封箱器、各类包装、各类标签等。

3. 活动所需表格：医药商品出库相关单据，如订货单、发货单、出库单等。

4. 设备：货架、托盘、储物箱、条码打印机、手持终端、自动化立体仓库、自动分拣系统、电子标签系统等。

三、实训内容与步骤

某医药物流公司建有大型医药商品仓库，该公司的仓库使用面积为1 000 m^2，分为普通医药商品库、冷藏医药商品库和特管医药商品库。现该公司仓库保管员接到普通医药商品出库通知，请安排拣货员完成普通医药商品分拣，与复核员交接，由复核员进行普通药品复核，打印普通医药商品出库单，完成医药商品出库工作。

普通医药商品出库的具体作业流程如下。

1. 订单核查，打印发货单

收到某公司的普通医药商品订单，订单核查无误后，制作发货单，交至仓库保管员。

2. 按货位及数量进行拣选

确定出库医药商品信息，分拣员按电子标签显示的货位及数量拣取医药商品。

3. 拍指示灯

医药商品拣取完成后，拍灭电子标签指示灯，将医药商品放入周转箱。

4. 周转箱放置流水线

将周转箱放置流水线，送至复核区。

5. 医药商品复核

复核员扫描周转箱条码，根据订货单，清点医药商品数量，核对医药商品信息，确保医药商品数量及信息正确，将周转箱放回，点击复核按钮，完成复核。

6. 医药商品包装

复核员根据医药商品的数量、体积、品种，选择大小合适的包装材料开始装箱，箱内如有空隙，用衬垫物塞紧。

7. 医药商品封箱与贴签

封箱后，在箱子左上角粘贴拼箱标签或拼箱标志。箱内如有易碎品，粘贴易碎品标签；有贵重品，粘贴贵重品标签。

8. 医药商品放置待发区

将复核完成的医药商品放入相应的发货区。

【注意事项】

（1）发货单上的内容需清晰准确，与订货单内容一致。

（2）分拣员应按规定完成分拣工作，尽量避免少捡、漏检。

（3）复核员按清单逐品种、逐批号的对医药商品进行质量检查和数量、信息核对，检查包装状况。

（4）复核员在发货单上签字，明确复核结论，记录复核内容。

（5）商品拼箱发货的，包装箱应当有醒目的拼箱标志。

（6）拆零的商品应按发货单逐批号核对无误。

（7）商品出库包装应完好，箱上应标明货物信息。

（8）医药商品出现以下情况时，不能出库，并报告质管部门处理：

1）医药商品包装出现破损、污染、封口不牢、衬垫不实、封条损坏等问题；

2）包装内有异常响动或者液体渗漏；

3）标签脱落、字迹模糊不清或者标识内容与实物不符；

4）医药商品已超过有效期；

5）其他异常情况的医药商品。

（9）商品出库时，应当附加盖出库企业出库专用章原印章的随货同行单。

（10）实施电子监管的医药商品，出库时进行扫码，并将数据上传。

四、实训测评

按表 4 –4 所列评分标准进行测评，并做好记录。

表 4 –4　　实训评分标准

序号	考核内容	考核标准	配分	得分
1	步骤操作的完整性	普通医药商品出库过程操作完整	30	
2	核对订单，打印发货单	操作规范	5	
3	按货位及数量进行医药商品分拣	能够看指示灯进行操作，医药商品拣选正确	10	
4	熄灭指示灯，周转箱放置流水线	操作正确	5	
5	扫描周转箱条码	是否进行该项操作	5	
6	清点医药商品数量，核对医药商品信息	医药商品信息数量核对正确	10	
7	周转箱放回，复核完成后确认	操作正确	5	
8	对医药商品进行包装、拼箱	医药商品拼箱合理，包装选择正确	5	
9	医药商品封箱、贴标签正确	操作正确	5	
10	医药商品放置待发区	是否进行该项操作	5	
11	表格填写的正确、规范	内容填写规范、准确、字迹清晰	15	
合计			100	

章节习题

一、单选题

1. 订单品种繁多、批量不大时，可以对订单进行（　　）。

A. 批量拣取　　B. 订单拣取　　C. 定量拣取　　D. 定时拣取

2. 下列哪一个温度是冷藏库温度？（　　）

A. 10～30 ℃　　B. 20 ℃以下　　C. 2～10 ℃　　D. －20～－10 ℃

3. 在药品批发企业，从事药品验收、养护工作的，应当具有（　　）。

A. 中专以上学历或者具有药学初级以上专业技术职称

B. 大专以上学历或者具有药学中级以上专业技术职称

C. 高中以上学历或者具有药学初级以上专业技术职称

D. 大专以上学历或者具有药学专业技术职称

4. 药品装箱清单上需加盖（　　）原印章。

A. 收货单位企业质量管理部门　　B. 收货单位药品出库专用章

C. 供货单位企业质量管理部门　　D. 供货单位药品出库专用章

5. 下面哪一项不是货物上架应避免出现的问题？（　　）

A. 混区作业　　B. 储位超出　　C. 分区作业　　D. 混合堆放

6. 拼箱发货时应随箱附（　　）。

A. 运输单据　　B. 出库复核记录

C. 收款确认书　　D. 装箱清单

7. 下列到货药品哪些情况不需要拒收？（　　）

A. 监管码的信息与药品信息不相符的

B. 供货单位的随货单与药品实物不相符的内容不予以确认的

C. 随货单与药品实物数量不符，经确认的

D. 阴凉储存药品用常温车运输的

8. 不影响医药商品稳定性的是（　　）。

A. 温度　　B. 货位　　C. 微生物　　D. 空气

9. 下列哪一种色标表示待验区？（　　）

A. 绿底白字　　B. 蓝底白字　　C. 红底白字　　D. 黄底白字

二、简答题

1. 仓库的功能有哪些？

2. 普通医药商品的收货验收流程是什么？
3. 影响药品质量的因素有哪些？
4. 药品养护工作从业人员的基本要求是什么？
5. 药品包装的功能有哪些？

单选题参考答案

1. B　2. C　3. A　4. D　5. C　6. D　7. C　8. B　9. D

第五章 医药商品运输

导学情景

山东济南非法疫苗案

2016 年 3 月，山东济南警方破获案值 5.7 亿元的非法疫苗案。2010 年以来，庞某某与其医科学校毕业的女儿孙某，在未取得药品经营许可证等资质、不具备经营条件的情况下，违反国家规定，从上线疫苗批发企业人员及其他非法经营者处非法购进 25 种儿童、成人用二类疫苗，存放在不符合疫苗等药品冷藏要求的仓库内，并以“保健品”等名义通过不符合冷藏要求的运输方式发送疫苗等药品，销往全国 18 个省市。

2017 年 1 月，山东省济南市中级人民法院对被告人庞某某、孙某非法经营案开庭宣判，认定被告人庞某某犯非法经营罪，判处有期徒刑十五年，并处没收个人全部财产，与前罪刑罚并罚，决定执行有期徒刑十九年，并处没收个人全部财产；对被告人孙某犯非法经营罪判处有期徒刑六年，并处没收个人财产人民币 743.28 万元。扣押在案的疫苗等药品依法予以没收。

《药品经营质量管理规范》规定，企业应当按照质量管理制度的要求，严格执行运输操作规程，并采取有效措施保证运输过程中的药品质量与安全。本章主要介绍医药商品运输、流通加工、包装以及配送的相关知识。

§5－1　运输概述

学习目标

1. 掌握医药商品运输的基本知识。
2. 了解货物运输保险的基本内容。

3. 了解药品运输的安全知识。

运输是指利用载运工具、设施设备及人力等运力资源，使货物在较大空间上产生位置移动的活动。其中包括集货、分配、搬运、中转、装入、卸下、分散等一系列操作作业。运输的基本原则是及时、准确、经济、安全。

一、运输方式及运输合同

1. 常见医药商品运输方式

根据运输工具的不同，常见的医药商品运输方式可分为铁路运输、公路运输、水路运输、航空运输和管道运输。

（1）铁路运输

铁路运输是指使用铁路设施、设备进行运送的一种运输方式。铁路运输主要承担长距离、大批量的货物运输，在没有水路运输条件的地区，几乎所有大批量货物都是依靠铁路运输，它是在干线运输中起主力作用的运输形式。铁路运输的优点是速度快，运输受自然条件限制小，载运量大，运输成本较低。主要缺点是灵活性差，只能在固定线路上实现运输，需要以其他运输手段配合和衔接。

（2）公路运输

公路运输是指使用公路设施、设备进行运送的一种运输方式，公路运输的运载工具一般是汽车或其他无轨车辆。公路运输主要承担近距离、小批量的货物运输，如水路运输、铁路运输难以到达地区的长途、大批量货物运输及铁路运输、水路运输优势难以发挥的短途运输。由于公路运输有很强的灵活性，近年来，在有铁路、水运的地区，较长途的大批量运输也开始使用公路运输。公路运输主要优点是灵活性强，公路建设期短，投资较低，易于因地制宜，对收货站设施要求不高。可以采取“门到门”运输形式，即从发货单位门口直到收货单位门口，无须转运或反复装卸搬运。公路运输也可作为其他运输方式的衔接手段。

（3）水路运输

水路运输是指使用船舶、排筏和其他浮运工具，在江、河、湖、海等水域进行运送的一种运输方式。水路运输包括内河运输、沿海运输和远洋运输等。水路运输主要承担大批量、长距离的运输，是在干线运输中起主力作用的运输形式。在内河及沿海，水路运输也常作为小型运输工具使用，担任补充及衔接大批量干线运输的任务。水路运输的主要优点是成本低，能进行低成本、大批量、远距离的运输。但是水路运输也有显而易见的缺点，主要是运输速度慢，受港口、水位、季节、气候影响较大，因而一年中中断运输的时间较长。

（4）航空运输

航空运输是指使用飞机或其他飞行器进行运送的一种运输方式。航空运输的单位成本很高，因此，主要适合运载的货物有两类：一类是价值高、运费承担能力很强的货物，如贵重设备的零部件、高档产品等；另一类是紧急需要的物资，如救灾抢险物资等。航空运输的主要优点是速度快，不受地形的限制。在火车、汽车都达不到的地区也可依靠航空运输，因而有其重要意义。

（5）管道运输

管道运输是指利用管道输送气体、液体和粉状固体的一种运输方式。其运输形式是靠物体在管道内顺着压力方向循序移动实现的，与其他运输方式的重要区别在于管道设备是静止不动的。由于管道运输采用密封设备，在运输过程中可避免货物散失、丢失等损失，同时运输过程受天气影响较小，更为安全稳定。其运输量大，适合于长距离连续运送货物。但管道运输固定投资大、灵活性差，只适用于运输石油、天然气、煤浆等特定货物。

综上所述，不同运输方式的性质、技术经济特点和运用范围都不尽相同，见表5－1。

表5－1　　不同运输方式对比

运输方式	速度	运量	运价	适合的货物	优点	缺点
铁路运输	较快	较多	较便宜	量大、时间较紧	安全、可靠	灵活性差
公路运输	较慢	较少	较贵	灵活、量少、路程短	灵活、方便	装载量少
水路运输	最慢	最多	最便宜	大宗低值货物、时间宽裕	价格便宜	速度慢、受天气影响大
航空运输	最快	少	最贵	贵重、急需	速度快	运价高、限重
管道运输	快	大	便宜	石油、天然气等特定货物	安全、稳定	灵活性差、固定投资大

2. 多式联运

多式联运是指由两种及其以上的交通工具相互衔接、转运而共同完成的连续的运输过程。多式联运采取的是一票到底制，发货人只需要签订一次合同，缴纳一次费用与保险，凭借一张单证即可完成全程运输。根据是否跨越其他国家分为国内多式联运和国际多式联运。

多式联运是一种较为高级的运输组织方式，它集中了各种运输方式的特点，融为一体，组成连贯运输，达到简化货运环节、加速周转、减少货损货差、降低运输成本、实现合理运输的目的。它相对于单一运输方式具有较大优越性，主要表现在以下六个方面。

（1）提高运输组织水平

多式联运的开展，实现了运输的合理化，改善了不同运输方式的衔接协作，从而提高了运输的组织和管理水平。

（2）综合利用各种运输的优势

多式联运通过各种运输方式的合理搭配，充分发挥各类运输工具的效能，提高了运输效率，减少了货物的库存时间和费用，降低了运输成本。

（3）实现“门到门”运输的有效途径

多式联运综合了各种运输的特点，组成了直达连贯运输，可以把货物从发货人的工厂或仓库，直接运到收货人的工厂或仓库，或者运到收货人指定的任何适宜的地点。

（4）简化托运、结算及理赔手续

托运人只需办理一次托运，订立一份运输合同，支付一次费用，缴纳一次保险，省去托运人办理托运手续的诸多不便。同时，由于多式联运采用一份货运单证统一计费，因而也可简化制单和结算手续。

（5）缩短运输时间，提高货运质量

多式联运使各运输环节和各运输工具配合密切，衔接紧凑，大大减少货物的在途停留时间，相应地降低了货物的库存量和库存成本。另外，多式联运以集装箱为运输单元进行运输，使用专业机械装卸，装卸效率大大提升，货损货差事故大为减少，极大地提高了货物运输质量。因此，多式联运能从根本上保证货物安全、迅速、准确、及时地运抵目的地。

（6）降低运输成本、节约运输费用

多式联运可以从多方面节约费用，降低成本，对托运人而言是优惠的运价，对承运人而言可提高利润。

3. 货物运输合同

货物运输合同是指承运人将货物从起运地点运到指定地点，托运人或收货人凭以支付运输费用的合同。按运输方式不同，货物运输合同分为铁路运输合同、公路运输合同、水路运输合同、航空运输合同等。运输合同签订的原则是合法规范、平等互利、协商一致、等价有偿。

（1）货物运输合同的主要内容

货物运输合同主要包括下列内容：货物信息（名称、性质、质量、体积、数量及包装等），起运点到送达地运距，收货人和发货人信息，运输质量及安全要求，货物装卸责任和方法，货物交接手续，运送起止时间，合同运输计划，运杂费计算标准及结算方式，变更、解除合同的期限，违约责任，双方商定的其他条款等。

（2）合同当事人各方应履行的义务

合同签订后，承托双方应按合同规定履行各自的义务。托运人应按合同规定的时间准备好货物，及时发货、收货，装卸地点和货场应具备正常的通车条件。承运人应该按照合同规定的期限、货物数量和起止地点组织货物运输，保质保量完成运输任务。

1）托运人的义务包括以下五点。

①如实申报的义务。托运人在将货物交付运输时，有对法律规定或当事人约定的事项进行如实申报的义务。

②托运人有按规定向承运人提交审批、检验等文件的义务。托运人对需要办理审批、检验手续的货物运输，应将审批后的文件提交承运人。

③托运人的包装义务。托运人违反约定的包装方式，或者不按通用的包装方式或不足以保护运输货物的包装方式包装而交付运输的，承运人有权拒绝运输。

④托运人托运危险物品时的义务。托运人托运易燃、易爆、有毒、有腐蚀性、有放射性等危险物品的，应当按照国家有关危险物品运输的规定对危险物品妥善包装，粘贴危险物标志和标签，并将有关危险物品的名称、性质和防范措施的书面材料提交承运人。

⑤支付运费、保管费以及其他运输费用的义务。在承运人全部、正确履行运输义务的情况下，托运人或者收货人有按照规定支付运费、保管费以及其他运输费用的义务。

2）承运人的义务包括以下两点。

①安全运输的义务。承运人应依照合同约定，将托运人交付的货物安全运输至约定地点。

②通知的义务。货物运输到达后，承运人负有及时通知收货人的义务。

3）收货人的义务包括以下三点。

①及时提货的义务。收货人逾期提货的，应当向承运人支付保管费等费用。

②支付托运人未付或者少付的运费以及其他费用。合同约定由收货人在到站支付或者托运人未支付的费用，收货人应支付。在运输中发生的应由收货人支付的其他费用，收货人也必须支付。

③收货人有在一定期限内检验货物的义务。货物运交收货人后，收货人负有对货物及时进行验收的义务，收货人应当按照约定的期限检验货物。

（3）货物运输合同的变更与解除

在承运人将货物交付收货人之前，托运人可以要求承运人中止运输、返还货物、变更到达地或者将货物交给其他收货人。变更运输时，应及时由托运人和承运人双方协商处理填制运输变更申请书，所发生的费用需按有关规定处理，原则要求变更方赔偿对方因此遭受的损失。

二、运输保险知识

1. 货物运输保险种类

货物运输保险是以运输途中的货物作为保险标的，保险人对由自然灾害和意外事故造成的货物损失负赔偿责任的保险。按运输方式的不同，主要有海上货物运输保险、陆上货物运输保险、航空运输货物保险、邮包保险及联运保险等。按办理方式的不同，主要有国内贸易货运险和国际贸易货运险。国际贸易货运险又可分为出口货运险和进口货运险。

2. 货物运输保险的责任范围

（1）国内水路、陆路货物运输保险范围

我国国内水路、陆路货物运输保险分为基本险和综合险两种。基本险的责任是指被保险货物在运输过程中因下列原因而遭受的损失，保险人负赔偿责任：

①因火灾、爆炸、雷电、冰雹、暴风、暴雨、洪水、地震、海啸、地陷、崖崩、滑坡、泥石流所造成的损失；

②由于运输工具发生碰撞、搁浅、触礁、倾覆、沉没、出轨或隧道、码头坍塌所造成的损失；

③在装货、卸货或转载时因遭受不属于包装质量不善或装卸人员违反操作规程所造成的损失；

④按国家规定或一般惯例应分摊的共同海损的费用；

⑤在发生上述灾害、事故时，因纷乱而造成货物散失及因施救或保护货物所支付的直接合理的费用。

在投保综合险下，保险人除了要承担基本险责任外，还要负责赔偿下列损失：

①因受震动、碰撞、挤压而造成破碎、弯曲、凹瘪、折断、开裂或包装破裂致使货物散失的损失；

②液体货物因受震动、碰撞或挤压致使所用容器（包括封口）损坏发生渗漏而造成的损失，或用液体保藏的货物因液体渗漏而造成保藏货物腐烂变质的损失；

③遭受盗窃或承运人责任造成的整件提货不着的损失；

④符合安全运输规定而遭受雨淋所致的损失。

由于下列原因造成被保险货物的损失，保险人均不负赔偿责任：

①战争或军事行为；

②核事件或核爆炸；

③被保险货物本身的缺陷或自然损耗以及由于包装不善所致的损失；

④被保险人的故意行为或过失；

⑤其他不属于保险责任范围的损失。

（2）航空货物运输保险范围

由于下列保险事故造成被保险货物的损失，保险人负赔偿责任：

①火灾、爆炸、雷电、暴风、暴雨、洪水、海啸、地陷、崖崩；

②因飞机遭受碰撞、倾覆、坠落、失踪（在三个月以上），在危难中发生卸载以及遭受恶劣气候或其他危难事故发生抛弃行为所造成的损失；

③因受到震动、碰撞或挤压而造成破碎、弯曲、凹瘪、折断、开裂的损失；

④因包装破裂致使货物散失的损失；

⑤凡属液体、半流体或者需要用液体保藏的被保险货物，在运输途中因受震动、碰撞或挤压致使所用容器（包装封口）损坏发生渗漏而造成的损失，或用液体保藏的货物因液体渗漏而造成保藏货物腐烂变质的损失；

⑥遭受盗窃或提货不着的损失；

⑦在装货、卸货时和港内地面运输过程中，因遭受不可抗力的意外事故及雨淋所造成的损失，以及为救护被保险货物所支出的合理费用，均由保险公司赔偿（投保鲜活货物腐烂、死亡责任保险的，保险公司还承担鲜活货物腐烂、死亡赔偿责任）。

由于下列原因造成保险货物的损失，保险人不负责赔偿：

①战争、军事行动、扣押、罢工、哄抢和暴动；

②核反应、核子辐射和放射性污染；

③被保险货物自然损耗、本质缺陷、特性所引起的污染、变质、损坏以及货物包装不善；

④在保险责任开始前，被保险货物已存在的品质不良、数量短少造成的损失；

⑤市价跌落、运输延迟所引起的损失；

⑥属于发货人责任引起的损失；

⑦被保险人或投保人的故意行为或违法犯罪行为引起的损失。

3. 货物运输保险费率和期限

（1）货物运输保险费率

货物运输保险费率是指各种运输工具运载货物的保险费率，由被保险货物在有效期间可能遭受毁损的危险程度决定。货物运输保险费率主要由基本费率、综合险费率、特种费率等构成。

基本费率是我国货物运输保险实行的基本费率。根据运输方式、运输途程两个因素制定，即按不同运输工具先确定不同的固定费率，再加上里程费率来计算。

综合险费率是对一些特约承保的附加险，如破碎渗漏险、包装破碎险、盗窃和提货不着险、淡水雨淋险等，在国内水运、陆路货物运输保险条款中，均包括在综合险费率内。对一般易损货物、易损货物、特别易损货物，原则上要投综合险，按综合险费率计算。

特种费率是根据特定的财产专门承保的一种特定危险事故的保险所确定的费率。如木排、竹筏保险等费率，就是按照特定风险和运输区域分别制定的费率。

（2）货物运输保险的期限

国内货物运输保险属于运程保险，保险期限是依据运输途程确定的，保险责任起讫为“仓至仓”条款，以约定的运输途程为准，即从被保险货物离开起运地点的仓库或储存处所开始，直至到达目的地收货人的仓库或储存处所时终止，一般没有固定的时间约束。

三、药品运输安全知识

1. 安全运输基本知识

（1）医药商品运输的基本原则是及时、准确、经济、安全。

（2）企业应当按照质量管理制度的要求，严格执行运输操作规程，并采取有效措施保证运输过程中的医药商品质量与安全。

（3）运输医药商品，应当根据医药商品的包装、质量特性并针对车况、道路、天气等因素，选用适宜的运输工具，采取相应措施防止出现破损、污染等问题。

（4）发运医药商品时，应当检查运输工具，发现运输条件不符合规定的，不得发运。运输医药商品过程中，运载工具应当保持密闭。

（5）企业应当采取运输安全管理措施，防止在运输过程中发生医药商品盗抢、遗失、调换等事故。

（6）特殊管理的医药商品运输应当符合国家有关规定。

2. 有温度要求的医药商品运输要求

对有温度要求的医药商品，应根据季节的温度变化和运程在运输途中采取必要的保温或冷藏措施。

（1）怕冻药品运输要求

怕冻药品是指在低温下容易冻结，冻结后易变质或冻裂容器的药品。怕冻药品在冬季运往寒冷地区时应注意做好以下工作：

①拟定防寒发运期，确保怕冻药品的安全运输，减少运输防冻措施费用；

②在防寒发运期前，按“先北方后南方、先高寒地区后低寒地区”的原则提前安排调运；

③在防寒发运期期间，应使用防寒包装或采用保温车发运，保温车发运时，应有押运员

押送，要有安全措施；

④在防寒发运期期间，怕冻药品的发货单及有关的运输单据上应注明“怕冻药品”字样。

（2）怕热药品运输要求

怕热药品是指受热易发生性状改变的药品。由于怕热药品超过要求的温度运输时药品性能不稳定，因此在夏季炎热期间的运输应做好以下工作：

①根据各地区夏季气温的情况，按照怕热药品对温度的要求，分别拟定具体品种的怕热发运期限；

②在怕热药品发运期前，怕热药品应按“先南方后北方、先高温地区后一般地区”的原则尽可能提前安排调运；

③在怕热药品发运期期间，对温度要求严格的药品应暂停开单发运，如少量急救或特殊需要，可发快件或空运，并且在运输途中必须采取冷藏措施；

④在怕热药品发运期期间，怕热药品的发货单上应注明“怕热药品”字样，注意快装快卸，及时发运，尽量缩短运输时间。

§5－2　医药商品包装和流通加工

学习目标

1. 明确医药商品包装的种类、材料和作用。
2. 简述流通加工的概念、类型和作用。

根据《物流术语》（GB/T 18354—2021），包装是指为在流通过程中保护产品、方便储运、促进销售，按一定技术方法而采用的容器、材料及辅助物等的总体名称，也指为了达到上述目的而采用容器、材料和辅助物的过程中施加一定技术方法等的操作活动。

医药商品包装指的是医药商品在生产环节结束后进入流通领域的过程中，为保持其质量和价值而采用合适的包装材料进行包装操作的技术处理。

一、医药商品包装分类

1. 按流通作用分类

（1）销售包装

销售包装（即内包装、零售包装）的主要目的是促进销售，与医药商品一起到达消费者手中，具有保护产品、美化产品和促进销售的作用。销售包装不仅仅要符合国家对医药商品包装物、包装材料等的要求，而且还要符合消费者的购买理念。新颖美观、赏心悦目，符合医药商品的特点，便于识别和陈列以促进销售和方便消费者使用。

（2）储运包装

储运包装（即外包装）是以储存运输为主要目的的包装。通常是指内包装外面的纸箱、桶以及其他包装物。储运包装具有保障医药商品安全、避免破损、方便储运装卸、加速交接点验的作用。储运包装还应符合国家标准要求，有明显清楚的运输储存标志，以便提示运输、装卸、堆码、分类、保管等要求。此外，危险品必须有符合国家标准的危险货物包装标志，特殊管理的药品、外用药品、非处方药也应有专用标志。

2. 按技术要求分类

（1）真空包装

真空包装指将医药商品装入气密性包装容器中，抽去容器内的空气，使密封后的容器内达到预定真空度的一种包装。

（2）充气包装

充气包装是指将医药商品、包装容器、材料灭菌后，用氮、二氧化碳等惰性气体置换容器中原有空气的一种包装。

（3）无菌包装

无菌包装是指将医药商品、包装容器、材料灭菌后，在无菌的环境中进行充填和密封的一种包装。

（4）条形包装

条形包装是指将一个或一组药片、胶囊之类的小型医药商品包封在两层连续的带状铝塑包装材料之间，热封并形成一粒一个单元的包装。

（5）喷雾包装

喷雾包装是指将液体或膏状医药商品装入带有阀门和推进剂的气密性包装容器中，当开启阀门时，医药商品在推进剂产生的压力作用下被喷射出来的一种包装。

（6）儿童安全包装

儿童安全包装是一种能够保护儿童安全的包装，其结构设计使大部分儿童在一定时间内难以开启或难以取出一定数量的医药商品。

（7）危险品包装

危险品的特点是易燃、易爆、有毒、有腐蚀性或有辐射性。危险品包装应能控制温度、防潮、防止混杂、防震、防火，以及将包装与防爆、灭火等急救措施相结合。

二、医药商品包装材料

1. 常用包装材料

（1）玻璃

玻璃具有能防潮、易密封、透明和化学性质比较稳定等优点，但玻璃也有较重、易碎，可因受到水溶液的侵蚀而释放出碱性物质和不溶性脱片的缺点。《中华人民共和国药典（2020 年版）》规定，安瓿、大输液瓶必须使用硬质中性玻璃，在盛装遇光易变质的医药商品时，应选用棕色玻璃制成的容器。

（2）塑料

塑料具有包装牢固、容易封口、色泽鲜艳、透明美观、重量轻、携带方便、价格低廉等优点。但因塑料在生产中常加入增塑剂、稳定剂、附加剂，直接与医药商品接触可能会发生化学反应，以致医药商品质量发生变异。塑料还具有透气、透光、易吸附等缺点，这些缺点均可加速医药商品氧化变质的速度，引起医药商品变质。

（3）纸制品

纸制品来源广泛、成本较低，刷上防潮涂料后具有一定的防潮性能，包装体积可按需要制造，具有回收使用的价值，是当今使用最广泛的包装材料之一。但是纸制品强度低且易变形。物流中瓦楞纸纸箱应用较广泛，由三层或五层的瓦楞纸板构成，价格便宜、重量轻、耐冲击，易于加工回收，方便储存运输。

（4）金属

常用的有黑铁皮、镀锌铁皮、马口铁、铝箔等。该类包装耐压、密封性能好，但是成本高。

（5）橡胶制品

主要用于瓶装医药商品的各种瓶塞。由于直接与医药商品接触，故要求具有非常好的生化稳定性及优良的密封性，以确保在有效期内不因空气及空气中的水蒸气进入而导致医药商品变质。

（6）木材

木制包装是用天然生长的木材或人工制造的木材作为材料的包装容器。一般用来制作运输包装。由于消耗森林资源，正逐步被塑料等材料代替。

（7）复合材料

复合材料是用塑料、纸、铝箔等进行多层复合而制成的包装材料。常用的有纸塑、铝箔聚乙烯、铝箔聚酯乙烯复合材料等。这些复合材料具有良好的机械强度、耐生物腐蚀性能、保持真空性能及抗压性能等。从发展趋势看，包装材料逐渐向新型复合材料和特种包装材料方向发展。

2. 包装用辅助材料

（1）黏合带

黏合带是在一面涂上压敏性结合剂或者两面涂胶的双面胶带，使用方便。黏合带有橡胶带、热敏带两种。橡胶带遇水可直接溶解，黏结后完全固化，封口结实；热敏带经加热活化便产生黏结力，封口不易揭开且不易老化。

（2）胶带和捆扎带

胶带和捆扎带用于对包装进行捆扎加固。

（3）气垫膜

气垫膜是在两层塑料薄膜之间封入空气，在一面形成均匀连续的气泡，气泡的形状主要有圆筒形、半圆形和钟罩形。气垫膜具有良好的弹性和隔热性，不吸潮，耐腐蚀，加工性能好，易于制成各种形状，能热封，能吸收冲击能量，有优良的缓冲性能。但气泡易被压破或刺破，不适于包装重量较大、负荷集中、有锐利边缘或尖角的物品。

3. 医药商品包装要素

（1）警示语

药品标签和说明书上应加注警示语。处方药警示语一般为“凭医师处方销售、购买和使用”，其包装上无专用标识。非处方药警示语一般为“请仔细阅读药品使用说明书并按说明使用或在药师指导下购买和使用”，其包装上有椭圆形的“OTC”标识，甲类非处方药是红底白字，乙类非处方药是绿底白字。外用药品的包装上有红底白字的“外”字四方形专用标识，无警示语。另外，药品、食品中含有兴奋剂目录所列禁用物质的，在包装标识或者产品说明书上用中文注明“运动员慎用”字样。

（2）药品批准文号

药品批准文号是指药品生产企业生产的药品经国务院药品监督管理部门审核合格后，在批准文件上规定的该药品的专有编号。药品批准文号是药品生产合法性的标志。每一个生产企业的每一个品种都有一个特定的批准文号，其有效期为5年。药品批准文号的格式为：国药准字H（Z、S、J、B、T、F）+4位年号+4位顺序号。其中，H代表化学药品，Z代表中药，S代表生物制品，J代表进口药品分包装，B代表保健药品，T代表体外化学诊断试剂，F代表药用辅料。

（3）药品生产批号

药品生产批号是指用于识别一个特定批的具有唯一性的数字和（或）字母的组合。每批药品均应有指定的生产批号，用以追溯和审查该批药品的生产历史，能够判断该批药品生产时间的长短，便于销售、储存和使用，以防止久储变质。

（4）国家药品编码

国家药品编码是指在药品研制、生产、经营、使用和监督管理中，由计算机使用的表示特定信息的编码标识。国家药品编码以数字或数字与字母组合形式表现，适用于药品研究、生产、经营、使用和监督管理等各个领域以及电子政务、电子商务的信息化建设、信息处理和信息交换。国家药品编码遵循科学性、实用性、规范性、完整性与可操作性的原则，同时兼顾扩展性与可维护性。

国家药品编码包括本位码、监管码和分类码。本位码是药品唯一的身份标识，用于国家药品注册信息管理，在药品包装上不体现；监管码用于药品监控追溯系统，直接体现于药品包装上，识读器可识读并反映相关产品信息；分类码用于医保、药品临床研究、药品供应及药品分类管理等，在药品包装上不体现。国家药品编码本位码共14位，由药品国别码、药品类别码、药品本体码和校验码依次连接组成，不留空格。国家药品编码前2位药品国别码为“86”，代表在我国境内生产、销售的所有药品；第3位药品类别码为“9”，代表药品；第4到13位为药品本体码，药品本体码的前5位为药品企业标识，药品本体码的后5位为药品产品标识；最后一位为校验码，通过特定的数学公式来检验国家药品编码本位码中前13位数字的正确性，计算方法按照国家标准执行。

国家药品编码本位码由国家药品监督管理局统一编制赋码，药品编码变更、注销后，原有国家药品编码不得再被使用。国家药品编码及变更信息在国家药品监督管理局官网上统一发布。

（5）药品电子监管码

药品电子监管码是为药品提供身份验证、信息存储与采集、物流流向统计等信息服务所使用的电子标识。药品电子监管码是由20位数字加密编码，采用code128C一维条码和数字字符形式体现，支持自动识别设备及人眼识读。药品电子监管码分为一级药监码、二级药监码、三级药监码，分别用来标识最小销售包装药品、中间独立包装药品和外箱独立包装药品。药品电子监管码的最大优点是一件一码。

三、流通加工

1. 流通加工的概念

流通加工是指根据客户的需要，在流通过程中对产品实施的简单加工作业活动的总称。简单加工作业活动包括包装、分割、计量、分拣、刷标志、拴标签、组装、组配等。

流通加工是流通中的一种特殊形式，是为了提高物流速度和产品利用率，在产品进入流通领域后，按客户要求进行的加工活动，即在产品从生产者向消费者流动的过程中，为了促进销售、维护产品质量和提高物流效率，对产品进行一定程度的加工，使产品发生物理、化学或形状的变化，以满足消费者的多样化需求和提高产品附加值。

流通加工是在流通领域从事的简单生产活动，具有生产制造活动的性质。流通加工与一般性的生产加工方法、加工组织、生产管理等方面并无显著区别，但在加工对象、加工程度方面差别较大。流通加工与生产加工的区别见表5－2。

表5－2　流通加工与生产加工的区别

比较对象	流通加工	生产加工
加工对象	进入流通过程的产品	原材料、零配件或半成品
加工程度	简单加工，对生产加工的辅助及补充	复杂加工，完成加工大部分工作
加工单位	商业或物资流通企业	生产企业
加工目的	促进销售、维护产品质量、实现物流高效	直接为消费进行的加工

2. 流通加工的类型

（1）为满足用户多样化需求的流通加工

为了满足用户对产品多样化的需要，同时又保证高效率的生产，可将生产出来的单一化、标准化的产品进行多样化的改制加工。例如，对钢板卷板的舒展、剪切加工，平板玻璃按需要的规格开片加工，木材改制成枕木、板材、方材的加工等。

（2）为方便消费者的流通加工

根据下游生产的需要将产品加工成生产直接可用的状态。例如，根据需要将钢材定尺、定型，按要求下料；将木材制成可直接投入使用的各种型材；将水泥制成混凝土拌和料，使用时只需要稍加搅拌即可使用等。

（3）为保护产品所进行的流通加工

在物流过程中，为了保护产品的使用价值，延长产品在生产和使用期间的寿命，防止产品在运输、储存、装卸搬运、包装等过程中遭受损失，可以采取稳固、改装、保鲜、冷冻、涂油等方式。例如，水产品、肉类、蛋类保鲜保质的冷冻加工、防腐加工等；丝、麻、棉织品的防虫、防霉加工等；防止金属材料的锈蚀而进行的喷漆、涂防锈油等措施，运用手工、机械或化学方法除锈的加工；木材的防腐朽、防干裂加工；煤炭的防高温自燃加工；水泥的防潮、防湿加工等。

（4）为弥补生产领域加工不足的流通加工

由于受到各种因素的限制，许多产品在生产领域的加工只能到一定程度，而不能完全实现终极加工。例如，木材如果在产地完成成材加工或制成木制品，就会给运输带来极大的困难，因而在生产领域只能加工到圆木、板、方材这个程度，进一步的下料、切裁、处理等加工则由流通加工完成。

（5）为促进销售的流通加工

流通加工也可以起到促进销售的作用。例如，将过大的包装或散装物分装成适合按件销售的小包装的分装加工；将以保护产品为主的运输包装改换成以促进销售为主的销售包装；将蔬菜、肉类洗净切块以满足消费者需求等。

（6）为提高加工效率的流通加工

流通加工解决了单个企业加工效率不高的弊端。通过一家流通加工企业的集中加工代替了若干家生产企业的初级加工，以提高生产水平和生产效率。

（7）为提高物流效率，降低物流损失的流通加工

有些产品本身难以进行物流操作，在运输、装卸搬运过程中极易受损，因此需要进行适当的流通加工加以弥补，从而使物流各环节易于操作，提高物流效率，降低物流损失。例如，造纸用的木材磨成木屑的流通加工，可以极大提高运输工具的装载效率；自行车在消费地区的装配加工，可以提高运输效率降低损失；石油气的液化加工，使较难输送的气态转变为较易输送的液态。

（8）为衔接不同运输方式，使物流更加合理的流通加工

在干线运输和支线运输的结点设置流通加工环节，可以有效解决大批量、低成本、长距离的干线运输与多品种、少批量、多批次的末端运输和集货运输之间的衔接问题。例如，散装水泥中转仓库中，将大规模散装水泥转化为小规模散装水泥的流通加工，能衔接水泥厂大批量运输和工地小批量装运的需要等。

（9）为实施配送进行的流通加工

这种流通加工形式是配送中心为了实现配送活动、满足客户的需要而对物资进行的加工。例如，混凝土搅拌车可以根据客户要求，把沙子、水泥、石子、水等各种不同材料按比例要求装入可旋转的罐中，在配送途中，汽车边行驶边搅拌，到达施工现场后，混凝土已经搅拌均匀，可以直接投入使用。

3. 流通加工的作用

(1) 提高原材料利用率

通过流通加工进行集中下料，将生产企业直接运来的简单规格产品，按用户的要求进行下料。可以优材优用、小材大用、合理套裁，大大提高原材料的利用率，有很好的技术经济效果。

(2) 进行初级加工，方便用户

用量小或满足临时需要的用户，不具备进行高效率初级加工的能力，通过流通加工可以节省进行初级加工的物力、人力、财力，大大方便用户使用。

(3) 提高运输保管效率

流通加工使产品在克服了时间距离后，仍然可以保持新鲜状态。组装型产品在运输和保管过程中处于散件状态，出库配送前或者到达用户后再进行组装，以此提高运输工具的装载效率和仓库保管效率。

(4) 提高加工效率及设备利用率

在分散加工的情况下，加工设备由于生产周期和生产节奏的限制，设备利用时松时紧使得加工过程不均衡，设备加工能力得不到充分发挥。而流通加工面向全社会，加工数量大，加工范围广，加工任务多。通过建立集中加工点，采用一些效率高、技术先进、加工量大的专门机器和设备，一方面提高了加工效率和加工质量，另一方面提高了机器和设备利用率。

(5) 提高产品附加值

食品原料经过深加工，如加工成半成品，可以满足消费者对产品的需求，提高产品价值。

§5－3 医药商品配送

学习目标

1. 掌握医药商品装卸搬运的原则和注意事项。
2. 了解医药商品发运与交付的基本程序。
3. 掌握运输成本的核算方法。
4. 熟悉运输调度作业程序。
5. 掌握医药商品配送路线优化的方法。

医药商品运输配送是医药商品物流管理流程的重要环节，必须遵守《中华人民共和国药品管理法》和《药品经营质量管理规范》的相关规定，保证运输配送过程中的医药商品质量与安全，防止医药商品在运输过程中被盗、被抢、丢失及调换。

一、医药商品装卸搬运

1. 医药商品装卸搬运原则

医药商品装卸搬运应根据送货单位先后到达顺序，按照先送货的后装靠外摆放、后送货的先装靠里摆放的原则，提高运输效率。

2. 医药商品装卸搬运注意事项

（1）医药商品装车

装卸搬运应按送货线路分清医药商品品种和送货客户的先后到达顺序组织装车，即先送货的后装，放在上面或外面；后送货的先装，放在下面或里面。做到重箱在下，轻箱在上，整箱在下，零箱在上。提高与送货单位交接的速度和准确率。搬运医药商品过程中要轻拿轻放，严禁违规操作和野蛮装卸。

（2）医药商品配装

搬运装卸医药商品应轻拿轻放，严格按照外包装标识的要求堆放和采取防护措施，禁止在阳光下停留时间过长或雨天作业时无遮盖放置。尽量将一个客户的医药商品货物堆放在一起。尽量把外观相近、容易混淆和易串味、易污染等容易互相影响的医药商品货物分开装载。重不压轻，大不压小。包装强度差的应放在包装强度好的上边。装运医药商品货物应标识清晰、包装牢固、数量准确。医药商品装车后应检查有无倒置现象；是否码放整齐，捆扎牢固；医药商品与医药商品之间、医药商品与车辆之间是否留有空隙并适当衬垫，防止医药商品撞击、倾倒。装货完毕，应在门端处采取适当的稳固措施，以防开门卸货时，医药商品货物倾倒造成货损或人身伤亡。

（3）冷藏车配装

使用冷藏车运送冷藏、冷冻医药商品的，启运前应当按照经过验证的标准操作规程进行操作。应当在冷藏环境下完成冷藏、冷冻医药商品的装箱、封箱及冷藏车装车作业。开始装车时关闭温度调控设备，并尽快完成医药商品装车。冷藏车厢内，医药商品与车厢内前板间距不小于 10 厘米，与后板、侧板、底板间距不小于 5 厘米，医药商品码放高度不得超过制冷机组出风口下沿，确保气流正常循环和温度均匀分布。医药商品装车完毕，及时关闭车厢门，检查厢门密闭情况并上锁。启动温度调控设备，检查温度调控监测设备运行状况，并观察温度是否达到需要运输医药商品包装标示的温度，设备运行正常且达到标准温度后方可启运，启运时应当做好运输记录，内容包括运输工具、启运时间和启运温度等。

二、医药商品发运与交付

1. 自营运输发运

自营运输发运程序包括运输工具选择、装车前检查、运输员提货、装车、在途运输、到货交付等流程。

（1）运输工具选择

运输配送医药商品，应当根据医药商品的包装、质量特性，并针对车况、道路、天气等因素，选用适宜的运输工具，采取相应措施防止出现医药商品破损、污染等问题。普通医药商品应当使用厢式车进行公路运输配送；冷藏、冷冻医药商品可使用普通厢式车加冷藏箱或保温箱进行公路运输配送，或者采用冷藏车进行公路运输配送，或者使用冷藏箱或保温箱进行航空运输配送；铁路运输麻醉药品和第一类精神药品的，应当使用集装箱或者铁路行李车运输，运输麻醉药品和第一类精神药品的，应当由专人负责押运。

（2）装车前检查

装车前应当检查运输工具是否符合发运要求，检查车辆安全性能及卫生状况，并做好车辆检查记录。发现运输条件不符合规定的，不得发运。冷藏车装车前需要提前开启制冷装置，检查冷藏车辆的启动、运行状态，控制温度至冷藏条件，达到规定温度后方可装车。特殊药品在发运前应进行运输审批和许可文件检查。

（3）运输员提货

运输员依据提货单提货，提货时对配送线路、收货单位、件数等信息一一核对，做到票货相符，票货同行。检查包装是否牢固，发运标志和药品标志有无错漏，并做好记录。冷藏药品需在冷库中进行提货作业，特殊药品需在特殊药品库中双人进行提货作业。

（4）装车

按照医药商品装卸搬运原则和注意事项，完成装车。

（5）在途运输

运输医药商品过程中，运载工具应当保持密闭。已装车的医药商品应当及时发运并尽快送达，防止因在途时间过长影响医药商品质量。企业应当采取运输安全管理措施，防止在运输过程中发生医药商品盗抢、遗失、调换等事故。

（6）到货交付

医药商品送达客户后，客户根据随货同行单核对医药商品，清点数量，检查外包装。经核对无误后，在随货同行单上签名确认，若发现差异，需进行处理。

2. 委托运输发运

委托运输发运是指医药经营企业委托第三方承运商将医药商品送达给客户。委托运输的发运程序包括第三方承运商选择、委托运输协议签订、交付运输、运输过程管理等流程。

（1）第三方承运商选择

医药经营企业委托第三方承运商运输药品的，应当对承运商运输医药商品的质量保障能力进行审核，索取运输车辆的相关资料，符合《药品经营质量管理规范》规定的运输设施设备条件和要求的方可委托。

（2）委托运输协议签订

医药经营企业委托运输医药商品应当与承运商签订委托运输协议，明确医药商品质量责任，遵守运输操作规程和在途时限等内容。

（3）交付运输

已装车的医药商品应当及时发运并尽快送达。委托运输的，医药经营企业应当要求并监督承运商严格履行委托运输协议，防止因在途时间过长影响医药商品质量。

（4）运输过程管理

医药经营企业委托运输的医药商品应当有记录，实现运输过程的质量追溯。记录至少包括发货时间、发货地址、收货单位、收货地址、货单号、药品通用名称、药品件数、运输方式、委托经办人、承运单位，采用车辆运输的还应当载明车牌号，并留存运输员的驾驶证复印件。记录应当至少保存 5 年。

3. 医药商品交付程序

医药商品交付程序是指已完成医药商品所有权的转移手续的程序，包括医药商品送达客户后，客户根据随货同行单核对送达的医药商品、填写单据、办理交接手续、异常处理、返回交接等流程。

（1）核对送达的医药商品

对送达的医药商品应进行如下核对：

①三核对，核对医药商品条码，核对医药商品件数，核对医药商品名称、规格、数量；

②全核对，以单对货，核对所有项目，如品名、规格等，确保单货相符；

③核对外包装，要注意检查医药商品外观，查看包装、封印是否完好，有无玷污、受潮、水渍、油渍等；

④核对收货确认书，核对客户名称、单据号、对应金额、件数、签收人、退货名称、数量等与实际是否相符。

（2）填写单据

收货人核对信息无误后，签写收货（收款）确认书。公路交付时，如发现货损差，由承运人和收货人共同填写货物事故记录表，并签字确认；铁路运输到站后，自承运人卸车通知时起超 2 小时而收货人未到站，应填写铁路部门普通记录表，证明封存状况或货车现状后再拆封、卸车（责任由收货人承担）。

（3）办理交接手续

收取有收货单位签章的回执。收货单位自行提货时应将接货与验收工作结合同时进行。

（4）异常处理

若客户拒收部分医药商品或全部医药商品，应第一时间通知物流部门和销售部门。销售部门应立即与客户进行协调，当协调未达成一致时，应通知驾驶员将医药商品货物原车带回。对原车带回的医药商品应立即填写原车退回通知单，经物流部门负责人确认签字后，与物流部门退货员交接医药商品并签字确认。

（5）返回交接

正常回单交接时，及时将随货同行单、签收回单带回交调度室留存备查；拒收交接时，完成送货后返回物流中心，退货医药商品交退货组，拒收医药商品填写临时退货凭证，并当面进行交接签收。在送货过程中有异常情况应及时报告调度室。将回收的周转箱送至后勤组。保温箱、冰袋等返还仓库，并放到指定位置。经调度同意未送货完成的医药商品交仓库暂存。

退货返回交接时，车队提回退货医药商品，不允许将医药商品存放在车上或驾驶员休息室，应在工作时间内及时完成交接；将退货医药商品与提货单一起与退货组交接，冷藏医药商品需提供温度数据；退货组人员根据提货单与退货记录，清点退货医药商品实物，核对品名、规格、批号、退货数量、退货原因，检查外包装；冷藏医药商品需检查过程温度数据；若检查发现退回医药商品与提货单不符，退货组人员应在提货单上进行记录，如果冷藏医药商品温度超标则反馈给运输部门及质管部门，并需提货人员签字确认。

4. 特殊药品的发运与交付

（1）麻醉药品和精神药品

1）托运或者自行运输麻醉药品和第一类精神药品的单位，应当向所在地省、自治区、直辖市药品监督管理部门申领麻醉药品、第一类精神药品运输证明（简称“运输证明”）。省、自治区、直辖市药品监督管理部门对资料审查合格的，应于10日内发给运输证明，同时将发证情况报同级公安机关备案。第二类精神药品的运输不需办理运输证明。

运输证明正本1份，根据实际需要可发给副本若干份，必要时可增领副本。运输证明有效期1年（不跨年度）。运输证明在有效期满前1个月按照规定重新办理，过期后3个月内将原运输证明上缴发证机关。运输证明应当由专人保管，不得涂改、转让、转借。

承运单位要查验、收取运输证明副本。运输证明副本随货同行以备查验。在运输途中承运单位必须妥善保管运输证明副本，不得遗失。医药商品到达后，承运单位应将运输证明副本递交收货单位。收货单位应在收到医药商品后1个月内将运输证明副本交还发货单位。

因科研或生产特殊需要，单位需派专人携带少量麻醉药品、第一类精神药品的应当随货携带运输证明（或批准购买的证明文件）、单位介绍信和本人身份证明以备验。

2）运输前需报送的发运医药商品货物信息

①定点生产企业、全国性批发企业和区域性批发企业之间发运麻醉药品和第一类精神药品时，属于在本省、自治区、直辖市内运输的，发货单位应事先向本省、自治区、直辖市药品监督管理部门报送发运医药商品货物信息。

②跨省运输的，发货单位应事先向所在地及收货单位所在地省、自治区、直辖市药品监督管理部门报送发运医药商品货物信息，内容包括发货人、收货人、医药商品品名、数量。发货单位所在地药品监督管理部门也应按规定向收货单位所在地的同级药品监督管理部门通报。

3）铁路、航空、公路、水路承运单位承运麻醉药品和精神药品时，应当及时办理运输手续，尽量缩短医药商品货物在途时间，并采取相应的安全措施，防止麻醉药品、精神药品在装卸和运输过程中被盗、被抢或丢失。铁路运输应当采用集装箱或行李车运输麻醉药品和第一类精神药品。采用集装箱运输时，应确保箱体完好，施封有效。公路运输麻醉药品和第一类精神药品必须采用封闭式车辆，有专人押运，中途不应停车过夜。水路运输麻醉药品和第一类精神药品时应有专人押运。

4）麻醉药品和精神药品在运输途中出现包装破损时，承运单位要采取相应的保护措施。发生被盗、被抢、丢失的，承运单位应立即报告当地公安机关，并通知收货单位，收货单位应立即报告当地药品监督管理部门。

（2）危险化学品

危险化学品是指具有毒害、腐蚀、爆炸、燃烧、助燃等性质，对人体、设施、环境具有危害的剧毒化学品和其他化学品。危险化学品一般通过公路运输比较多，这里主要介绍公路运输的相关事项，铁路、水路和航空运输参照相关规定执行。

1）从事危险化学品公路运输的，应当依照有关公路运输的法律、行政法规的规定，取得危险货物公路运输许可，并向工商行政管理部门办理登记手续。通过公路运输危险化学品的，托运人应当委托依法取得危险货物公路运输许可的企业承运。通过公路运输剧毒化学品的，托运人应当向运输始发地或者目的地县级人民政府公安机关申请剧毒化学品公路运输通行证。

2）危险化学品公路运输企业、水路运输企业应当配备经过培训持证上岗的专职安全管理人员、驾驶员、船员、装卸管理人员、押运人员、集装箱装箱现场检查员等，该类人员应当了解所运输的危险化学品的危险特性及其包装物、容器的使用要求和出现危险情况时的应急处置方法。

3）用于运输危险化学品的槽罐以及其他容器应当封口严密，能够防止危险化学品在运输过程中因温度、湿度或者压力的变化发生渗漏、洒漏；槽罐以及其他容器的溢流和泄压装置应当设置准确，起闭灵活。危险化学品运输车辆应当符合国家标准要求的安全技术条件，并按照国家有关规定定期进行安全技术检验。危险化学品运输车辆应当悬挂或者喷涂符合国家标准要求的警示标志。通过公路运输危险化学品的，应当按照运输车辆的核定载质量装载危险化学品，不得超载。未经公安机关批准，运输危险化学品的车辆不得进入危险化学品运输车辆限制通行的区域。危险化学品运输车辆限制通行的区域由县级人民政府公安机关划定，并设置明显的标志。

4）托运人不得在托运的普通货物中夹带危险化学品，不得将危险化学品匿报或者谎报为普通货物托运。

5）运输危险化学品途中因住宿或者发生影响正常运输的情况，需要较长时间停车的，驾驶员、押运人员应当采取相应的安全防范措施；运输剧毒化学品或者易爆危险化学品的，还应当向当地公安机关报告。

（3）易制毒化学品

申请易制毒化学品运输许可，应当提交易制毒化学品的购销合同，货主是企业的，应当提交营业执照；货主是其他组织的，应当提交登记证书（成立批准文件）；货主是个人的，应当提交其个人身份证明。经办人还应当提交本人的身份证明。公安机关应当自收到第一类易制毒化学品运输许可申请之日起 10 日内，收到第二类易制毒化学品运输许可申请之日起 3 日内，对申请人提交的申请材料进行审查。对符合规定的，发放运输许可证；不予许可的，应当书面说明理由。审查第一类易制毒化学品运输许可申请材料时，根据需要可以进行实地核查。

对许可运输第一类易制毒化学品的，发放一次有效的运输许可证。对许可运输第二类易制毒化学品的，发放3个月有效的运输许可证；6个月内运输安全状况良好的，发放12个月有效的运输许可证。易制毒化学品运输许可证应当载明拟运输的易制毒化学品的品种、数量、运入地、货主及收货人、承运人情况以及运输许可证种类。

三、运输成本核算

1. 公路运输成本核算

（1）自营运输成本计算

自营运输的企业，其公路运输成本的计算项目有燃料费用、路桥费、司乘人员工资及补贴、轮胎损耗费、车辆维修费、车辆折旧费、车辆保险费、运输管理费、税费及其他费用（其他费用包括事故费、劳动防护用品、温湿度监控设备及GPS定位发生的费用等）。

（2）委托运输成本计算

承运商的运输报价即托运人的运输成本。委托运输价格一般由承运商先报价，报价时会综合考虑货运量、货物类型、运行路线、车辆类型及双方的合作程度，然后托运人和承运商磋商达成最后的成交价格。该成交价格也就是托运人实际发生的运输成本。货物运杂费在货物托运、起运时一次结清，也可按合同采用预付费用的方式，随运随结或运后结清。托运人或者收货人不支付运费、保管费以及其他运输费用的，承运商对相应的运输货物享有留置权，但当事人另有约定的除外。

2. 铁路运输成本核算

铁路货物运输费用依据《铁路货物运价规则》核收，主要包括以下几部分。

（1）运行费用

根据出发站至到站的运价里程，计算货物单位重量（整车为吨、零担为10千克、集装箱为箱）的运费。单位重量运费与货物重量相乘，即为该批货物的运行费用。

（2）附加费用

依据《铁路货物运价规则》附录规定，分别计算货物的电气化附加费、新路新价均摊费用、建设基金等费用，再与运行费用相加即为货物的运输费用。

（3）装卸搬运费用

铁路货物装卸搬运作业费项目分整车、零担、集装箱、杂项作业四种。整车、零担货物的装车距离为30米，集装箱货物的装车距离为50米；人力装卸堆放于仓库和雨棚以外的货物、整车包装成件货物的装车距离为20米；散堆装货物除木材、毛竹、草秸类货物的装车距离为20米；其他货物的装车距离均为6米。凡超过上述规定距离的，其超过部分按搬运处理，费用由车站确定。

（4）其他费用

根据托运人的需要还可以收取货物快运费等费用。

3. 水上运输成本核算

（1）国内沿海运输成本计算

国内沿海运输指船舶在国内各个沿海港口之间进行的货运业务。沿海运输由于航次时间较短，未完航次的费用比较少，也比较稳定，因此一般以月、季、年作为成本计算期。运输支出一般包括船舶费用和管理费用两大类。沿海运输企业的成本项目具体由工资及福利费、燃料费、材料费、船舶折旧费、船舶修理费、港口费、损失及其他费用组成。

（2）国际海洋运输成本计算

国际海洋运输是国际物流中最主要的运输方式。它是指使用船舶通过海上航道在不同国家和地区的港口之间运送货物的一种方式，在国际货物运输中使用最广泛。海洋运输费用包括船舶运行费用、船舶固定费用、间接费用（包括集装箱固定费用、船舶租赁费用、船队费用）等。

（3）内河运输成本计算

内河运输是指船舶在江河航线之间经营的运输业务。它与国内沿海运输和国际海洋运输相比，船舶吨位较小。内河运输费用一般分为船舶费用和港埠费用。船舶费用包括船舶航行费用和船舶固定费用。港埠费用指分配由运输船舶负担的港埠费用以及直接支付外单位的港口费用。内河运输成本以月、季、年为成本计算期。一般来说，船舶费用应按不同船舶类型归集，对于吨位较大的船舶也可单独进行单船归集。

4. 航空运输成本核算

航空运输是使用飞机或其他航空器进行运输的一种形式。航空公司的货物运输有起运费，即航空公司办理一批货物所能接受的最低运费，不论货物的重量或体积大小，在两点之间运输一批货物应收取的最低费用，不同地区有不同的起运费。航空运输成本包括两部分：一是空运费与燃油费，由机场按国家规定计算；二是其他费用，如提货、报关、接交和仓储费用等。

四、运输决策与优化

1. 运输调度

运输调度是指运输过程中，承运商根据待发货物的重量、去向、规格、加急程度等对所属的车辆和人员进行合理的安排和调度。

（1）自营车辆运输调度

1）生成配送计划。运输调度员根据物流配送线路分布图，查看当天的待配送计划，查看自有车辆生产动态，合理安排配送车辆；对订单进行审核，急单执行先行处理程序；运输调度员将急单处理完毕，按照配送计划或客户要求到达时间排列正常订单，根据整车运力和运量，灵活调整配送线路及配送车辆；形成运输计划后，向仓库预约提货，回复确认后，最终确定运输计划。

2）运输流程。按照配送计划安排配送线路；按照配送线路打印装车配送单；根据配送线路的货量安排配送车辆；将生成的配送线路及车辆安排发给车队。

（2）委托运输调度

1）生成配送计划。运输调度员对订单进行审核，急单执行先行处理程序；将急单安排完毕，按客户要求到达时间排列正常订单；根据线路，分单给承运商；承运商收到派单后，即刻审核运量，超过运输能力的反馈运输调度员，调度员将订单派给其他承运商；外协承运商确认订单后，向仓库预约提货，得到回复确认后，将提货计划发公司运输调度员；运输调度员收到承运商的提货计划，确定最终运输计划。

2）运输流程。电话预约提货时间；核对托运单信息；打印装车配送单；与承运商办理货物交接手续；通知收货单位或驻外办事处接收发货明细或提货单。

（3）运输过程跟踪与异常服务处理

运输过程跟踪方式主要有三种。

1）车辆 GPS/手机定位方式跟踪。运输调度员根据项目运作特性和业务量，确定需要进行在途跟踪的车辆和每日跟踪次数，查看车辆运行轨迹，及时处理异常，按需反馈客户。

2）定点跟踪。运输调度员根据不同线路情况，预先制定每条线路的信息反馈点，确定需要进行在途跟踪的车辆。运输员到达信息反馈点时，通知运输调度员，运输调度员确认后，在系统中更新车辆在途信息，按需反馈客户。

3）定时跟踪。运输调度员预先规定运输员每日信息反馈时间，运输员按规定时间每日电话反馈车辆在途信息给运输调度员，运输调度员确认后，在系统中更新信息，按需反馈客户。

运输调度员须对运输途中发生的各种异常情况进行及时处理，如车辆故障、交通事故、货物事故（货物被抢、被盗或地震、台风等不可抗拒力引发货物损坏等）。

2. 医药商品配送路线优化

医药商品配送运输路线的选择直接关系到医药商品配送运输的距离，进而影响到医药商品配送运输的时间和费用等。医药商品配送运输路线优化能节约配送成本、提高效益、提高客户服务质量、节省运力和能源。

（1）药品配送路线优化的约束条件

药品配送路线优化的约束条件包括：收货人对医药商品货物品种、规格和数量的要求，同一辆车上配送的是性质不相抵的医药商品货物；收货人对医药商品货物送达时间或时间范围的要求，方案能满足所有用户的到货时间要求；道路运行条件对配送的制约，如单行道、城区部分道路对货车通行的限制；车辆最大装载能力的限制；车辆最大行驶里程数的限制；运输员的最长工作时间的限制；各种运输规章的限制等。

（2）医药商品配送线路的优化方法

在从医药商品的配送中心输送到医药商品配送目的地的过程中，由于配送中心数量和客户收货地点的数量不同，配送线路的优化计算方法也不同。

1）直送式配送运输，是指由一个供应点对一个客户的专门送货，即一对一的配送模式。从物流优化的角度看，直送式配送运输客户的基本条件是其需求量接近或大于可用车辆的额定载重量，专派一辆或多辆车一次或多次送货。在直送情况下，采用最短路径法进行物流优化，即寻找物流网络中最短线路，实现医药商品货物配送多装快跑，节约时间和费用，提高配送效率。

2）分送式配送运输，又称为一对多配送运输，是指由一个供应配送点对多个客户医药商品接收点的共同配送。其基本条件是同一条线路上所有客户的需求量总和不大于一辆车的额定载重量。送货时，由一辆车装着所有客户的医药商品，沿着一条经过计算选择出的最佳线路依次将医药商品送到各个客户的医药商品接收点，这样既保证按时按量将用户需要的医药商品及时送到，又能节约里程、车辆和费用。在分送式配送情况下，可采用节约里程法进行物流优化。

实训五　医药商品运输作业

一、实训目的

1. 能理解节约里程法的原理。
2. 能运用节约里程法制订简单的配送线路方案。

二、实训准备

纸、笔等。

三、实训内容与步骤

【知识链接】

车辆路径问题一般定义为：对一系列装货点和卸货点，组织适当的行车线路，使车辆有序地通过它们，在满足一定的约束条件（如货物需求量、发送量、交发货时间、车辆容量限制、行驶里程限制、时间限制等）下，达到一定的目标（如路程最短、费用最少、时间尽量少、使用车辆数尽量少等）。

节约里程法又叫节约算法，是用来解决配送车辆数目不确定的车辆路径问题的最有名的启发式算法。它的核心思想是依次将配送作业中的两个回路合并为一个回路，使得每次合并后的总运输距离减少的幅度最大，直到达到一辆车的装载限制时，再进行下一辆车的优化。节约里程法利用了三角形两边之和大于第三边的基本原理，实现对运输路线的优化。

1. 设置模拟配送案例

设置医药商品供应链公司运输配送模拟案例，拟画配送网络图，设定运输距离、用户需求、汽车数量、汽车类型等约束条件。例：某医药商品供应链公司P使用车辆向A、B、C、D、E五个客户配送医药商品，其配送网络图如图5-1所示。图中连线上的数字表示运输距离（km），客户括号内数字表示对医药商品货物的需求量（t）。该公司备有2 t和4 t载重量的汽车若干量，且汽车一次巡回行驶里程不能超过30 km。请使用节约里程法设计合理的配送方案。

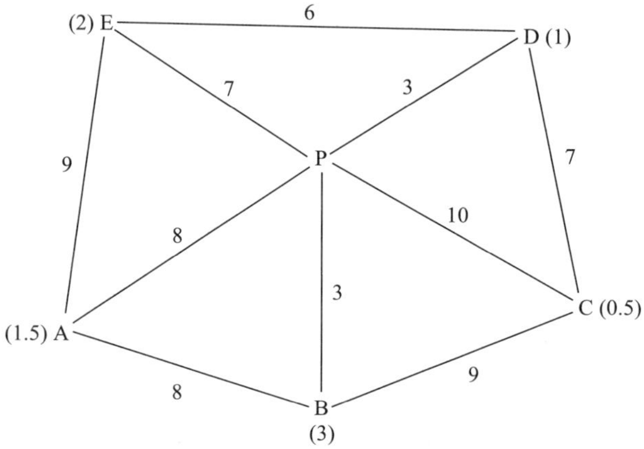

图5-1 医药商品供应链公司P配送网络图

2. 小组按步骤讨论设计配送方案

步骤1：计算配送网络结点之间的最短距离。

步骤2：计算通过共同配送模式使得各客户之间的可节约的运行距离（a+b-c）。其中，a、b分别为配送中心P到各客户的最短距离，c为两客户之间的最小距离。

步骤3：对节约里程数按大小顺序进行排列。

步骤4：组成配送路线图。

3. 讨论与评价

对各小组设计的配送方案开展讨论与评价。

四、实训测评

按表5-3所列评分标准进行测评，并做好记录。

表5-3　　实训评分标准

序号	考核内容	考核标准	配分	得分
1	概念理解	能理解节约里程法的概念和原理	20	
2	方案设计	按节约里程法设计配送方案	30	
3	方案结论	优化合理，结论正确	30	
4	方案体例	体例正确，格式规范	10	
5	回答问题	能正确回答教师提出的问题	10	
合计			100	

章节习题

一、单选题

1. 铁路运输的特点不包括（　　）。

A. 较快、较多　　B. 较贵、量大

C. 安全、可靠　　D. 灵活性差

2. 我国国内水路、陆路货物运输保险分为（　　）。

A. 基本险和综合险　　B. 基本险和附加险

C. 商业险和综合险　　D. 意外险和附加险

3. 有关国内水路、陆路货物运输保险基本险描述错误的是（　　）。

A. 因火灾、爆炸、雷电、冰雹、暴风、暴雨、洪水、地震、海啸、地陷、崖崩、滑坡、泥石流所造成的损失可由基本险赔付

B. 由于运输工具发生碰撞、搁浅、触礁、倾覆、沉没、出轨或隧道、码头坍塌所造成的损失可由基本险赔付

C. 在装货、卸货或转载时因遭受由于包装质量不善或装卸人员违反操作规程所造成的损失可由基本险赔付

D. 按国家规定或一般惯例应分摊的共同海损的费用可由基本险赔付

4. 医药商品运输的基本原则是（　　）。

A. 及时、准确、安全、高效　　B. 及时、准确、高效、经济

C. 及时、准确、经济、安全　　D. 安全、准确、高效、经济

5. OTC 甲类药品标识是（　　）。

A. 红底白字　　B. 绿底白字　　C. 黄底白字　　D. 蓝底白字

6. 麻醉药品、第一类精神药品运输证明的有效期为（　　）。

A. 1 个月　　B. 3 个月　　C. 6 个月　　D. 12 个月

7. 冷藏车厢内，药品与厢内前板距离不小于（　　）厘米，与后板、侧板、底板间距不小于（　　）厘米。

A. 10　10　　B. 5　5　　C. 10　5　　D. 5　10

8. 跨设区的市级行政区域（直辖市为跨市界）或者在国务院公安部门确定的禁毒形势严峻的重点地区跨县级行政区域运输第一类易制毒化学品的，由运出地的（　　）审批。

A. 设区的市级人民政府公安机关

B. 设区的市级人民政府药品监督管理部门

C. 县级人民政府公安机关

D. 县级人民政府药品监督管理部门

9. 委托运输记录应当至少保存（　　）年。

A. 1　　B. 3　　C. 5　　D. 7

二、简答题

1. 简述多式联运的含义及特点。
2. 简述货物运输合同的主要内容。
3. 医药商品包装要素有哪些？
4. 简述流通加工的概念及其与生产加工的区别。
5. 医药商品装卸搬运的注意事项有哪些？

单选题参考答案

1. B　2. A　3. C　4. C　5. A　6. D　7. C　8. A　9. C

第六章

医药商品冷链物流

导学情景

探秘：一支新冠病毒疫苗的物流之旅

我国作为疫苗的生产大国，不仅本国内实行“全民疫苗”制度，疫苗还出口到很多有需要的国家。这其中不仅疫苗研发生产企业功不可没，还有一个功臣必须要提——冷链物流。

那么一支新冠病毒疫苗，是如何完成冷链运输到医疗终端的呢？如何才能保证疫苗不失温呢？

首先，每支新冠病毒疫苗都有一个独一无二的条形码。在接到疫苗订单派发通知后，经过两道扫码工序确认无误后，工人需要快速地装入疫苗并封箱，然后将装有疫苗的纸箱放入冷藏箱内，盖上一块冰牌后，将一支无线温度计放入箱内，再将冷藏箱盖好。

冷藏箱一般装置两个温度计，实现“双保险”，确保温度记录真实有效。运输疫苗的过程中，可以通过云平台和手机端实时监控，查看物流运输过程中疫苗温度曲线、温湿度具体数值，还能够依靠云端数据对疫苗的整个运输过程进行温度追溯，查看哪一环节可能存在风险，从而进行评估、优化。

另外，疫苗装车前要“预冷”，减少温度变化对疫苗质量的影响，同时装车规则严谨，把整个流程的效率提升到最高，一切以保证疫苗恒温为标准。工人装车运输前，要对疫苗再次进行扫码。设备上显示出疫苗发出时间、抵达时间，最重要的是显示出每个冷藏箱的箱内温度。确保温度正常后，生成一张温度记录单，工人才能与疫苗接种点的工作人员进行交接。

新冠病毒疫苗自研发生产企业完成生产后，需要按照不同终端的使用需求，由物流企业进行物流派发与配送，而冷链物流的整个运输流程都需要按照严格的规范来操作。医药商品冷链物流的规范高速发展对保证温度敏感医药商品在流通过程中的质量至关重要。

§6－1　冷链医药商品物流概述

学习目标

1. 了解冷链物流和医药商品冷链物流的概念。
2. 了解冷链医药商品的分类及主要代表医药商品。
3. 掌握医药商品冷链物流的相关管理及规定。
4. 了解医药商品冷链物流的发展现状及趋势。

医药商品冷链物流是保证温度敏感医药商品质量的关键。与常规货物冷链相比，医药商品冷链物流更复杂且要求更高，对温度、湿度、见光度等有特定要求，是一项复杂的系统工程。医药商品安全对人民身体健康和社会稳定有着重要影响。近年来，医药商品安全事件频频发生，也反映了当前我国医药商品冷链的薄弱环节。随着医药商品市场不断发展，医药商品冷链物流发展面临诸多难题，也面临着前所未有的机遇与挑战。

一、冷链物流

1. 冷链物流的基本概念及要求

冷链指根据商品特性，使商品从生产到消费的过程中始终处于保持其品质所需温度环境的物流技术与组织系统。冷链物流是指根据商品特性，从生产到消费的过程中使商品始终处于保持其温度环境的实体流动过程。该过程以冷冻工艺学为基础、以制冷技术为手段。

《冷链物流分类与基本要求》（GB/T 28577—2021）对冷链物流设施设备、信息系统、温度控制、物品保护、质量管理、人员要求、安全管理、环境保护八个方面做出了要求，详见表6－1。

表6－1　冷链物流的基本要求

项目	具体要求
设施设备	（1）冷链物流服务提供方应在冷链物流作业的各环节配备专门的设施设备； （2）冷链设施设备应配备连续温度记录仪并定期检查和校正； （3）制冷系统应配备应急供电系统； （4）冷链设施设备应进行日常维护，保持清洁，无异味，并定期消毒，做好记录
信息系统	（1）冷链物流服务提供方应建立与服务相匹配的或满足客户要求的冷链物流信息系统； （2）信息系统应具有温度监测、信息记录、信息传递及报警等功能； （3）冷链物流服务提供方应建立和完善全程温度监测管理和环节间交接制度，实现温度全程可追溯。追溯管理要求应符合GB/T 28843的要求； （4）冷链物流各环节数据保存期限应明确要求。食品类数据保存期限不应少于保质期满后的6个月，未标明保质期的不应少于2年；医药、医疗类数据保存期限不应少于5年

续表

项目	具体要求
温度控制	（1）冷链物流服务提供方应建立冷链物流温度监测与控制制度； （2）冷链物流服务提供方应按照冷链物流温度带分类及客户要求，明确规定物品在各个物流环节的温度要求、温度测量方法、温度测量结果的记录要求，以及温度记录保存方法、保存期限等要求； （3）冷链物流服务提供方应在装载物品前，选择适宜的方法对设施设备及运输工具厢体内部进行加热或降温处理
物品保护	（1）冷链物流服务提供方应建立物品保护制度，对各个作业环节做出包括温度、清洁卫生、保质期等在内的关于物品保护的具体运作要求； （2）冷链物流服务提供方应对物品定期检查，并根据物品属性制定措施，保护物品不受潮、不损坏、不腐败、不变质、性质稳定、数量齐全、包装和防护完好等； （3）应按照物品属性进行分类、分区域码放； （4）冷链物流服务提供方应满足物品在储存和运输过程中的所需温度、湿度、气体成分等要求
质量管理	（1）冷链物流服务提供方应建立冷链物流质量管理体系相关文件，并定期开展内审和质量改进等活动； （2）冷链物流服务提供方应提前设计冷链物流活动实施方案，并对方案做出评估和决策； （3）冷链物流服务提供方应建立冷链物流应急处理预案，并定期进行演练； （4）物品交接时，应符合双方所规定的批次、数量、品类、温度记录等要求，应签署交接凭证并保存
人员要求	（1）冷链物流从业人员应持有岗位所需的有效证明； （2）冷链物流从业人员应定期进行专业培训并考核
安全管理	（1）冷链物流服务提供方应建立保障人员、冷链设施设备、物品、环境、消防等方面的安全管理制度； （2）突发公共卫生事件时，冷链物流服务提供方及时对冷链物流相关人员、物品、包装、设施设备等采取相应的预防和处置措施
环境保护	（1）冷链物流服务提供方应建立冷链物流环境保护管理措施； （2）冷链物流服务提供方宜选用对环境友好的制冷工质； （3）冷链物流服务提供方宜选用绿色、环保、节能的设施设备； （4）冷链物流服务提供方在冷链物流各环节中宜使用可循环利用或可回收材料

2. 冷链物流的分类

（1）按冷链物流温度带分类

冷链物流核心要求是全程温控，关于环境的温度要求需根据具体产品的实际需求确定，以低温为主。但在实际物流运作中并不一定需要全程制冷，比如在寒冷的冬季向东北运送产品时，为保证产品的质量，必要时也可能采取加温保暖措施，但这也属于冷链物流。常见的冷链物流按温度带可分为冷藏（C）和冷冻（F）两大类，对每一大类的细分详见表6－2。

表6－2　冷链物流温度带分类

分类	类别细分	温度带
冷藏（C）	C_1	$10\ ℃ < C_1 \leq 25\ ℃$
	C_2	$0\ ℃ < C_2 \leq 10\ ℃$
冷冻（F）	F_1	$-18\ ℃ < F_1 \leq 0\ ℃$
	F_2	$-30\ ℃ < F_2 \leq -18\ ℃$
	F_3	$-55\ ℃ < F_3 \leq -30\ ℃$
	F_4	$F_4 \leq -55\ ℃$

注：表中C是Cold的英文首字母，代表冷藏的英文缩写；表中F是Frozen的英文首字母，代表冷冻的英文缩写。
资料来源：《冷链物流分类与基本要求》（GB/T 28577—2021）。

（2）按产品分类

冷链物流按产品类别可分为以下四类：食品类冷链物流，医药、医疗类冷链物流，花卉、植物类冷链物流，其他冷链物流，详见表6－3。

表6－3　冷链物流按产品类别分类

冷链种类	冷链物流产品类别
食品类冷链物流	果蔬类、肉类、水产类、禽蛋类、乳类、粮食类及其加工制品等
医药、医疗类冷链物流	药品、医疗器械、生物样本等
花卉、植物类冷链物流	花卉、植物及其鲜切产品等
其他冷链物流	化学品、精密仪器电子产品、艺术品等

资料来源：《冷链物流分类与基本要求》（GB/T 28577—2021）。

3. 冷链物流的相关标准与规范

（1）《物流术语》（GB/T 18354—2021）

《物流术语》（GB/T 18354—2021）界定了物流活动中的物流基础术语、物流作业服务术语、物流技术与设施设备术语、物流信息术语、物流管理术语、国际物流术语及其定义。本文件适用于物流及其与物流相关领域的术语应用。

（2）《冷链物流分类与基本要求》（GB/T 28577—2021）

《冷链物流分类与基本要求》（GB/T 28577—2021）规定了冷链物流的分类，以及设施设备、信息系统、温度控制、物品保护、质量管理、人员要求、安全管理、环境保护等方面的基本要求。本文件适用于冷链物流及相关领域的管理与运作。

（3）《冷链物流信息管理要求》（GB/T 36088—2018）

《冷链物流信息管理要求》（GB/T 36088—2018）规定了冷链物流信息管理原则、信息内容和信息管理要求，适用于冷链物流各环节信息的记录与应用。

（4）《冷库设计标准》（GB 50072—2021）

《冷库设计标准》（GB 50072—2021）由住房和城乡建设部于2021年6月28日发布，原《冷库设计规范》（GB 50072—2010）同时作废。本标准规范统一了冷库设计的技术要求，指导冷库设计，达到经济合理、节能环保、安全可靠的目的。

（5）《保温车、冷藏车技术条件及试验方法》（QC/T 449—2010）

《保温车、冷藏车技术条件及试验方法》（QC/T 449—2010）是2010年12月1日实施的一项行业标准。本标准规定了保温车、冷藏车的技术要求、试验方法、检验规则和标志、使用说明书及随车文件、运输、储存。适用于采用定型汽车底盘改装的保温车、冷藏车和保温半挂车，其他型式的保温车、冷藏车亦可参照执行。

（6）《低温仓储作业规范》（GB/T 31078—2014）

《低温仓储作业规范》（GB/T 31078—2014）规定了低温仓储的入库作业、储存作业、出库作业、环境控制、安全控制及信息处理的要求，适用于公共低温仓库的仓储作业活动，自营低温仓库的仓储作业活动可参照执行。本标准不适用于人工调控气体成分的低温仓库、仓储作业自动化的低温仓库、储存危险品或有毒有害物品的低温仓库，以及国家相关部门有特殊要求的低温仓库的仓储作业活动。

学以致用

现需了解冷库的设计要求，请问该查阅哪个标准？

答：《冷库设计标准》（GB 50072—2021）。

二、医药商品冷链物流

1. 医药商品冷链物流的基本概念及要求

医药商品冷链物流是指采用专用设施设备，按照已批准的注册证以及说明书和标签标示的温度控制要求，保证医药商品从生产到使用的过程中温度始终控制在规定范围内的物流过程。

《药品冷链物流运作规范》（GB/T 28842—2021）主要从总体要求、人员与培训、设施设备与验证管理、温度监测与控制等四个方面做了要求，详见表 6-4。

表 6-4　医药商品冷链物流的要求

项目	具体要求
总体要求	（1）应具有相适应的管理及作业人员，人员应经过相应的培训； （2）应具有相适应的温度控制设施设备，设施设备应验证； （3）应具有温度监测系统，对物流作业全过程温度进行监测和记录，温度数据可追溯； （4）应制定药品冷链物流质量管理体系文件； （5）应制定应急管理制度并实施； （6）应建立内审制度，依据结论制定相应改进措施； （7）药品冷链物流作业过程中的各类原始记录和凭证应至少保存 5 年，纸质记录应清晰可见，防止褪色，电子数据和记录应做异地备份
人员与培训	（1）应设置质量管理部门，并配备专职质量管理人员； （2）应对直接接触药品的人员进行岗前及年度健康检查，并建立健康档案； （3）应制定年度培训计划，按计划开展培训，做好培训记录，并对培训进行评估； （4）培训内容应包括但不限于相关法律法规、专业知识、岗位操作规程、安全防护、应急演练等，冷链物流从业人员经考核合格后方可上岗
设施设备与验证管理	（1）应具有与药品品种和经营规模相适应的冷库、冷藏车、冷藏箱、保温箱或其他温度控制的专用设施设备； （2）温控设施设备性能确认应符合 GB/T 34399 的要求，并在验证结果支持的范围内进行使用； （3）冷库应配有断电报警器、备用发电机组或双回路电源。备用发电机组应定期检查维护，至少每月进行一次启动运行测试，并做好记录； （4）冷藏车应符合 WB/T 1104 的规定和要求； （5）保温箱应符合 WB/T 1097 的规定和要求； （6）应在年度周期内对不同型号的在用冷藏车和冷藏箱、保温箱进行极端温度环境条件验证，在确保一致性的前提下，同型号同批次的在用冷藏车和冷藏箱、保温箱的验证可根据企业的实际情况进行合理优化； （7）应建立验证控制文件，文件内容包括但不限于验证计划、验证方案、验证报告、变更控制、偏差处理等，验证控制文件应按规定保存； （8）当物流作业过程中温度超过预警温度时，温度自动监测系统应当实时发出报警

续表

项目	具体要求
温度监测与控制	（1）冷链物流作业操作出现温度偏差时，应通报本企业质量管理部门，按照质量管理体系文件的要求进行偏差处理； （2）应实时监控温度，温度监测数据应可读取且存档，每日异地备份，备份数据存放场所应当确保安全

2. 冷链医药商品分类

（1）按医药商品对环境温度的要求

根据《中华人民共和国药典（2020 年版）》中药品标准“贮藏”项下的规定可分为冷藏药品和冷冻药品，详见表 6－5。

表 6－5　按医药商品对环境温度的要求分类

类别	对环境温度的要求
冷藏医药商品	需在冷处（2～10 ℃）贮藏、保管与运输
冷冻医药商品	需在 0 ℃以下贮藏运输

（2）需要冷链物流的典型医药商品

根据《中华人民共和国药典（2020 年版）》的规定，需要冷链物流的医药商品主要包括疫苗、血液制品、细胞因子等生物制品，部分抗生素、抗肿瘤药物、眼用制剂等也属于冷链医药商品。典型代表医药商品见表 6－6。

表 6－6　需要冷链物流的典型代表医药商品

类别	典型医药商品	保存运输条件
预防类	新型冠状病毒灭活疫苗（Vero 细胞）	2～8 ℃避光保存和运输
治疗类	抗狂犬病血清	2～8 ℃避光保存和运输
	注射用牛肺表面活性剂	－10 ℃以下保存
	司莫司汀胶囊	－10 ℃以下保存
体内诊断类	结核菌素纯蛋白衍生物	2～8 ℃避光保存和运输
体外诊断类	抗 A 抗 B 血型定型试剂	2～8 ℃避光保存

3. 医药商品冷链物流的管理与规定

（1）《药品流通监督管理办法》

《药品流通监督管理办法》根据《中华人民共和国药品管理法》《中华人民共和国药品管理法实施条例》和相关法律、法规的规定而制定，自 2007 年 5 月 1 日起施行。

本办法第十九条规定，药品说明书要求低温、冷藏储存的药品，药品生产、经营企业应当按照有关规定，使用低温、冷藏设施设备运输和储存。

本办法第二十六条规定，医疗机构储存药品，应当制订和执行有关药品保管、养护的制度，并采取必要的冷藏、防冻、防潮、避光、通风、防火、防虫、防鼠等措施，保证药品质量。医疗机构应当将药品与非药品分开存放；中药材、中药饮片、化学药品、中成药应分别储存、分类存放。

（2）《药品经营质量管理规范》

《药品经营质量管理规范》根据《中华人民共和国药品管理法》《中华人民共和国药品管理法实施条例》制定，是药品经营管理和质量控制的基本准则。

（3）《药品冷链物流运作规范》（GB/T 28842—2021）

《药品冷链物流运作规范》（GB/T 28842—2021）规定了药品冷链物流过程中的总体要求、人员与培训、设施设备与验证管理、温度监测与控制、物流作业、应急管理以及内审与改进等方面的要求，适用于药品冷链物流服务与管理。

（4）《医药产品冷链物流温控设施设备验证　性能确认技术规范》（GB/T 34399—2017）

《医药产品冷链物流温控设施设备验证　性能确认技术规范》（GB/T 34399—2017）规定了医药产品冷链物流涉及的温控仓库、温控车辆、冷藏箱、保温箱及温度监测系统性能确认的内容、要求和操作要点，适用于医药产品储存运输过程中涉及的温控仓库、温控车辆、冷藏箱、保温箱及温度监测系统的性能确认等活动。

（5）《药品冷链保温箱通用规范》（WB/T 1097—2018）

《药品冷链保温箱通用规范》（WB/T 1097—2018）规定了药品冷链保温箱的技术要求、试验方法、检验规则和标志，适用于冷藏药品运输、暂存和流通加工中所使用的冷链保温箱。

（6）《道路运输　医药产品冷藏车功能配置要求》（WB/T 1104—2020）

《道路运输　医药产品冷藏车功能配置要求》（WB/T 1104—2020）规定了医药产品冷藏车的分类、功能配置要求，适用于道路运输医药产品冷藏车的选型。

三、医药商品冷链物流的发展

1. 我国医药商品冷链物流存在的主要问题

（1）监管标准不统一

首先，在规范层面，《药品流通监督管理办法》《药品经营质量管理规范》等虽然对医药商品冷链物流活动的标准有明确的管理规定，但各省市的解读有所不同，各省、市、行业、企业制定的相关规范标准与国家标准间在内容方面存在差异，标准之间衔接不足。其次，在执行层面，因冷链运输过程中没有明确的责任归属，为了节约成本，很多企业“打擦边球”，多数标准被用作上级部门的检查依据，没有起到监管冷链运输的作用，温度不达标、不符合运输规范、使用不合格冷藏车的现象屡见不鲜，无法保障医药商品的质量。

（2）技术、设施落后

冷链物流技术如射频识别技术、冷藏车运输技术等是保证医药商品始终保持低温的关键要素。在《药品经营质量管理规范》实施后，冷链物流技术在医药商品物流的应用水平有所提高，但与国外先进冷链物流技术还有较大差距，一是由于投入费用高，使用新的冷链物流技术的企业少；二是由于物流信息和硬件的兼容性限制，医药商品在各流通节点并没有实现完全联网，难以实现信息共享，无法对医药商品温度进行实时监控，妨碍了企业间信息共享和协作。

冷链物流设备设施是保证医药商品始终保持低温的实物保证，其中冷藏车和冷库保有量最能反映医药商品冷链物流硬件水平。我国冷藏车保有量远低于美国、日本等发达国家水平。此外，我国冷库布局不平衡，东南部保有量大，西北部保有量小（63%分布在东南部，18%分布在中部，西部只有19%）；并且，新建冷库中，东南部和西部分别为24%和17%，在建的冷库中东南部和中西部分别为75%和25%，冷库建设速度差距十分明显。

（3）结构体系不完善

我国医药商品冷链物流行业正处于起步阶段，规模小、布局有待改善，医药行业上下游缺乏整体规划，使得医药商品冷链物流流通效率低下，结构体系一体化难以在短时间内形成。此外，制药企业与医疗机构分管于不同的部门，这种分段监管模式存在很大弊病。

2. 我国医药商品冷链物流的规范化建设

（1）完善医药商品冷链物流体系

建立医药商品冷链运输网络是一项系统工程。医药商品冷链运输是医药商品冷链物流的一个关键环节，必须置身于冷链物流系统中去考虑。建立一个能满足生产企业、流通企业、消费者三方需求的一体化冷链物流模式，建立医药商品冷链物流一体化服务平台，把医药商品生产企业、批发企业、零售企业、医药商品冷库、医院药房、防疫站药房、卫生所药房等联合起来，统一配送医药商品。

（2）发展医药商品冷链物流第三方物流

鉴于冷链医药商品对物流运输的特殊要求，要想实现多方位、门到门的配送服务，把医药商品辐射到全国，需要依靠多家企业共同实现。把第三方物流引入医药商品冷链物流领域，借助冷链运输的专业服务，可以节约大量的人力、物力和财力，缩短工作时间，简化物流流程，突破企业医药商品冷链物流的发展瓶颈。

（3）完善标准，搭建平台

首先，出台医药商品冷链运输管理与操作规范，尤其是强调利用信息系统对冷链运输温湿度全流程的监管，实现数据的动态实时上传，全国多平台、多部门、多企业联网实现数据共享。以建立标准推动平台建设，推动整个社会医药商品冷链物流企业行业信息共享，统一建立医药商品冷链物流信息平台，建立医药商品冷链物流运输联盟，实现冷链医药商品的共同配送，提高作业效率，降低企业成本。

其次，将医药商品冷链运输管理水平与企业的经营范围挂钩。规定只有冷链运输资格认证的企业，才允许从事医药商品冷链运输与配送业务，并将这一内容纳入各省基本医药商品配送企业选择评分项中。

3. 我国医药商品冷链物流行业的人才需求

（1）建立医药商品冷链物流人才数据库

医药商品冷链物流是一个跨行业、多部门有机结合的整体，必须协调好从生产、储存、运输到销售各个环节的冷链作业管理。当前我国医药商品冷链物流行业缺乏具有全局观念和整体意识的管理人员，要促进医药商品冷链物流行业的快速发展，适应国际冷链物流市场竞争的需要，必须建立中国特色医药商品冷链物流人才数据库。通过校企合作、工学结合等方式，注重理论与实践相结合，以培养掌握冷链技术、供应链物流知识，以及药学、生物、物理、化学等多学科知识的真正高素质、高技能及适应能力强的专业医药商品冷链物流人才。

（2）加大专业人才引进培养力度

一方面，企业应加大对专业人才的引进力度，通过校企合作和社会招聘等方式，将专业人才吸入企业的发展计划中。另一方面，企业现有从业人员也是企业宝贵的财富。企业可制定专业医药商品冷链物流人才培养政策，完善内部培训机制，加大对从业人员的培训，充分利用现有人力资源，帮助员工实现个人的发展，助力企业发展，推动行业发展。

§6－2　冷链设施、设备及要求

学习目标

1. 了解冷链储存设施设备的工作要求。
2. 了解冷链运输设施设备的工作要求。
3. 掌握冷链温湿度监控技术。
4. 了解冷链温湿度监控的控制要求。

温湿度控制是保证冷链医药商品质量的基本条件，而冷链物流设施设备的正常工作运转是实现温湿度控制的关键。医药商品冷链物流设施设备主要包括建筑设施、设备器具、控制与信息系统等，涵盖储存与运输两方面，涉及冷库、冰箱、冷藏车、冷藏箱、温湿度监测系统等，本节主要对其概念及验证项目内容、要求、操作要点进行介绍。

一、冷链储存设施设备

1. 冷库

（1）概念

冷库指采用人工制冷降温并具有保冷功能的仓储建筑，包括库房、制冷机房、变配电间等，其中库房指冷库建筑物主体及为其配套的楼梯间、电梯间、穿堂等附属房间，制冷机房指安装制冷压缩机组和制冷辅助设备的房间。

（2）验证项目及要求

根据《医药产品冷链物流温控设施设备验证　性能确认技术规范》（GB/T 34399—2017）及《药品经营质量管理规范》的规定，冷库验证项目及工作要求详见表6－7。

表 6-7　　冷库验证项目及要求

验证项目	工作要求
库房存储空间温度的偏差、均匀度和波动度确认（温度分布测试）	库房空调或制冷系统在既定运行条件下，空载和满载温度分布测试结果应证明温度控制在规定范围内：温度偏差、均匀度、波动度不高于 ±3 ℃
温度自动监测系统测点终端的准确度测试	温度自动监测系统测点终端与验证用温度记录仪的差值应在 ±1.0 ℃以内（冷冻库差值应在 ±2 ℃以内）
温度监测系统配置的测点终端安装位置确认	应确定冷点和热点并在冷、热点设置温度自动监测系统测定终端
温控设施设备运行参数及使用状况测试	应对温度记录仪定期进行校准或检定：测量范围在 0～40 ℃之间，温度的最大允许误差为 ±0.5 ℃；测量范围在 -25～0 ℃之间，温度的最大允许误差为 ±1.0 ℃
开门作业对库房温度分布的影响	应证明导致任一测点超温的最短开门时间值大于规定值
确定设备故障或外部供电中断的状况下库房保温性能及变化趋势	应证明设备故障或外部供电终端情况下保温时限值大于规定值
冬季、夏季极端环境温度条件下的温度保障能力确认	冬季、夏季极端环境温度条件下仓储设施的温度控制符合前述要求

（3）冷库验证的操作要点

1）温度分布测试的布点原则：在仓库内一次性同步布点，确保各测点采集数据的同步、有效；每个库房中均匀性布点数量不应少于 9 个，仓间各角及中心位置均应布置测点，每两个测点的水平间距不应大于 5 米，垂直间距不应超过 2 米；库房每个作业出入口及风机出风口区域至少布置 5 个测点，库房中每组货架或建筑结构的风向死角位置至少应布置 3 个测点；特殊区域应布设温度监测点，包括空调或制冷设备回风位置、温度自动监测系统测点终端安装位置和门、窗、灯等位置；温度监测点均应布设在货位上或货物可能存放的位置。

2）应绘制测点分布示意图，标明各测点序号，并注明各序号对应的测试用温度记录仪编号。

3）放置于温度自动监测系统测点终端位置的验证用温度记录仪应尽可能靠近传感器以获得客观的数据。

4）开门测试应确保库门全开，如有多个库门应逐一测试（即库内温度恢复正常稳定后再进行下一库门的测试）；判断超温时限以验证用温度记录仪的读数和温度监测系统的超温报警提示为依据（以先到达者为准）。

5）对于设备故障或断电保温测试，由于超温风险较高，可考察设备停运后，变化最快测点的温度接近温控限度的时长（如由 5 ℃升高至 7 ℃的时长），据此推断超温时限，作为性能确认结果。

6）设置多个测点的位置（如出风口、死角等）应覆盖相应的区域边界和中点（如送风夹角的两边和中线）。

7）满载测试使用模拟物的装载情况应尽量接近库房使用时货物的存储状态，以获得具可比性的库内气流分布状态。

8）当出现以下情况时，应进行空载及满载性能确认：库房初次使用前；库房改造后再次使用前；库房停用超过确定的最大时限再启用前。

9）定期验证时应进行满载性能确认，满载条件为库容率高于70%。

10）在库房空调或制冷系统温度控制参数符合设定要求、库房温度符合设定范围后，数据有效持续采集时间不应少于48小时。

11）性能确认数据采集的间隔时间不应大于5分钟。

2. 冰箱

（1）概念

冰箱又称冷柜，恰如小型的冷库，验证项目、工作要求及操作要点与冷库一致。根据冰箱的使用性质可将其分为三类（见表6－8）。医药行业常用的冰箱为商用冷柜，包括医药商品冷藏柜和医药商品阴凉柜，多用于药店和医院存储整件拆零的医药商品。一般大中规模药店选择三门阴凉柜或双门阴凉柜，小规模药店选择单开门（360 L或160 L）阴凉柜。

表6－8　冰箱的种类

分类	特点
商用冷柜	带有制冷系统，可陈列、储存冷藏和冷冻食品、药品，并使存放的物品温度保持在规定的温度范围内的冷柜
冷藏陈列柜	带有制冷系统，可存放、陈列冷藏和冷冻食品，并使存放的食品温度保持在规定的温度范围内的陈列柜
制冷储藏柜	带有制冷系统，可存放冷藏和冷冻食品，并使存放的食品温度保持在规定的温度范围内的储藏柜

（2）工作要求

医药商品阴凉柜的温度要求为8～18 ℃，医药商品冷藏柜的温度要求为2～8 ℃，两者相对湿度要求均为35%～75%。所有的冰箱供电要有保障并具有调节温度的功能。冰箱内要放置温湿度计或温湿度自动记录仪，每天应定时做好温湿度监测和记录，发现异常及时处理。冰箱内医药商品摆放要注意间距合理，便于冷气流通。

二、冷链运输设施设备

1. 冷藏车

（1）概念

冷藏车泛指具有冷源和隔热车体的运输车辆，是用来运输冷冻或保鲜货物的封闭式厢式运输车，是运送冷链医药商品的主要运输设备。

（2）验证项目及要求

根据《医药产品冷链物流温控设施设备验证　性能确认技术规范》（GB/T 34399—2017）及《药品经营质量管理规范》的规定，冷藏车验证的项目及工作要求详见表6－9。

表 6-9　　冷藏车验证项目及要求

验证项目	工作要求
车厢内存储空间温度的偏差、均匀度和波动度确认（温度分布测试）	车辆空调或制冷系统在既定运行条件下，空载和满载温度分布测试结果应证明温度控制在规定范围内：温度偏差、均匀度、波动度不高于 ±3 ℃
温度自动监测系统测点终端的准确度确认	温度自动监测系统测点终端与验证用温度记录仪的差值应在 ±1.0 ℃以内（冷冻运输差值应在 ±2 ℃以内）
温度监测系统配置的温度监测点位置确认	确定冷点和热点并在冷、热点设置温度自动监测系统测定终端
温控设施运行参数及使用状况测试	应对温度记录仪定期进行校准或检定：测量范围在 0～40 ℃之间，温度的最大允许误差为 ±0.5 ℃；测量范围在 -25～0 ℃之间，温度的最大允许误差为 ±1.0 ℃
开门作业对车厢内温度分布的影响	应证明导致任一测点超温的最短开门时间值大于规定值
确定设备故障或外部供电中断的状况下车厢保温性能及变化趋势	应证明空调或制冷设备故障情况下的保温时限值大于规定值
测试系统在冬季、夏季极端环境温度条件下的运行情况	冬季、夏季极端环境温度条件下车辆的温度控制符合前述要求

（3）冷藏车验证的操作要点

1）温度分布测试的布点原则：在车厢内一次性同步布点，确保各测点采集数据的同步、有效；每个冷藏车厢体内测点数量不应少于 9 个，每增加 20 m^3 增加 9 个测点，不足 20 m^3 的按 20 m^3 计算，均匀分布，通常根据车辆的长度和有效容积分 2 层或 3 层布置；特殊区域应布设温度监测点，包括空调或制冷设备送风、回风位置、温度自动监测系统测点终端安装位置、门及可能的送风死角等位置；温度监测点均应布设在货物可能存放的位置。

2）应绘制测点分布示意图，标明各测点序号，并注明各序号对应的测试用温度记录仪编号。

3）放置于温度自动监测系统测点终端位置的验证用温度记录仪应尽可能靠近传感器以获得客观的数据。

4）开门测试应确保车门全开，安装有风幕机的车辆应同时开启；判断超温时限以验证用温度记录仪的读数和温度监测系统的超温报警提示为依据（以先到达者为准）。

5）以停机后车厢内最先达到温控限度的测点所经历的时长作为空调或制冷设备故障情况下的保温时限。

6）应设置多个测点的位置（如出风口、死角等），测点设置范围应覆盖相应的区域边界和中点（如送风夹角的两边和中线）。

7）满载测试使用模拟物的装载情况，应尽量接近车辆使用时货物的存储状态，以获得具可比性的车厢内气流分布状态。

8）当出现以下情况时，应进行空载及满载性能确认：冷藏车初次使用前；冷藏车改造后再次使用前；冷藏车停用超过确定的最大时限再启用前。

9）定期验证时应进行满载性能确认，满载条件为库容率高于70%。

10）在冷藏车达到规定的温度并运行稳定后，数据有效持续采集时间应根据车辆最长运输时间确定，应不少于5小时。

11）验证数据采集的间隔时间不应大于5分钟。

2. 冷藏箱

（1）概念

冷藏箱的全称为医药商品冷链保温箱，指在冷藏医药商品运输中，用于装载冷藏医药商品并控制和监测其在物流过程温度的蓄冷式箱的统称，主要由箱体、温度监测设备、冷热媒（蓄冷剂）三部分组成。

（2）验证项目及要求

根据《医药产品冷链物流温控设施设备验证　性能确认技术规范》（GB/T 34399—2017）及《药品经营质量管理规范》的规定，冷藏箱验证的项目及工作要求详见表6－10。

表6－10　冷藏箱验证项目及要求

验证项目	工作要求
箱内温度分布特性的测试与分析，分析箱体内温度变化及趋势	测试条件下冷藏箱内部各监测点温度均控制在规定的范围内
蓄冷剂配备使用的条件测试	蓄冷剂配备使用条件符合相应操作规程的要求
温度自动监测系统测点终端或温度记录仪放置位置确认	温度自动监测系统测点终端或温度记录仪放置位置应确保设备采集温度符合医药产品存放处的实际温度
开箱作业对箱内温度分布及变化的影响	应证明开箱作业导致箱内温度超标的最短时间值大于规定值
运输最长时限验证	应证明保温时限满足最长运输时间需求
高温或低温等极端外部环境条件下的保温效果评估	高温或低温等极端外部环境条件下均能满足上述要求

（3）冷藏箱验证的操作要点

1）静态模拟性能确认

①根据冷藏箱的适用范围、实际运输线路和不同季节的温度特性，以及极端条件出现的概率，设定静态模拟运输温度验证条件，包括药品运输经历阶段、各阶段温度及持续时间等。

②每一种冷藏箱包装方式均应按照其对应的使用温度条件进行静态模拟性能确认。

③冷藏箱内蓄冷剂配备方式，应按照设备的操作规程进行预处理和配置，并详细记录操作过程和温度测量结果。

④冷藏箱应放置模拟物品，其热容特性应与该包装箱运输药品总量的热容特性基本一致。

⑤冷藏箱内至少放置5个温度记录仪，分别位于模拟药品的上、下、相邻两侧、几何中心等位置（除几何中心外，温度记录仪应放置于各面中心位置）。实际应用时放置温度记录

仪的位置应放置测试记录仪。验证数据采集的间隔时间不应大于 5 分钟。

⑥静态模拟性能确认时间不应少于该包装箱实际使用的最长时间。

⑦在测试时间的中段开箱取出模拟物上部的保温材料和蓄冷剂，记录各测点的温度变化情况。

2）动态实际线路性能确认

①根据冷藏箱的适用范围、实际运输线路和不同季节的温度特性，以及极端条件出现的概率，选择动态验证线路。该线路至少涵盖最长运输时间或最苛刻温度条件。

②冷藏箱内蓄冷剂配备方式，应按照设备的操作规程进行预处理和配置，并详细记录操作过程和温度测量结果。

③至少进行冬、夏、春（或秋）三种季节类型的实际线路性能确认。

④冷藏箱内应放置模拟物品，其热容特性应与该包装箱运输药品总量的热容特性基本一致。

⑤冷藏箱内至少放置 5 个温度记录仪，分别位于模拟药品的上、下、相邻两侧、几何中心等位置（除几何中心外，温度记录仪应放置于各面中心位置）。实际应用时放置温度记录仪的位置应放置测试记录仪。验证数据采集的间隔时间不应大于 5 分钟。

学以致用

同学们，请总结分析冷库、冷藏车、冷藏箱验证项目内容的异同。

答：冷库与冷藏车的验证项目相对统一。冷藏箱的验证项目较为特殊，涉及蓄冷剂及运输最长时限验证。

三、温湿度监测设施设备

1. 温湿度监测技术

当前行业中比较流行的是通过射频识别技术对全程冷链进行温湿度管理。通过将内嵌温湿度传感器的射频识别技术标签置于冷藏箱中，将货物信息及采集的温湿度实时储存在射频识别技术标签中。货物到达后利用射频识别技术读写装置批量读取货物及温湿度信息，系统会自动生成整个运输储存链中温湿度变化静态图，可以实现全程的温湿度信息瞬时获取，实现在途信息查询、实时温湿度监控和地理位置跟踪的自动化操作。

2. 温湿度记录仪

目前市面上大规模使用的是 GPRS 无线温湿度记录仪。该记录仪的外壳依据空气流动学原理设计，可以实时监控温湿度变化，传感器响应迅速、精密度高、可靠性强。并且，该记录仪利用 GPRS 无线网络进行远程数据传输，无须现场布线，使用方便且不受距离的限制，数据传输过程稳定性高。工作人员通过计算机智能分析软件可以将所记录的数值输出为图文表，便于分析管理。

GPRS 无线温湿度记录仪具有超限报警功能，当温湿度超过设定的上、下限时，记录仪自带的报警器能及时作出响应，产生异响并向相关人员的手机发送报警信息，提醒工作人员及时调节冷藏车环境中的温湿度。

3. 温湿度自动监测系统

（1）概念

温湿度自动监测系统指能对环境多点温湿度进行实时监测，并将数据传到计算机系统上进行数据存储与分析、输出打印，在温湿度超限时或设备出现异常时能自动报警的系统。该系统一般由温湿度传感器、数字变送器、通信总线和嵌入版触摸屏及上位机管理软件四部分组成。

（2）验证项目及要求

根据《医药产品冷链物流温控设施设备验证　性能确认技术规范》（GB/T 34399—2017）及《药品经营质量管理规范》的规定，温湿度自动监测系统验证的项目及工作要求详见表 6－11。

表 6－11　温湿度自动监测系统验证项目及要求

验证项目	工作要求
温湿度数据的采集、传送、存储以及报警功能符合要求	①系统应至少每隔 1 分钟更新一次测点温度数据； ②数据传送及时、完整； ③记录内容包括温度值、日期、时间、测点位置、库区或运输工具类别； ④在药品储存过程中至少每隔 30 分钟自动记录一次实时温湿度数据，在运输过程中至少每隔 5 分钟自动记录一次实时温湿度数据； ⑤当监测的温湿度值超出规定范围时，系统应当至少每隔 2 分钟记录一次实时温湿度数据，当监测的温湿度达到设定的临界值或者超出规定范围，系统应当能够实现就地和指定地点进行声光报警，同时采用短信通信的方式，向至少 3 名指定人员发出报警信息； ⑥测量终端采集的数据通过网络自动传送到管理主机，进行处理和记录，并采用可靠的方式进行数据保存，确保不丢失和不被改动
监测设备的测量范围和准确度符合要求	①测量范围在 0～40 ℃之间，温度的最大允许误差为 ±0.5 ℃；测量范围在 －25～0 ℃之间，温度的最大允许误差为 ±1.0 ℃； ②应自行对湿度进行确认，相对湿度的最大允许误差为 ±5% 相对湿度
测点终端安装数量及位置符合要求	①每一独立的药品库房或仓间至少按照 2 个测点终端，并均匀分布； ②平面仓库面积在 100 m^2 以下的，至少安装 2 个测点终端；100 m^2 以上的，每增加 100 m^2 至少增加 1 个测点终端，不足 100 m^2 的按 100 m^2 计算； ③高架仓库或全自动立体仓库的货架层高在 4.5～8 m 之间的，每 100 m^2 面积至少安装 4 个测点终端，每增加 100 m^2 至少增加 2 个测点终端，并均匀分布在货架上、下位置；货架层高在 8 m 以上的，每 100 m^2 面积至少安装 6 个测点终端，每增加 100 m^2 至少增加 3 个测点终端，并均匀分布在货架的上、中、下位置，不足 100 m^2 的按 100 m^2 计算； ④高架仓库或全自动立体仓库上层测点终端安装的位置，不应低于最上层货架存放药品的最高位置； ⑤每台独立的冷藏、冷冻药品运输车辆或车厢，安装的测点终端数量不应少于 2 个； ⑥车厢容积超过 20 m^3 的，每增加 20 m^3 至少增加 1 个测点终端，不足 20 m^3 的按 20 m^3 计算； ⑦每台冷藏箱或保温箱应当至少配置一个测点终端，测点终端应当牢固安装在经过确认的合理位置，避免储运作业及人员活动对监测设备造成影响或损坏，其安装位置不应随意变动

续表

验证项目	工作要求
系统与温度调控设施无联动状态的确认	控制系统与监测系统分别使用独立的传感器、控制主机、报警器和运行软件
系统在断电、计算机关机状态下可保证实时数据监测、记录、报警、传送功能正常，符合要求	①系统在断电、计算机关机状态下可不间断地采集、记录温度数据并可实现声光报警和短信报警功能； ②当发生供电中断的情况时，系统应当采用短信通信的方式，向至少 3 名指定人员发出报警信息
应可防止用户修改、删除、反向导入数据	系统操作员与管理员应凭不同密码登录系统；无法修改、删除及反向导入数据

（3）温度监测系统验证的操作要点

1）应至少导出三个不同时间段的温度数据进行核查确认；

2）应利用人体或其他热源改变测点终端的温度触发报警，确认报警功能是否符合要求；

3）应人为制造系统故障以判断故障报警功能是否正常；

4）应核查生产厂家提供的测点终端合格证明资料或定期校验资料以确认其准确度，在进行相应库房或车辆的性能确认时应同时进行测点终端的准确度确认；

5）应检查是否在另一台独立的计算机或存储设备按日备份数据；

6）应检查不间断电源容量，确认其可为整个监测系统供电，断电情况下可实现数据采集、存储、报警等全部功能。

【知识链接】

湖南长发丰源医药有限公司因存在温湿度监测问题而被处罚

2016 年湖南省食品药品监督管理局对 14 家药品批发企业飞行检查发现，湖南长发丰源医药有限公司存在企业温湿度监测系统和测点终端在温湿度超标时不能进行报警、企业计算机系统存在功能缺陷、企业温湿度监测系统验证报告不符合《药品经营质量管理规范》相关附录规定等问题，被依法收回相关证书。

§6－3　批发企业冷链医药商品流程管理

学习目标

1. 掌握医药商品批发企业中冷链医药商品管理涉及的部门架构及岗位设置。
2. 简述冷链医药商品在医药商品批发企业中的流转过程。

3. 掌握冷链医药商品的入库、在库、出库作业。
4. 了解冷链医药商品运输作业的规范及要求。

冷链医药商品在医药商品批发企业中要经过采购作业、入库作业、在库作业、出库作业、运输作业五个环节，其中采购作业与普通医药商品的采购一致。在入库作业、在库作业、出库作业、运输作业四个作业环节中如果操作不规范或者温湿度控制有偏差，将对医药商品质量造成重要影响。因此在整个冷链医药商品作业过程中，必须控制好温湿度，做好规范操作，使冷链医药商品物流成为一个闭合的整体管理过程。

一、机构与人员

1. 组织机构

药品批发企业的常见部门架构如图6－1所示，其中涉及冷链医药商品物流业务的公司可单独设计组织冷链部，也可将各个部门符合要求的员工单独设为冷链医药商品操作人员。

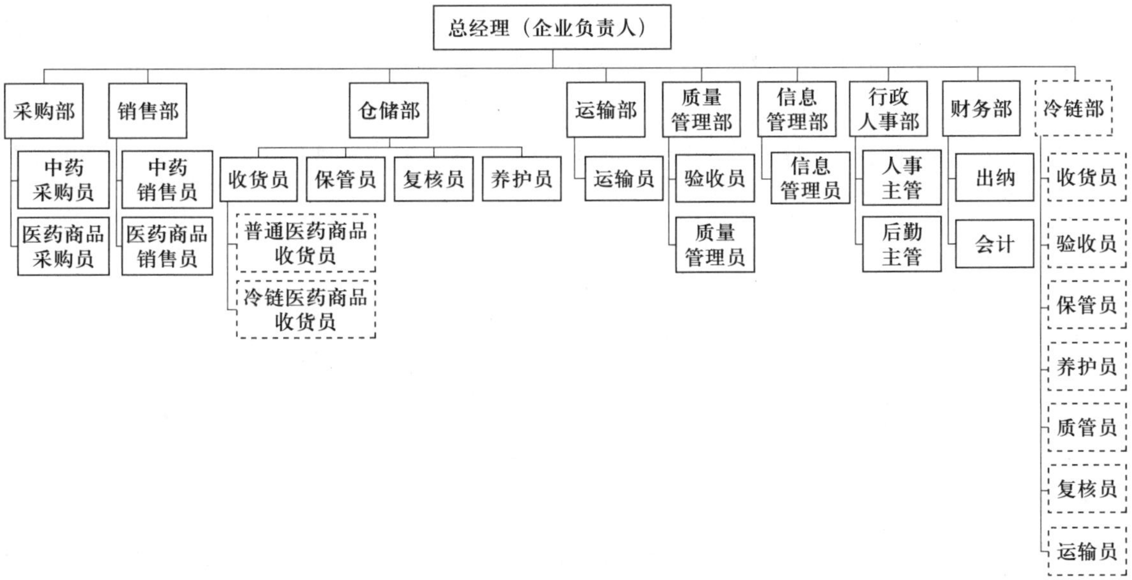

图6－1　药品批发企业组织架构图

2. 岗位设置

单独组织设置冷链部时，常设置收货员、验收员、保管员、养护员、质管员、复核员、运输员等岗位，专职从事与冷链医药商品相关的业务。以上岗位的工作人员应接受相关法律法规、专业知识、标准操作规程的培训，经考核合格后上岗。

二、流程及管理

1. 冷链医药商品入库作业

冷链医药商品到货时，冷链医药商品收货要先于普通医药商品，收货员需在最短时间内完成冷链医药商品的收货，其间不得离开现场。除普通医药商品的收货验收流程外，在收货过程中，首先要检查车辆状况，应检查是否使用符合规定的冷藏车、冷藏箱等冷藏设施设备运输医药商品，未按规定使用冷藏设施设备运输的不得收货；其次应核查其到货时的温度数据，符合条件的搬至冷链医药商品的收货区，核查在途运输时限、运输全程温度等质量控制状况，符合条件的在冷链交接运输单及在途温度记录表上签名并填写日期时间，不符合温度要求的应拒收，将医药商品暂时存放于相应温度区域，报质管部门处理。验收过程与普通医药商品的验收流程一致。

对销后退回的冷链医药商品，应确认退货方提供的温度控制说明文件和售出期间的温度控制记录，确认符合条件的方可收货；不符合条件或不能提供文件的应拒收，并报质管部门处理。

冷链医药商品的收货区应设置在符合药品说明书规定的储存温度环境或符合验证要求的缓冲区；验收区应设置在符合药品说明书规定的储存温度环境内。

2. 冷链医药商品在库作业

冷链医药商品在库时企业应当根据冷链医药商品的质量特性对医药商品进行储存，包装上标示有温度要求的根据包装标示进行储存；包装上没有标示具体温度的，根据《中华人民共和国药典（2020 年版）》的规定进行储存。储存药品的相对湿度为 35% ~75% 。

冷链医药商品储存时应按批号堆垛，堆放时应注意距离，详见表 6 - 12。高于冷风机出风口的位置不应堆放冷链医药商品。

表 6 - 12　　堆垛距离要求

项目	距离要求
跺间距	≥5 cm
与仓间墙、顶、温湿度调控设备及管道的设备间距	≥30 cm
与地面、柱的间距	≥10 cm
与冷库内制冷机组出风口间距	≥100 cm

在库冷链医药商品应按质量状态实行色标管理，合格区为绿色，待确定区为黄色，不合格区为红色。企业应安排专人负责在库冷链医药商品的养护检查。当医药商品储存条件超限时，应采取有效措施进行调控，减少温湿度超标对医药商品质量的影响；当发现冷链医药商品质量出现异常时，应对其进行隔离，并在计算机系统中锁定，暂停发货，联系质管部门处理。

当冷库内出现温湿度异常时，应检查设施设备情况，如出现故障应按照冷链医药商品储存应急预案处理。

3. 冷链医药商品出库作业

冷库医药商品的出库作业包括拣货、拆零、拼箱、复核、装箱、封箱、包装等环节，所有环节均应在冷库内完成。与普通医药商品出库作业相比，冷链医药商品出库作业中额外增加的包装过程是保证冷链运输质量的基础。

在实际工作过程中，企业应根据冷藏箱、保温箱的验证报告，提前将其预冷至所需温度，并选择合适数量及温度的蓄冷剂，如冰排等。在装箱过程中，应使用隔热装置将医药商品与蓄冷剂隔离，不得直接接触，避免对医药商品质量产生影响。

医药商品装箱后，应启动冷藏箱的动力电源和温度监测设备。待设备运行正常并达到运输医药商品包装的温度后将箱体密闭，等待运输。

学以致用

小甲在学完冷链医药商品出库作业后，认为在进行冷链医药商品出库作业时，为更好地保证冷链医药商品的在途温度，延长保温时限，放置的冰排越多越好。同学们，请问小甲的这个想法对吗？

答：在冷链医药商品出库作业的包装环节，企业应根据冷藏箱、保温箱的验证报告选择合适的蓄冷剂，比如冰排的数量、大小、是否需要释冷等，所有的操作都要依据验证报告进行，不得随意操作。放置的冰排过多有可能造成冷藏箱内温度过低、占据医药商品摆放空间、资源浪费等问题。

4. 冷链医药商品运输作业

医药商品品种、医药商品数量、运输距离、运输时间、温度要求、外部环境等是确定合适的运输工具和温控方式的关键因素。企业在运输冷链医药商品时，可综合考虑上述因素，根据最快速、直达客户、全程保持冷链温度、符合季节特点的原则确定运输方式。目前常使用的冷藏车运输的作业流程及要求如图 6－2 所示。

预冷、预热 ⇨ 医药商品装车 ⇨ 关门上锁 ⇨ 启运 ⇨ 在途运输

- 预冷、预热：提前开启冷藏车温度调节监控设备，将温度调节至待运输医药商品包装标示的温度范围内。
- 医药商品装车：开始装车时关闭温度调节监控设备，尽快完成装车。装车时，医药商品与冷藏车厢内前板的间距不小于10 cm，与后板、侧板、底板间距不小于5 cm，医药商品码放高度不得超过制冷机组。
- 关门上锁：装车完毕后，及时关闭车厢厢门，确认密闭情况后上锁。
- 启运：启动温度调节监控设备，检查温度调控监控设备运行状况，待温度达到运输医药商品包装标示的温度后启运。启运时做好运输记录。
- 在途运输：根据医药商品温湿度控制要求，在运输过程汇总采取必要的温湿度控制措施。运输过程中，及时采集、记录、传送相关数据。温湿度超出规定范围时，相关人员应查明原因，及时采取有效措施进行调控。

图 6－2　冷藏车运输的作业流程及要求

实训六　冷链医药商品作业

一、实训目的

1. 能完成冷链医药商品的收货验收操作，分辨冷链医药商品在途温度是否符合要求，

确认在途时限。

2. 能进行冷链医药商品的在库养护工作，并完成养护记录填写。

3. 能识读冷藏箱验证报告，并根据验证报告要求完成冷链医药商品装箱包装操作。

4. 能养成严谨细致、认真规范、对药品质量负责的职业素养。

二、实训准备

1. 冷链医药商品实物、采购记录单、随货同行单、冷链交接运输单、在途温度记录表、收货记录单、验收记录单、拒收记录单、养护记录单。

2. 温湿度记录仪、货架、冷藏箱、冰排、隔热板、托盘、填充物、塑料袋、胶带、封箱器、标签、纸箱。

三、实训内容与步骤

1. 冷链医药商品收货

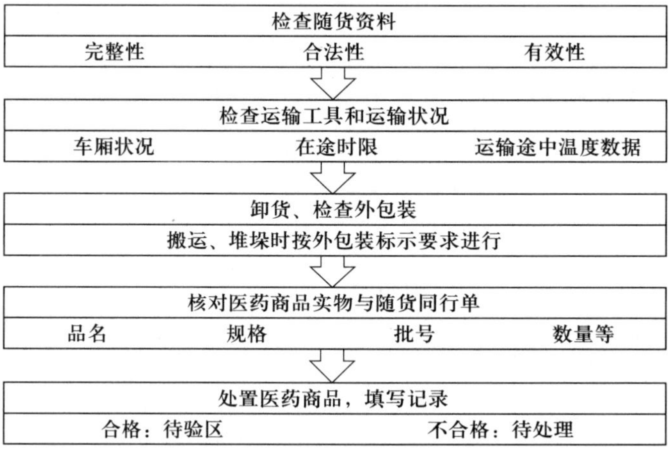

2. 冷链医药商品验收

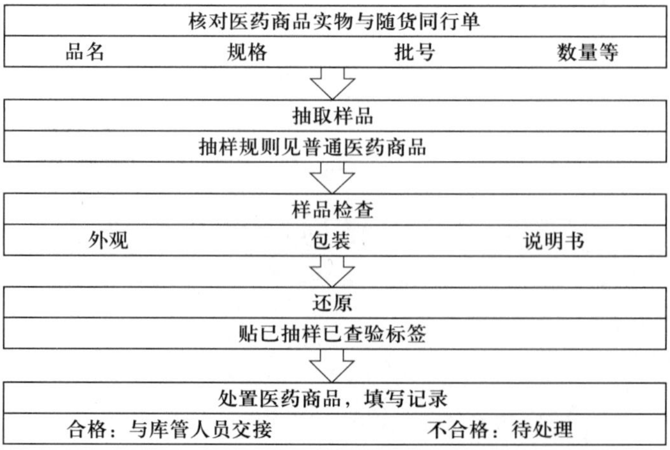

3. 冷链医药商品养护

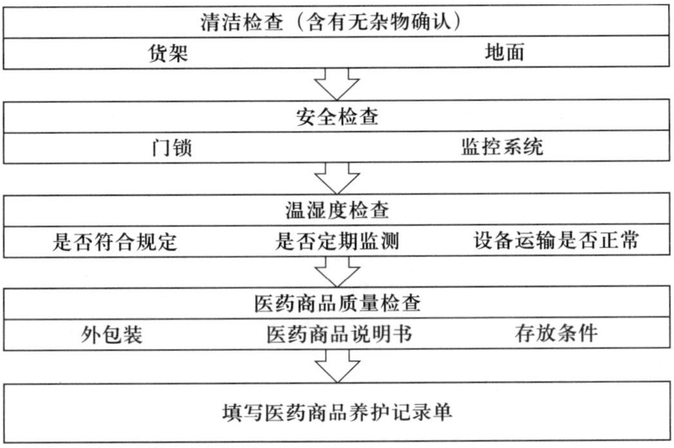

4. 冷链医药商品出库

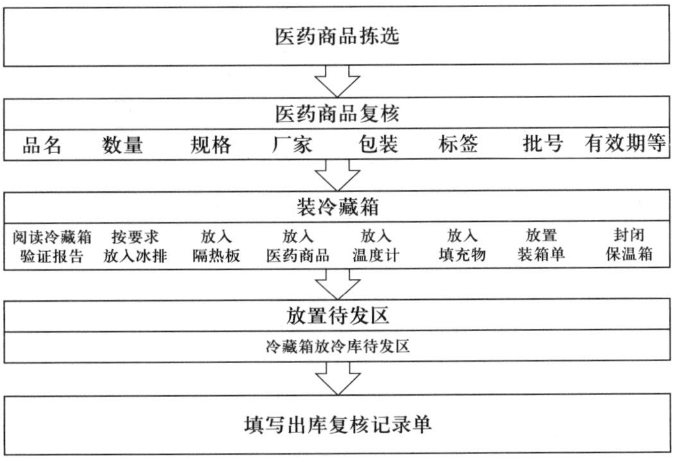

四、实训测评

按表 6－13 所列评分标准，对冷链医药商品作业项目进行测评，并做好记录。

表 6－13　　实训评分标准

序号	考核内容	考核标准	配分	得分
1	冷链医药商品收货	能索取随货同行单、药检报告，核对随货同行单与采购记录	5	
		能检查运输车辆车厢状况、运输时限，查验冷链医药商品在途温度记录是否符合要求，填写冷链交接运输单	10	
		能卸货并拆除运输防护包装，能检查外包装，并将医药商品实物与随货同行单核对	5	
		能将符合要求的医药商品移至冷库的待验区，填写收货记录并与验收员交接，对不符合要求的医药商品能放置冷库的待处理区并填写拒收记录	5	

续表

序号	考核内容	考核标准	配分	得分
2	冷链医药商品验收	能将医药商品实物与随货同行单核对，能将药检报告与医药商品实物核对	5	
		能根据验收抽样规则进行抽样	5	
		能核对抽取样品的最小包装封口、包装标签、说明书等	5	
		能还原抽取的样品并附上“已抽样已查验”标签	5	
		能将符合要求的医药商品与库管人员交接，填写验收记录单；对不符合要求的医药商品能放置冷库的待处理区并填写拒收记录	5	
3	冷链医药商品在库养护	能正确检查货架、地面的清洁卫生	5	
		能检查门锁、监控系统是否正常	5	
		能检查仓库的温湿度及温湿度监测设备是否正常，并调取查阅仓库温湿度记录	5	
		能正确检查医药商品的外包装是否有异常，能检查医药商品的说明书是否齐全，能检查医药商品是否有黏结、变形、发霉等现象	5	
		能及时、准确填写医药商品养护检查记录单	5	
4	冷链医药商品出库	能在冷库复核台，按照《药品经营质量管理规范》要求检查出库医药商品并整理好复核台上的工具	5	
		能正确识读冷藏箱验证报告并按照冷藏箱装箱原则进行装箱操作	10	
		能将保温箱转移至冷库待发区	5	
		能正确完整地填写出库复核记录单	5	
合计			100	

章节习题

一、单选题

1. 冷链物流的核心要求是（　　）。

A. 全程温控　　B. 全程记录　　C. 定时温控　　D. 定时记录

2. 常见的冷链物流按温度带可以分为（　　）。

A. 冷藏和冷冻　　B. 保鲜和冷冻

C. 保鲜和冷藏　　D. 保鲜、冷藏和冷冻

3. 以下不属于医药、医疗类冷链物流服务对象的是（　　）。

A. 药品　　B. 医疗器械　　C. 生物样本　　D. 精密仪器

4. 冷冻医药商品指需在（　　）贮藏运输的医药商品。

A. 2～10 ℃　　B. 0～2 ℃　　C. －10～0 ℃　　D. 0 ℃以下

5. 以下不属于需要冷链物流的医药商品是（　　）。

A. 司莫司汀胶囊　　B. 抗狂犬病血清

C. 青霉素　　D. 注射用牛肺表面活性剂

6. 冷库指采用（　　）的仓储建筑。

A. 人工制冷降温并具有保冷功能

B. 人工制冷降温并具有制冷功能

C. 机械制冷降温并具有保冷功能

D. 机械制冷降温并具有制冷功能

7. 冷库验证项目规定，温度自动监测系统测点终端与验证用温度记录仪的差值应在（　　）以内。

A. ±1.0 ℃　　B. ±2.0 ℃　　C. ±3.0 ℃　　D. ±5.0 ℃

8. 冷库进行温度分布测试时，每个库房中均匀性不点数量不应少于（　　）。

A. 3 个　　B. 6 个　　C. 9 个　　D. 12 个

9. 冷库进行定期验证时应进行满载性能确认，满载条件为库容率高于（　　）。

A. 50%　　B. 60%　　C. 70%　　D. 80%

10. 在冷藏车达到规定的温度并运行稳定后，数据有效采集时间应不少于（　　）。

A. 2 小时　　B. 3 小时　　C. 4 小时　　D. 5 小时

二、简答题

1. 简述冷链医药商品物流的基本概念。
2. 简述冷藏箱的验证项目及要求。
3. 简述温湿度自动监测系统的组成部分。
4. 简述冷链医药商品入库作业的流程。
5. 简述冷链医药商品运输作业的流程及要求。

单选题参考答案

1. A　2. A　3. D　4. D　5. C　6. A　7. A　8. C　9. C　10. D

第七章

第三方医药物流与医院院内物流

导学情景

医院院内物流应如何建设

随着医疗技术水平持续提升，医护人员在对患者进行疾病治疗时，会有越来越多种类的医用耗材、药品、医用装备运用到治疗过程当中，这些医用耗材、药品、医用装备种类繁多、名目复杂。在管理这些物资的过程中，如果没有一套科学、有效、可行的系统方法及工具进行辅助，势必会出现纰漏或错误，从而影响患者正常的治疗进程。在日常管理中，如何才能对医院的物资等实施精细化的管理?

现代物流发展方向包括专业化的第三方物流、电商物流、国际物流、智能物流、供应链物流等。物流整合上升到企业战略管理高度，物流服务与主营业务分开，实行专业化管理，是我国未来医药物流行业发展的流行趋势。第三方医药物流是医药物流的更高级形式，是建立在医药商品供应链架构下，服务内容比较完整的专业平台。本章节对第三方医药物流和医院院内物流的特点、优势、工作要求等做了概述，对我国第三方医药物流和医院院内物流的发展趋势做了讲解。通过开展普通医药商品委托运输的实训项目，使学生学会委托第三方医药物流公司对所经营的医药商品开展运输业务。

§7－1 第三方医药物流

学习目标

1. 掌握第三方医药物流的概念、特点和优势。
2. 了解第三方医药物流发展趋势。
3. 掌握第三方医药物流的工作流程和要求。

4. 了解国家对医药流通行业的相关政策。

第三方医药物流，指既非药品供应方又非药品需求方的第三方企业，通过契约为客户提供药品流通的全过程服务。第三方医药物流对应的职业是药品质管员、验收员、保管员、养护员、购销员及从事医药物流的其他相关人员。

一、第三方医药物流概述

1. 第三方医药物流的概念

（1）第三方物流的概念

《物流术语》（GB/T 18354—2021）对第三方物流的定义是：由独立于物流服务供需双方之外且以物流服务为主营业务的组织提供物流服务的模式。第三方物流，也称委外物流或合约物流。第三方物流有以下五个基本特征。

1）关系合同化。第三方物流是通过契约形式来规范物流经营者与物流消费者之间关系的。物流经营者根据契约要求，提供多功能直至全方位一体化物流服务，并以契约来管理所有提供的物流服务活动及其过程。由第三方物流发展而成的物流联盟也是通过契约的形式来明确物流联盟各参与者之间权责利的相互关系。

2）服务个性化。首先，不同的物流消费者存在不同的物流服务要求，第三方物流需要根据不同物流消费者在企业形象、业务流程、产品特征、顾客需求特征、竞争需要等方面的不同要求，提供针对性强的个性化物流服务和增值服务。其次，从事第三方物流的物流经营者也因为市场竞争、物流资源、物流能力的影响需要形成核心业务，不断强化所提供物流服务的个性化和特色化，以增强物流市场竞争力。

3）功能专业化。第三方物流所提供的是专业化物流服务。从物流设计、物流操作过程、物流技术工具、物流设施到物流管理必须体现专门化和专业化水平，这既是物流消费者的需要，也是第三方物流自身发展的基本要求。

4）管理系统化。第三方物流应具有系统的物流功能，这是第三方物流产生和发展的基本要求，第三方物流需要建立现代管理系统才能满足运行和发展的基本要求。

5）信息网络化。信息技术是第三方物流发展的基础。物流服务过程中，信息技术发展实现了信息实时共享，促进了物流管理的科学化，极大地提高了物流效率和物流效益。

【知识链接】

第四方物流的特点

与第三方物流注重实际操作相比，第四方物流（4PL）更多关注整个供应链的物流活动，能提供一整套完善的供应链解决方案，这种差别主要体现在两个方面，并形成第四方物流独有的特点。

一方面，第四方物流和第三方物流不同，不是简单地为客户的物流活动提供管理服务，而是通过对客户所处供应链的整个系统或行业物流的整个系统进行详细分析，提出具有中观指导意义的解决方案。第四方物流服务供应商本身并不能单独完成这个方案，而是要通过物流公司、技术公司等多类公司的协助才能将方案实施。

另一方面，第三方物流服务供应商能够为客户提供相对于企业的全局最优方案，却不能提供相对于行业或供应链的全局最优方案，因此第四方物流服务供应商就需要先对现有资源和物流运作流程进行整合和再造，从而达到解决方案所预期的目标。

第四方物流服务供应商整个管理过程大致涉及四个层次，即再造、变革、实施和执行。第四方物流服务通过其对整个供应链产生影响的能力来增加价值。第四方物流服务供应商可以通过物流运作流程再造，使整个物流系统流程更合理、效率更高，从而将产生的利益在供应链的各个环节之间进行平衡，使每个环节的客户都可以受益。如果第四方物流服务供应商只是提出一个解决方案，但是没有能力来控制这些物流运作环节，那么第四方物流服务供应商所能创造价值的潜力也无法被挖掘出来。

因此，第四方物流服务供应商对整个供应链所具有的影响能力直接决定了其经营的好坏，也就是说第四方物流除了具有强有力的人才、资金和技术以外，还应该具有与一系列服务供应商建立合作关系的能力。

（2）医药物流的概念

医药物流不是简单的医药商品进、销、存或者配送。医药物流是依托一定的物流设备、技术和物流管理信息系统，有效整合营销渠道上下游资源，通过优化医药商品供销配运环节中的验收、存储、分拣、配送等作业过程，从而提高订单处理能力，降低医药商品分拣差错，缩短库存及配送时间，减少物流成本，提高服务水平和资金使用效益，实现自动化、信息化和效益化。

未来我国医药物流行业有以下两个显著发展趋势。

1）物流整合上升到企业战略管理高度。现代医药物流运作方式将从传统的批发模式向供应链管理模式发展，以物流中心为平台，与制造商和其他供应商（上游企业）以及医药商品零售商和其他分销商（下游企业）建立一种面向市场的供应系统，提高医药商品分销效率，并形成相对稳定的产销联盟网络。在这一转变过程中，物流管理在很多企业中已经从作业管理层面上升到了企业战略管理高度，被当作发展战略的重要内容予以重视。形成这一趋势的原因有两个：第一，医药行业重组、整合的过程中，企业规模不断扩大，而物流网络是保障企业业务资源能够有效整合，形成规模优势的根本；第二，医药行业进入“微利时代”后，通过强化物流管理实现减本增效，以期在激烈的市场竞争中实现自身的成本优势。

2）物流服务与主营业务分开，实行专业化管理。目前国内医药物流利润率仅为0.6%～0.7%，费用率却高达10%左右，究其原因就是因为传统的物流模式运营成本太高，所以国内许多大型医药企业，例如上海国药、上海医药、南京医药等，都把原有的物流业务、资产、人员剥离或托管给第三方物流公司，并与第三方物流公司实行独立结算、相互考核。形成这一趋势的主要原因有两个：第一，剥离出来的第三方物流公司的专业化运作可以有效提高物流服务水平，降低物流成本，为母公司创造可观的经济效益；第二，第三方物流公司在为母公司提供物流服务的同时，还可以利用剩余资源为社会上其他企业提供相似产品的物流服务。这对于初期投资巨大的医药物流项目而言，可以大大提高项目的投资回报率，实现集约化经营。可以预见的是，在医药物流越来越受到重视的将来，我们将会看到越来越多这样主辅分离、专业化运营的管理模式。

（3）第三方医药物流的概念

第三方医药物流，指既非医药商品供应方又非医药商品需求方的第三方企业，通过契约为客户提供医药商品流通的全过程服务。对于传统医药经营企业来说，就是把原有的物流业务、资产人员剥离或托管给第三方物流公司，物流业务和主营业务分开；对于第三方物流企业来说，只通过向委托方提供专业化的物流服务，收取委托方的物流服务费来获利，不参与医药商品经营，不谋求医药商品所有权，与一般医药商品销售存在本质区别。

2. 第三方医药物流的发展方向

（1）运营规范化。医药物流与传统物流的区别就是受国家相关政策影响大，规范化是从事医药物流最基本的底线。

（2）管理精细化。对于医药物流企业来讲，降本增效需要企业持续给予关注。仓储物流作为医药企业重要的成本中心，通过更加精细的管理方式来降本增效是每个企业都需面对的问题。

（3）分工专业化。商务部发布的《全国药品流通行业发展规划（2016—2020 年）》提出，企业应该走向专业化、特色化。

（4）服务社区化，订单碎片化。新医改中很重要的一个方向是分级诊疗，走向社区化，离患者更近。社区化的背后是物流订单越来越碎片化，对传统物流配送中心来说是一个挑战。

（5）网络深度化。很多企业都已经实现了一线、二线城市的物流网络，接下来需要建设三线、四线城市和乡村的网络，只有物流网络共享才能降低成本。

（6）信息共享和技术化。信息化的背后是标准化，未来信息的互联互通很重要。

（7）数据化。医药领域是一个相对特殊的领域，预测订单是一件比较难的事情，但是慢病管理部分完全可以与大数据相结合。未来也会有更多常态化需求可以预测，最终实现数据化管理。

（8）供应链化。无论是医药流通企业还是医药物流企业，未来会走向供应链化，也就是上下游的协同发展。

（9）国际化。我国作为全球第二大医药消费市场和第一大原料药出口国，已经受到全球的关注。随着国力的增强以及“一带一路”倡议等的实施，我国企业走向国际已经是必然趋势，医药物流市场的国际化也同样值得关注。

3. 第三方医药物流的优势

第三方医药物流服务企业，接受医药商品生产、经营、使用单位的委托，采用现代化物流管理手段，为其提供符合《药品经营质量管理规范》要求的医药商品验收、存储、养护、配送管理等服务。第三方医药物流绝不等同于简单的医药商品仓储、运输等传统物流，而是供应链管理思想在医药流通领域的运用，并且在打造医药商品流通供应链的过程中，与

《药品经营质量管理规范》和信息化有机结合，为客户提供多环节和全方位流程管理服务，创造差别化价值。

第三方医药物流供应链的优势主要有以下几个方面。

（1）第三方医药物流是医药物流社会化分工的必然结果。第三方医药物流企业建立医药商品物流配送中心，集合众多企业的物流业务，提供医药商品的仓储、分拨、拣选，并设计出最佳运输路线，负责医药商品的全程运输、配送（自营或外包），以及其他物流增值服务。而供需双方之间是物质流、信息流、资金流的往来，并通过与第三方信息平台对接，实现信息共享，使操作透明化（如图 7－1 所示）。

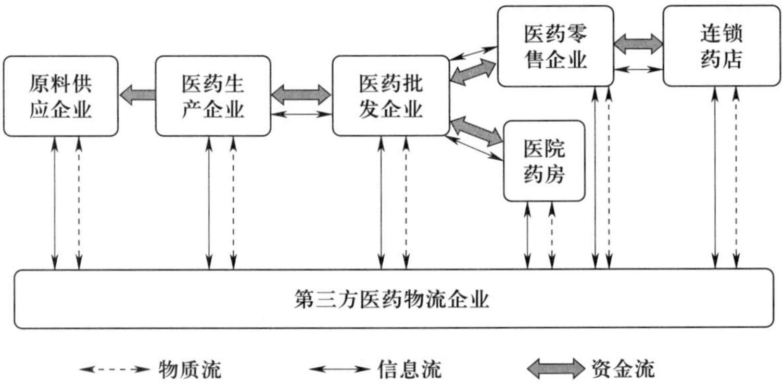

图 7－1　第三方医药物流供应链示意图

（2）第三方医药物流是现代服务业，通过提供专业化的医药物流服务，实现作业自动化、流程信息化、配送及时化和行业集中化。

（3）第三方医药物流使我国 89 100 多家医药流通企业减少低水平重复投入，无须每家企业建设医药商品物流配送中心，把医药商品的仓储、养护、出库、配送外包给第三方医药物流企业，可以节省储运费用。一个医药流通企业，节省下来的费用少则几十万元，多则几百万元。全国 89 100 多家医药流通企业，每年可节省 200 亿元低水平重复投入，整个医药物流行业的盈利能力至少翻一番，物流效率大幅提升。

4. 第三方医药物流的内容

第三方医药物流是医药物流的更高级形式，指建立在医药商品供应链架构下，服务内容比较完整的专业平台。其运营模式以社会化服务为导向，以计算机网络技术为依托，以现代物流设施设备为基础，以完善的医药商品保障体系为核心，为医药商品生产、经营企业和预防、医疗单位用药提供廉价、快捷、规范的新型医药物流综合服务平台。第三方医药物流业务是取得资质的医药批发企业，经药品监督管理部门审核批准向相关医药批发企业、生产企业提供医药商品储存、配送的物流业务。

第三方医药物流可以在医药流通领域的基本环节发挥作用。其服务范围包括：以信息交换为基础，为医药企业部分或者全部产品提供运输、仓储等服务；进行区域配送、代收货款、代签协议等增值服务；物流过程管理，供应链系统设计、优化，帮助医药企业规划、实施、管理其自建的区域配送中心等综合性服务。

学以致用

第三方医药物流中还有第三方冷链物流吗？

答：第三方冷链物流指冷冻、冷藏生产经营企业为集中精力搞好主业和节约成本，把原属于自己处理的冷链物流活动，以合同方式委托给专业冷链物流服务企业，同时通过信息系统与冷链物流服务企业保持密切联系，以达到对冷链物流全程管理控制的一种冷链物流运作与管理方式。如今企业由于自身硬件和软件设施的欠缺，以及管理方式和技术等因素无法完成全部的冷链物流活动，往往在经营过程中把冷链环节外包给第三方来服务，这是一项系统工程。

二、第三方医药物流发展趋势

目前，我国医药流通市场中，95%以上医药批发企业都是中小型企业，规模小、数量多、地域性强，药品流通环节多、经营水平低、运营成本高，处于“多、小、散、乱”的局面。由于医药商品的特殊性，医药物流都是由批发企业自行承担，大多采用传统医药物流，导致仓储运输成本居高不下，与发达国家相比差距明显。传统医药物流（如图 7－2 所示）存在如下问题。

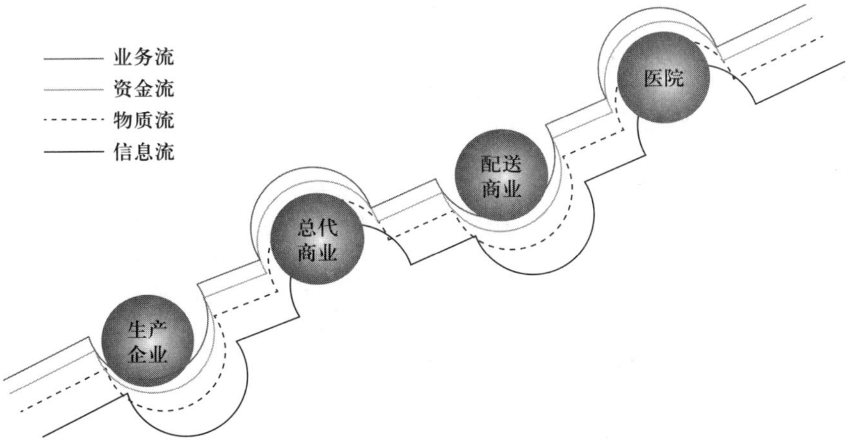

图 7－2　传统医药物流供应链示意图

1. 流通环节多

我国医药流通环节达到 6～7 个，较国外成熟市场 2～3 个环节高出许多，医药商品多次中转，配送时间长，仓储和配送不安全因素增多。医药商品经多次分销，层层加价，导致医药商品零售价格虚高。

2. 经营成本高

我国医药物流企业多而小，企业的市场占有率和市场集中度低，导致企业的经营成本高、经济效益低下；目前医药物流企业采用的是仓库、车辆和人员的堆积方式，实行以人工为主的商品储运，人力多，管理效率不高，分拣差错率高，品种满足度低。

3. 运行效率低

我国的医药生产企业、医药批发企业以及医药零售企业各自为政，造成医药物流资源浪费严重；物流手段落后，质量管理、仓储、配送技术创新难以实现；信息化水平低下，严重阻碍物流的发展。

4. 符合《药品经营质量管理规范》要求投入大

低水平重复投入，使我国医药物流行业深陷泥潭，举步维艰。全国 13 000 多家医药物流企业，若家家都要达到《药品经营质量管理规范》标准，一次性投入总额超过 100 亿元，每年还要投入 100 亿元以上维护费用。因此推行医药商品现代流通模式，促进医药商业现代化，是改变我国医药商品流通现状、规范医药商品流通秩序的治本之策。

三、第三方医药物流作业

1. 第三方医药物流的工作流程

目前第三方医药物流企业主要以医药生产、批发企业为服务对象，由于国家对药品零售连锁企业的运作监管较严，受政策限制，第三方医药物流企业在药品零售市场开展较为困难。当医药生产、批发企业（委托方）将物流外包给第三方医药物流企业后，第三方医药物流企业实际上已成为其共有的“物流部”，通过信息配送系统，第三方医药物流企业按照其信息指令接受或运输医药商品到本企业物流中心储存，并按照《药品经营质量管理规范》的要求做好收货、验收、入库工作。当委托方与其他企业发生业务关系并达成销售协议后，相关交易信息和发货指令将通过信息配送系统传送给第三方医药物流企业医药商品物流配送中心的仓储管理系统，配送中心对信息进行确认后，开始对医药商品进行分拨、拣选、包装，并整合多家企业的配送要求，设计最佳组合路线进行运输配送。在整个过程中医药商品所有静态和动态信息，也将通过信息配送系统实时与委托方共享（如图 7 – 3 所示）。

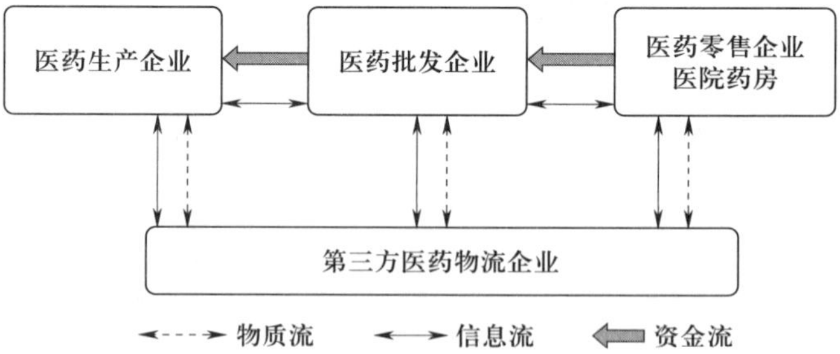

图 7 – 3　以医药生产、批发企业为服务主体的第三方医药物流流程图

第三方医药物流企业建立医药商品物流配送中心，集合众多医药生产、批发企业的物流业务，利用现代化仓储、装卸、拣选、包装等设备，现代化信息管理系统以及高效快捷的运输配送机制，不但可以保证医药商品储存运输等符合《药品经营质量管理规范》的要求，还可以改善和提高委托方的物流服务质量，降低其物流成本，同时物流企业自身也得到较大发展。第三方医药物流企业不仅向医药企业提供相关的基础物流服务，实现医药商品的有效

流通，减少客户的非核心业务负担，更有着搜集上下游客户信息的优势地位，在医药商品流通领域中起到信息源作用，使整个医药流通领域的运作更加简单、高效。如果医药生产、批发企业自建物流配送中心，第三方医药物流企业可以承担其物流部门的职能，从供应链管理的角度设计仓库管理方案供客户参考，亦可提供运输路线设计、承运人选择等物流服务，并与自身的物流设施相互配合，从而实现双赢。

2. 第三方医药物流的工作要求

（1）不采购、不销售

提供第三方医药物流服务的企业，不能有药品购销活动，实现“只送药不卖药”，针对医药生产企业、医药批发企业、医院和零售终端等，提供专业化的现代医药物流服务，实现资金流与物质流有效分离，实现服务和经营的有效分离。医药物流服务企业不能挖服务对象的墙角，不能剽窃服务对象的利润品种，不能争夺服务对象的下游客户（如图7－4所示）。

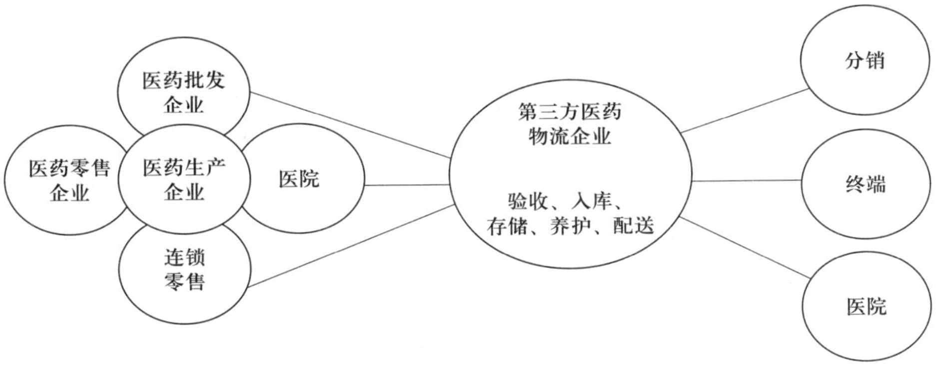

图7－4　第三方医药物流运营模式图

（2）符合《药品经营质量管理规范》要求，达到现代医药物流标准

提供第三方医药物流服务的企业，必须达到现代医药物流标准和《药品经营质量管理规范》要求，这是底线。医药商品对于仓储和配送的要求非常专业，普通社会物流的参与将给患者的生命和医院的运营带来极大的风险。

（3）流程高效，结算准确

提供第三方医药物流服务的企业，在信息流方面，必须做到整个供应链能够远程查询和远程定价，能够为上游供货商和下游分销商提供信息服务，优化和改进上下游客户的物流系统；在物质流方面，必须做到代替客户收货，做好验收、入库、存储、养护和配送，整个过程使用现代医药物流手段，隔天配送响应率95%以上，配送准确率99%以上；在资金流方面，必须维护原有的供应链成员利益关系不变。

（4）建设功能强大的信息系统，打通医药流通完整供应链

提供第三方医药物流服务的企业的信息系统应做到能够开展多种任务管理、多种作业流程管理、精准货位管理和精准结算管理，支持多种现代物流设备，有自主知识产权，可扩展、可升级，可无偿无限制增加终端站点。提供第三方医药物流服务的企业与上游医药生产企业的关系定位是，成为全国医药生产企业在本省的配送部，承担全国医药生产企业在本省

的药品配送，直接配送到医院、分销商和第三终端。医药生产企业可以远程查询本企业代配送医药商品的进销存情况；与下游医药零售企业的关系定位是，成为本省终端客户的内部医药物流系统开发商、内部管理系统维护商和内部医药物流流程优化商，从而获取终端的远程订单，并将订单提供给供货商；与本省医药流通企业的关系定位是，成为本省所有医药流通企业的质管部、仓储部和物流部，本省医药流通企业通过远程管控进销存，指令提供第三方医药物流服务的企业验收、入库、存储、养护、配送和结算，做到安全、快捷、准确和及时。

3. 第三方医药物流的运输管理

医药经营企业委托第三方承运商将医药商品送达给客户被称为委托运输。当自有运输车辆不能满足送货需求时，医药经营企业经常选择第三方医药物流企业作为药品的第三方承运商。通过委托运输，医药经营企业可以减少固定资产投资，加速资金周转；借助于第三方承运商的运输网络，可以适用各种运输方式，满足全国乃至全球客户的需求，从而提升客户满意度。但医药经营企业必须遵循合规、全面、谨慎的原则来选择第三方承运商，才能有效控制医药商品运输质量。

医药商品委托运输的作业过程主要包括选择第三方承运商、签订委托运输协议、交付运输、委托运输记录四部分。

（1）选择第三方承运商

由于医药商品的特殊性，第三方承运商的选择一定要遵循合规、全面、谨慎的原则。企业应对第三方承运商的质量保障能力和运输能力进行审计，审计内容应包括资质证照、运输能力、质量保障能力、服务能力与服务价格、企业声誉及其他能力等。经审计，无承运能力的不得委托。

1）明确委托运输需求。企业应明确需要委托运输的业务，其内容应该包括委托运输业务的区域、预期的委托运输方式、运输对象及其属性和数量、委托运输的配送特点和要求等。

2）确定备选承运商。一旦明确具体的委托运输需求，就可从以下几个方面来初步确定一定数量的承运商：根据运输业务的区域，选择一些本地或对需求范围运输比较熟悉的承运商；根据运输医药商品货物的属性、运送体积大小、运送频次，选择合适类型的承运商。

3）备选承运商审计。对确定为备选的承运商在企业资质证照、运输能力、质量保障能力、服务能力与服务价格、企业声誉及其他能力等方面进行审计。

①资质证照审计。需要承运商提供或现场查看企业法人营业执照、道路运输经营许可证等证件资质。

②运输能力审计。审计主要从以下几个方面进行：承运商车辆情况，如车型、吨位、数量、车况、保险等；承运商的硬件和软件设施情况，如停车场、维修站集装箱堆场，车辆是否安装 GPS，管理信息系统兼容性等；运输人员资质，如身份证、驾驶证、健康状况、培训情况等；运输网络覆盖范围资料，如承运商提供的业务范围。冷藏、冷冻药品委托运输的，还需要索取承运商承运过程温度控制及检测以及冷藏、冷冻设施设备等验证资料。

③质量保障能力审计。主要考核承运商在运输安全、准确、风险防范等方面的管理能力

和紧急情况处理能力。紧急情况处理能力包括报告提前通知、启动紧急预案等，这对于保证服务的连续性是必需的。

④服务能力与服务价格审计。服务能力审计需要考虑以下因素：送货准时性，即约定的送达时间与实际送达时间比较；客户支持服务，即承运商的客户支持服务水平，如是否提供 7×24 小时服务等；配送和运作灵活性，即承运商是否具有按照医药商品经营企业的要求灵活配送和运作的能力，这种灵活性可以使承运商为医药经营企业提供定制化的服务，尤其对于特殊和非常规需求的满足。此外，随着市场竞争程度的加剧，医药经营企业的利润越来越低。在同等条件下，承运商的价格高低也是影响供应商选择的重要因素，尤其是普通医药商品和重量偏重的医药商品。

⑤企业声誉及其他能力审计。企业声誉即承运商在业界的声望和信誉。一般信誉度高的企业，质量保障力越强，有利于医药经营企业规避风险，保证物流供应商的稳定性。其他能力包括行业经验、财务能力等。行业经验即承运商在医药相关行业或类似公司的运作经验，这些经验可以使承运商能够快速准确地为医药经营企业提供相似的服务。财务能力，如付款周期，即企业付给承运商的服务款项的时间周期，付款周期越长对本企业越有利；财务稳定性，即承运商的财政情况；支付灵活性，即药品经营企业在给承运商付款时的灵活性。这些能力的强弱能够体现承运商的合作诚意，增加双方的信任度。

审计完成，建立承运商档案，主要包括资质证明、质量管理文件、运输设施设备档案、承运商的绩效结果（如每次运输的质量情况）等。

4）确定承运商并试运行。根据运输能力、车辆状况、价格和配合能力等对备选的承运商进行综合评价比较，并形成评价结果表。评标小组根据评价比较结果遴选出最符合《药品经营质量管理规范》运输设施设备条件和要求的承运商。确定少量线路业务给备选承运商进行试运行，根据承运商的试运行情况进行评价并决定是否继续合作。

（2）签订委托运输协议

企业委托运输医药商品应当与承运商签订委托运输协议，明确医药商品质量责任、遵守运输操作规程和在途时限等内容。企业必须要求承运商在运输医药商品时使用封闭式货物运输工具，分清运输过程中双方质量责任。承运商对运输途中可能发生的设备故障、异常天气影响等突发事件，能够采取相应的应对措施。通过签订委托运输协议，规定双方的权利和义务，既是对双方权益的保障也是对双方行为的约束。医药商品委托运输质量保证协议内容包括承运商制定并执行符合要求的运输标准操作规程、对运输过程中温湿度控制和实时监测的要求、在途时限以及运输过程中的质量安全责任等内容。

（3）交付运输

已装车的医药商品应当及时发运并尽快送达。委托运输的，企业应当要求并监督承运商严格履行委托运输协议，防止因在途时间过长影响药品质量。

1）特殊医药商品的委托运输管理。特殊医药商品实行门对门送货，购货单位不得自行上门提货，销售人员也不得自行提货，实行人货分离。必须使用封闭式车辆送货。建立运输记录，与购货单位当面逐件点交，办理签收手续。若运输的是麻醉药品和第一类精神药品，需携带运输证明副本，驾驶员和押运员应了解运输的目的地及行车路线，确保医药商品能快速运到。特殊医药商品若托运、委托运输送货时，应在运单上注明该医药商品的具体名称，办理相应的运输手续；收货方不得是委托方销售人员或购货单位人员，必须是购货单位。

托运方办理麻醉药品和第一类精神药品运输手续，应当将运输证明副本交付承运商。承运商应当查验、收存运输证明副本，并检查医药商品货物包装。没有运输证明或者医药商品货物包装不符合规定的，承运商不得承运。承运商在运输过程中应当携带运输证明副本，以备查验。

2）易制毒化学品委托运输管理。接受货主委托运输易制毒化学品的，承运商应当查验货主提供的运输许可证或者备案证明，并查验所运货物与运输许可证或者备案证明载明的易制毒化学品品种等情况是否相符，不相符的，不得承运。

3）含特殊药品复方制剂运输管理。含特殊药品复方制剂实行门对门送货，购货单位不得自行上门提货，销售人员也不得自行提货，实行人货分离。含特殊药品复方制剂若托运送货时，应办理相应的运输手续，收货方不得是委托方销售人员或购货单位人员，必须是购货单位。货物送达，与购货单位当面逐件点交，办理签收手续。

（4）委托运输记录

企业委托运输医药商品应当有记录，实现运输过程质量追溯。记录至少包括发货时间、发货地址、收货单位、收货地址、货单号、医药商品件数、运输方式、委托经办人、承运单位，采用车辆运输的还应当载明车牌号，并留存驾驶员的驾驶证复印件。记录应当至少保存 5 年。

课堂互动

思考与练习

1. 简述第三方医药物流的定义。
2. 简述第三方医药物流的优势。
3. 简述第三方医药物流的发展要求。
4. 简述药品委托运输的作业过程。

实训七　普通医药商品的委托运输

一、实训目的

1. 能分析订单中医药商品的类别、运输要求，选择合适的运输方式。
2. 能分析订单中不同医药商品所需的相关证明。
3. 能对承运商进行正确的考核评估。
4. 能与承运商联系办理医药商品委托运输业务。

二、实训准备

材料准备如下：

1. 第三方医药物流企业营业执照样本（如图 7 –5 所示）。

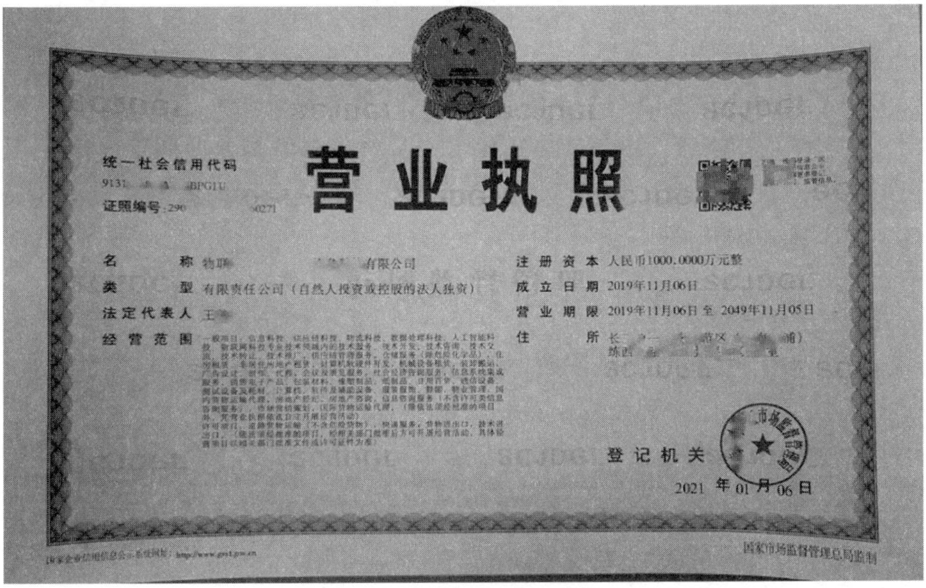

图 7 –5　营业执照样本

2. 道路运输经营许可证样本（如图 7 –6 所示）。

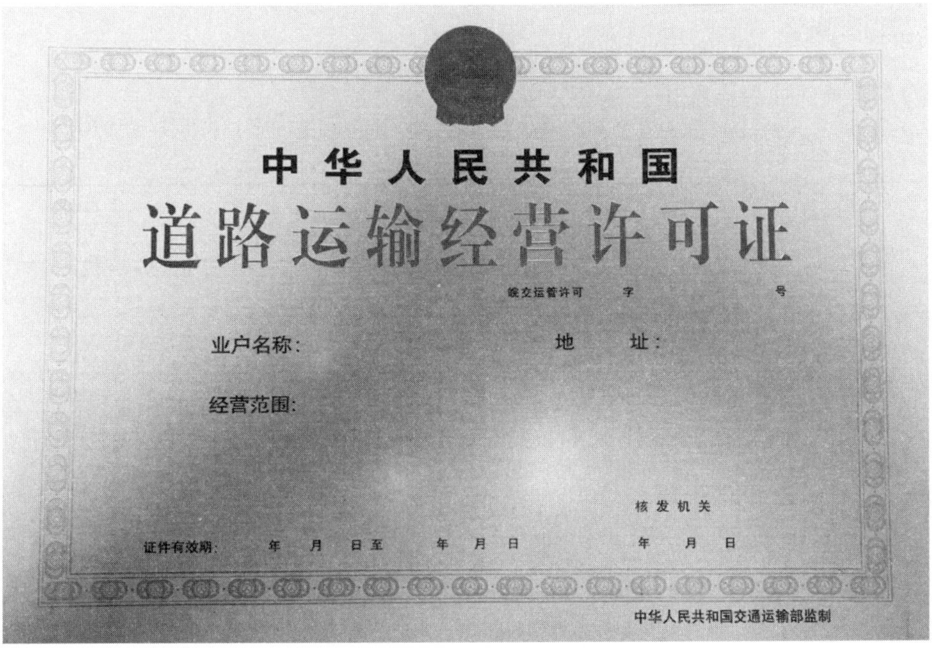

图 7 –6　道路运输经营许可证样本

三、实训内容与步骤

1. 实训内容

A 公司是一家大型医药经营企业，某三甲医院向 A 公司采购 50 件阿莫西林胶囊。A 公司决定委托 B 公司（医药物流企业）负责运输。请问：

（1）A 公司应如何开展承运商审计工作？

（2）A 公司需要与 B 公司签订什么协议，协议内容有哪些？

（3）A 公司的委托运输记录应包括哪些内容，记录应保存多长时间？

2. 实训步骤

第一步：选择第三方承运商。

1）明确委托运输需求。

2）确定备选的承运商。

3）备选承运商审计。包括资质证照审计、运输能力审计、质量保障能力审计、服务能力与服务价格审计、企业声誉及其他能力审计。

4）确定承运商并试运行。

第二步：签订委托运输协议。

第三步：交付运输。

第四步：委托运输记录。

【注意事项】

遵循合规、全面、谨慎的原则选择第三方承运商，有效控制医药商品运输质量。

四、实训测评

按表 7－1 所列评分标准进行测评，并做好记录。

表 7－1　　实训评分标准

序号	考核内容	考核标准	配分	得分
1	承运商审计	资质证照审计：营业执照、道路运输经营许可证等证件资质	10	
2		运输能力审计：索取运输车辆的相关资料	10	
3		质量保障能力审计	10	
4		服务能力与服务价格审计	10	
5		企业声誉及其他能力审计	10	
6	协议	承运商制定并执行复核要求的运输标准操作规程	10	
7		对运输过程中温度控制和实时监测的要求，明确在途时限以及运输过程中的质量安全责任等内容	10	
8	委托运输记录	包括发货时间、发货地址、收货单位、收货地址、货单号、药品件数、运输方式、委托经办人、承运单位、采用车辆运输的还应当载明车牌号，并留存驾驶人员的驾驶证复印件	20	
9		记录应当至少保存 5 年	10	
合计			100	

§7－2　医院院内物流

学习目标

1. 掌握医院院内物流的概念、特点和优势。
2. 熟悉医院院内物流的作业流程。
3. 了解医院院内物流的发展趋势。

医院院内物流是一种全新的区别于传统医院对物资管理的模式，通过物流团队的流程再造和实施工作，改变了过去医院采购订单的传统电话报单形式，在降低各项成本的同时提高了工作效率和院内医用耗材的精细化管理水平。

一、医院院内物流概述

1. 医院院内物流的概念

医院院内物流，又称医院院内 SPD，是一种针对医院内部流通的药品、医疗耗材等医药物资的采购、存储、包装、配送直至患者给药等物流过程一体化的供应链管理体系。

由于医药商品数量和种类繁多，在传统管理方式下，医药商品需要大量医务人员来对其进行分类、筛选等工作。这种管理方法不仅效率低下，还容易出现医药物资丢失、过期、库存不足等现象。此时医院急需引入一种新型管理模式去改善现状、提高效率，即医院院内 SPD 系统。

SPD 管理模式起源于 20 世纪 60 年代，源于美国军方后勤补给军需。SPD 是 supply（供应）、processing（加工）、distribution（配送）的缩写。它是现代医疗机构较为推崇的一种供应链管理模式，是一种以医院医药物资管理部门为主导、以物流信息技术手段为工具，通过合理使用社会资源，对医院医药物资在院内的供应、加工、推送等院内物流过程集中管理的方法。

国家对医疗体制的改革，零加成、两票制等医疗政策的推行等，让医药物资成为医院的主要成本。同时，传统的医药物资管理模式已经满足不了医院对医药物资精细化管理的需求，于是 SPD 管理模式受到医院欢迎。SPD 管理模式是一种精细化供应链管理的服务模式。在 2016 年零加成等医改政策颁布后，国内医院也逐渐开展医院院内 SPD 管理模式、医用耗材集约化运营管理的探索。随着国家医改不断深化，医院院内 SPD 管理模式之路势在必行。

边学边练

医院为什么要引入医院院内 SPD 呢？

2. 医院院内物流的特点

医药物流企业通过信息化手段将物流服务延伸到医院库房、药房直至病区，使得医院的药品、医疗耗材等医药物资管理实现信息流、物质流、资金流的整合。医药物流延伸项目需要对整个医院的院内物流体系进行规划设计，借助于专业的第三方医药物流企业，将院内物流工作进行外包，通过信息化手段实现医院药品、医疗耗材等医药物资配送及服务直达病区门诊。

（1）医药商品库存及布局合理化

基于用药数据，合理的设置库房库存以及采购周期、库房医药商品布局及货区货位。

（2）医药商品库存管理专业化

引入条码，优化医药商品入库、请领、盘点等环节，提升效率。同时，引入专业物流配送，解放药剂师、护士，专注核心业务。

（3）医药商品采购及验收效率高效化

与供应商、招标办等系统实时交互，采购及物流配送过程可视化，基于条码验收、入库、上架流程优化，物流信息流同步。

（4）设备导入自动化

门诊自动发药机、针剂智能存取、特殊医药商品智能药柜、住院自动包药机等。

3. 医院院内物流的发展趋势

我国医院药学工作模式正从简单调配供应型逐步向知识技术服务型转型。随着医疗卫生事业的发展，医院以中心库房管理为主的物资管理系统已经无法满足医院的业务要求和精细化管理要求。有时会发生物资计划不准确，采购供应速度慢等现象，导致库存高、人员紧张、物资及时供应压力大。因此，国家鼓励医药流通企业物流功能社会化，实施医药物流服务延伸示范工程，引导有实力的企业向医疗机构和生产企业延伸现代医药物流服务。当前，医药流通行业发展面临健康中国战略实施和医药卫生体制改革的新形势，随着医疗体制的改革、医疗卫生投入的增加，医疗保障水平的提高，大大拓展了医药物流的发展空间。

二、医院院内物流作业

1. 医院院内物流作业流程

SPD 管理模式是医院服务模式的构建，内容是针对医院量身打造出满足医院实际管理需求的管理模式建设、院内库房改造建设、信息系统建设、服务人员派驻建设等。SPD 管理模式给医院带来的不单单是软硬件产品，最主要的是院内医药物资的服务理念。通过对这种管理模式的构建和专业化分工，能够在实现医院医药物资零资金占用的情况下，保障医院医药物资供应及时、安全；能够显著降低医院管理的各方面成本，提升医院整体运营效率；能够完全解放医护和药剂人员进而回归一线服务本职工作。

（1）成立 SPD 运营中心

医院和供应商成立 SPD 运营中心，SPD 运营中心由医院和供应商双方工作人员共同管理，实现院内各库房、科室医药物资集中协调和控制管理，为医院提供基础物流服务。SPD运营中心由医院进行监管及医药物资的质控管理。SPD运营中心作为医院医药物资供应体系的起点，负责全院的医用药品供应，向各二级库供应，并且还负责向院外医药物资供应商进行合理的采购。

医院人员主要处理临床使用药品目录的制定及变更、供应商选择、购销合同签订、计划审批、交易结算、绩效考核等工作；供应商人员主要处理首营品种质量审核，订单收集、汇总、分配、确认，收货、验收，库存管理、质量管理，退换货管理，药品配发，单元化分包作业，第三方物流服务等工作。

医院利用SPD运营中心操作平台，可以了解全院各药品的库存量，SPD运营中心计划工作人员可按照计划流程对各库房间库存结构、库存数量进行平衡和调控。各二级库库管只能看到自己库房的医药物资库存，若需要补货可启动请领流程，由SPD运营中心决定是由大库补货还是由其他二级库补货。

物流上支持供应商直配到各二级库，信息流和票据流仍在SPD运营中心集中，各库房独立核算，由SPD运营中心会计（药品会计）记账，实现更快捷配送。

（2）结算点迁移，实现“零库存”

对于供应商及医院来说，往来账目管理即现金流的流转方式主要取决“物权转移的时间及地点、物权转移的凭证、资金结算的依据及时间”，为实现医院零库存管理，基于SPD运营中心的管理，SPD运营中心在医药物资配送至医院各个消耗部门时，物权不发生转移，在门诊药房发放到患者手中以及住院药房进入摆药室或科室领用时才作为结算点，实现医院“零库存”管理。

（3）面向供应商的采购、供应管理

采购信息不再依靠人力手工计算库存缺口生成，而是通过SPD系统分析历史消耗、临床实际定数消耗、库存上下限、供应商响应时间等数据并进行计算后自动生成。可以在很大程度上减少人工经验因素的不准确性，使采购工作定期化、标准化。

采购补货计划信息的传递也不再依靠传统的电话、传真等方式，而是通过SPD管理模式下的供应采购协同商务平台系统进行。院内医药物资管理系统自动生成采购补货计划后，经过医院各级领导审批，会自动上传到供应采购协同商务平台系统上的供应商端，同时能够通过短信、微信等实时通知供应商在医院的授权委托人。在供应商进行订单接收并制作配送单据和结算单据时，系统能够自动生成统一的条码。此条码可作为医院物流信息流转的基础，并能够关联到产品批号、有效期、数量等。

（4）院内一级物流仓库的加工管理

SPD管理模式下的院内物资管理流程清晰简单，通过条码技术的应用，使得院内医药物资的物流管理变成由普通物流服务人员即可完成的工作。

在验收入库环节，通过扫描物流装箱条码进行验收入库，在扫描的同时直接实现采购信息、配送批号信息、发票金额信息的比对工作，并自动提示医药物资库内的存放位置，简化工作流程，提高收货效率，降低差错发生率。

在拣货加工环节，院内物流人员登录院内物流精细化管理系统，系统能够自动生成相应一个消耗点的拣货标签，拣货人员根据拣货标签进行扫码拣货；拣货完成后交由加工人员进行医药物资定数包的加工，一个消耗点加工完成后，系统能够自动打印相应消耗点的推送单据。

（5）面向院内各二级消耗点推送管理

SPD 运营中心会对二级消耗点所用到的一些医药物资进行定数单元管理，并形成定数包。通过条码技术的应用，医护人员在使用的时候只需要将定数标签放置到指定回收装置内即可，无须做任何记录工作。SPD 运营中心工作人员定期回收定数标签，扫描定数标签即可自动完成消耗登记并生成补货指示。

SPD 运营中心工作人员完成库内拣货加工后，推送到相应的二级消耗点并完成库内上架操作。SPD 管理模式无须医护人员进行科室库内医用物资的日常管理工作，完全将其从繁杂的日常医用物资管理工作中解放出来。它将院内医用物资供应模式从传统的“二级消耗点申领—管理部门采购—供应商送货—仓库验收入库—仓库发货”的“拉”式模式转变为“二级消耗点扫码消耗—SPD 运营中心主动补充”的“推”式模式。

同时，面向医院上百个消耗点以及不同的消耗品种和消耗周期，SPD 运营中心会根据 SPD 系统对历史数据的分析、现场消耗点的分布以及配送瓶颈（主要是院内配送的电梯能力）的峰谷时间，主动规划配送周期和配送路径，在保证临床供应的同时做到临床库存最优化。

除以上物流管理的相关内容之外，SPD 运营中心还要负责医院与供应商、第三方医药物流公司之间的结算对账。通过 SPD 系统对一级库房入库、出库以及临床消耗的管控，SPD 管理模式下的结算管理可以根据供应商、医药物资、科室等条件自由配置结算节点。医院可以根据和第三方医药物流公司、供应商的购销协议，实现真正意义上的零库存。

2. SPD 系统解决方案

（1）药品管理

SPD 系统药品管理模块主要应用于医院门（急）诊药房、住院药房和静配中心管理，在日常运行和管理中以上三个用药中心都面临以下挑战。

1）信息孤岛，信息不对称。与供应商信息交互不畅，采购、验收、入库、分拣、配送等各环节信息化、智能化程度低，库存积压、出错率高，运营效率偏低。

2）药师工作存在结构性矛盾，专业价值不能有效体现。药师大部分精力和时间疲于处理验收、入库、分拣、配送等劳动强度大、效率低的工作，没有体现药师为临床服务的专业价值。

3）临床用药管理不规范，质量监管风险大。住院临床用药分拣和配送监管难度大，临床科室常备药品管理不完善，容易出错和导致损耗。

4）精细化管理不够。药品流转没有全流程闭环和条码化，难以实现药品批号与有效期精细化管理和精准化配送。

以门（急）诊药房管理为例的医院院内 SPD 工作流程，如图 7 – 7 所示。

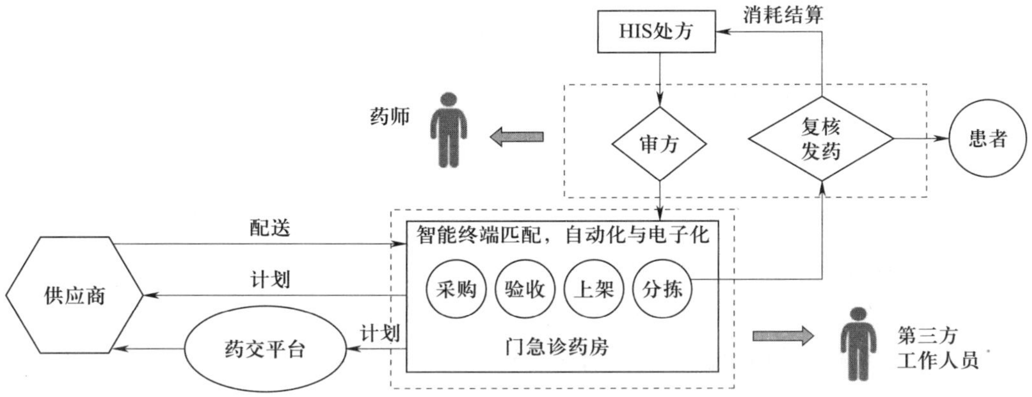

图7-7　门（急）诊药房的医院院内SPD工作流程

以住院药房管理为例的医院院内SPD工作流程，如图7-8所示。

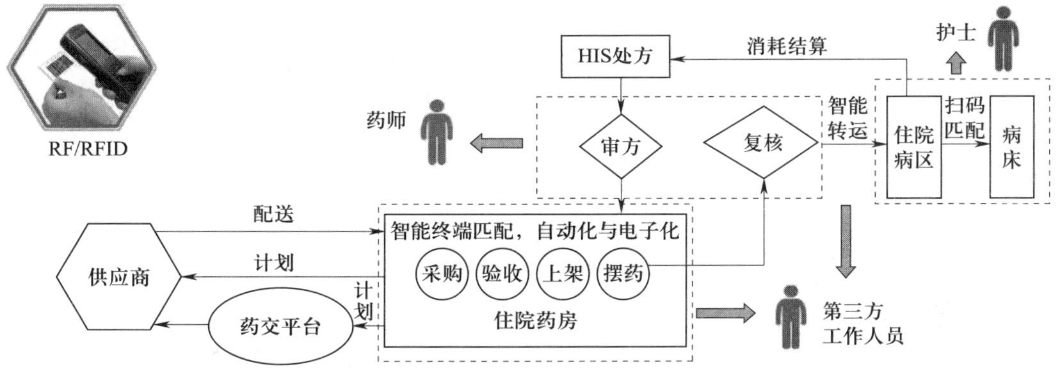

图7-8　住院药房的医院院内SPD工作流程

以静配中心管理为例的医院院内SPD工作流程，如图7-9所示。

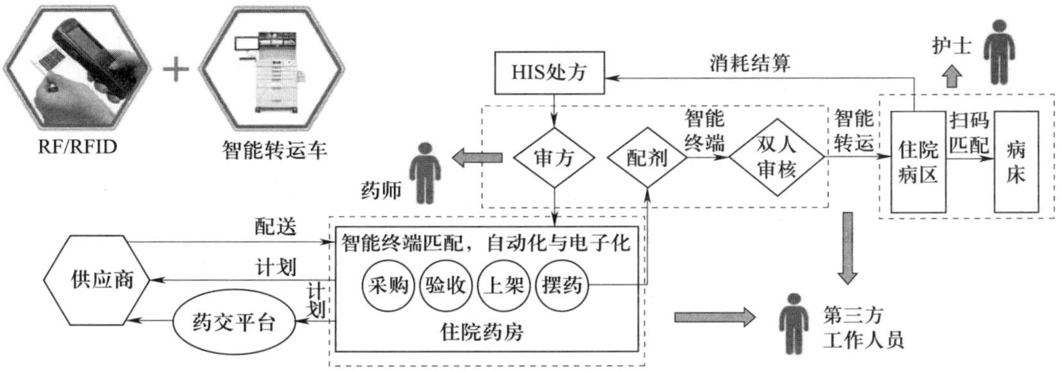

图7-9　静配中心的医院院内SPD工作流程

通过医院院内SPD系统的应用，以上三个用药中心将能够实现以下目标。

1）协同交互，一体化管理。统一分类、统一编码、统一医疗供应链基础数据，与供应商实现信息互联互通、协同交互，提高采购、配送效率，降低医院和供应商采购和配送管理成本。

2）专业分工，体现专业价值。流程优化，让药师等专业人士回归处方审核、指导用药等专业本职工作，验收、入库、分拣、配送等仓储物流工作由专业的仓储物流人员完成，体现专业价值，提高运营效率。

3）精细化管理，精准配送。取消一级药库，以门（急）诊药房、住院药房、静配中心等二级库为核心的精细化管理和精准配送，提高运营效率，减少运营成本。

4）全流程闭环和可追溯。在信息化的基础上，连接智能设施设备，运用条码和物联网技术手段，实现药品的院内全流程闭环管理、有效期和可追溯管理。

5）零库存管理。采用“消耗后结算”模式，实现医院药品“零库存”管理，大幅降低库存和损耗。

（2）高值耗材管理

高值耗材管理主要面临以下挑战。

1）“灰色库存”现象。高值耗材实际需求的不确定性，导致医院基本采用简单粗放的事后管理模式；事后管理模式基本没有验收、出入库管理，容易出现无人监管的“灰色库存”现象。

2）质量监管缺失。植入、介入等高值耗材属于高风险产品，质量监管严格，要求全流程一码溯源。但大部分医院采用的“跟台带货式”或“寄售式”的粗放式管理方式容易出现质量管理漏洞，带来使用的安全隐患。

3）购销存退混乱。高值耗材品类繁多，专业性要求高，而且经常出现退换货现象，传统“人工登记、手动记录、纸质翻查”管理模式和“清台计数”的手工结算方式容易导致“购销存退”混乱。如果没有与供应商实现基础数据库统一、信息互联互通，在高值耗材准入、采购、使用、追溯等各个环节很难实现规范管理，导致潜在的经济损失和质量安全风险。

以高值耗材管理为例的医院院内 SPD 工作流程，如图 7－10 所示。

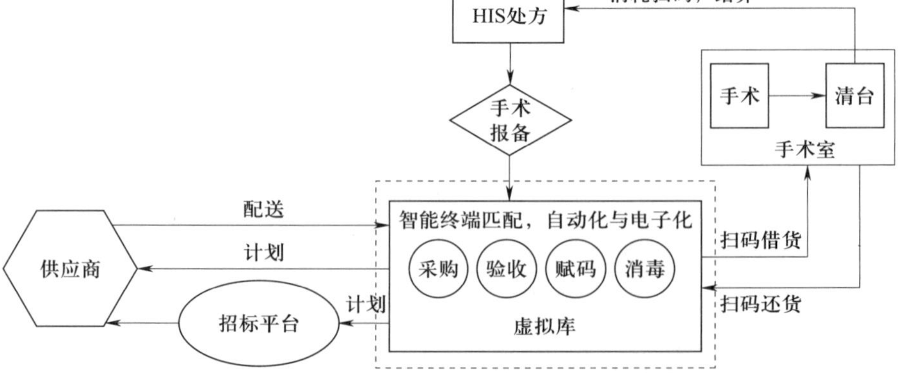

图 7－10　高值耗材管理的医院院内 SPD 工作流程

通过医院院内 SPD 系统的应用，高值耗材管理能够实现以下目标。

1）协同交互，一体化管理。统一分类、统一编码、统一供应链基础数据，与供应商实现信息互联互通、协同交互，实现高值耗材的物流管理精细化、使用过程智能化、监控追溯信息化。

2）一码溯源管理。可选择在厂家码的基础上赋唯一码，结合智能化设施设备和 RFID 技术，实现全程一码溯源质量管理。

3）闭环式仓储物流管理。利用 RFID 技术和智能仓储设备，高值耗材在使用前准入控制、使用中自动识别、使用后可追溯和分析，实现高值耗材在院内的准入、采购、使用、追溯的全程管控，消除“灰色库存”存在的监管隐患。

4）零库存管理。采用“消耗后结算”模式，实现医院高值耗材“零库存”管理。

（3）低值耗材管理

低值耗材管理主要面临以下挑战。

1）以领代支，难以监管。科室耗材领用以领代支，无法准确统计实际消耗；物品积压、过期、丢失时有发生难以管控。

2）需求与供应结构性矛盾。耗材需求计划不准确，采购供应速度不匹配，有些耗材库存积压，有些耗材紧缺导致需求与供应结构性矛盾。

3）信息孤岛，信息不对称。与供应商信息交互不畅，采购、验收、入库、分拣、配送等各环节信息化、智能化程度低，库存积压、出错率高，运营效率偏低。

以低值耗材管理为例的医院院内 SPD 工作流程，如图 7－11 所示。

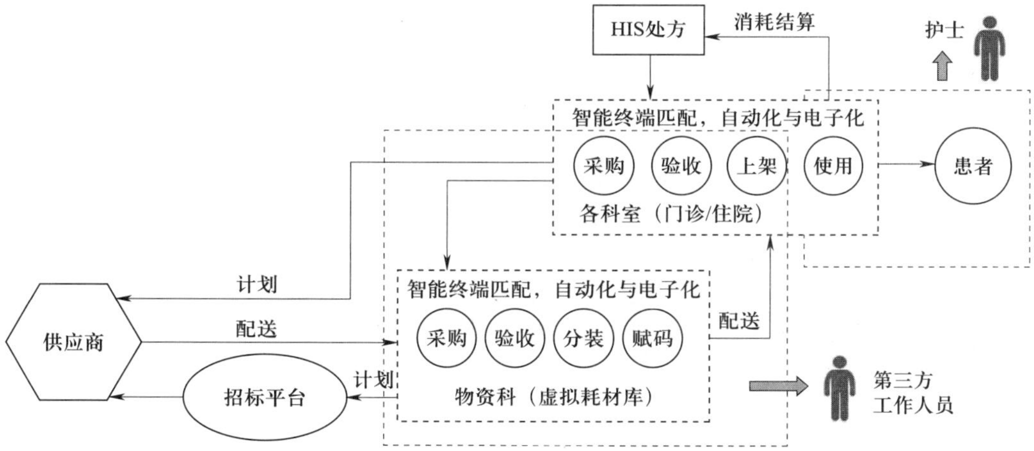

图 7－11　低值耗材管理的医院院内 SPD 工作流程

通过医院院内 SPD 系统的应用，低值耗材管理主要实现以下目标。

1）协同交互，一体化管理。统一分类、统一编码、统一医疗供应链基础数据，与供应商实现信息互联互通、协同交互，提高采购、配送效率，降低医院和供应商采购和配送管理成本。

2）精细化管理，精准配送。取消一级耗材库，根据临床需求和使用方便性定制定数包，实现以科室二级库为核心的精细化管理和精准配送，提高运营效率，减少运营成本。

3）全流程闭环和可追溯。在信息化的基础上，连接智能设施设备，运用 RF、RFID 技术和物联网技术手段，实现耗材的全供应链闭环和全流程可追溯管理。

4）零库存管理。采用“消耗后结算”模式，实现医院耗材“零库存”管理，大幅降低库存和损耗成本。

（4）体外诊断试剂管理

体外诊断试剂管理面临以下挑战。

1）冷链管理不完善。体外诊断试剂储运条件要求苛刻，大部分要求 2 ~ 8 ℃的仓储运输条件，目前存在冷链信息不对称，全程质量监管不完善等问题。

2）有效期管理难度大。体外诊断试剂有效期一般比较短，特别是很大一部分试剂属于进口试剂，物流管理要求高，有效期管理难度大，容易导致质量问题和过期浪费现象。

3）批次管理难落实。不同批次生产的体外诊断试剂存在批间差，不同批次的试剂在正式使用前需要做定标实验，这将损耗一定数量试剂，给订货计划和批次管理带来挑战。

4）供应链管理与技术服务管理不协同。体外诊断涉及的检测项目较多，相应的厂家和供应商也很多，并且体外诊断供应链管理不仅包含有形产品的管理，还包含技术应用、工程维修等技术服务管理，很难实现供应链管理和技术应用管理协同统一。

以体外诊断试剂管理为例的医院院内 SPD 工作流程，如图 7 – 12 所示。

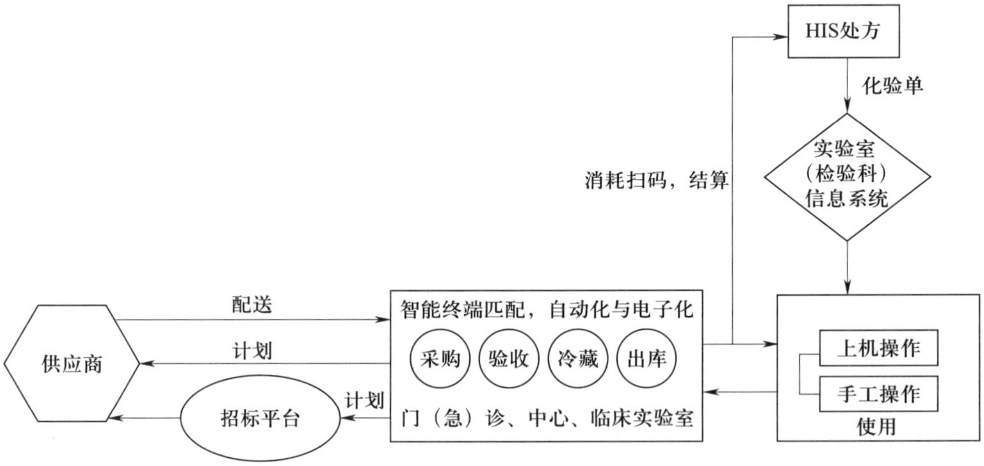

图 7 – 12　体外诊断试剂管理的医院院内 SPD 工作流程

通过医院院内 SPD 系统的应用，体外诊断试剂管理能够实现以下目标。

1）协同交互，一体化管理。统一分类、统一编码、统一医疗供应链基础数据，与供应商实现信息互联互通、协同交互，提高采购、配送效率，降低医院和供应商采购和配送管理成本。

2）全程冷链监管。SPD 系统对接供应商冷链管理系统，并与医院检验实验室冷链系统集成，实现全程温度监控。

3）近有效期优先和同批次优先管理相结合。通过信息化、条码化技术，匹配智能设施设备实现验收、入库、出库等过程中近有效期优先和同批次优先管理。

4）供应链管理与技术服务管理相结合。SPD 系统对接供应商 ERP 信息系统和实验室 LIS 系统，实现供应链管理与技术服务管理相结合。

（5）医疗设备管理

医疗设备管理面临以下挑战。

1）日常管理复杂。设备种类繁多，数量庞大，如果没有规范的管理制度和手段，管理难度较大。

2）使用、维修、保养管理不到位。设备基本没有形成统一基础数据管理，不能全面掌握设备的使用和维护状况，很难规范使用、维修、保养管理工作。

3）运营及管理成本高。设备维修保养信息不对称，没有大数据分析报告，设备的维修保养相对比较被动，导致维修保养已经逐步成为医院运营管理的重要负担。

以医疗设备管理为例的医院院内 SPD 工作流程，如图 7－13 所示。

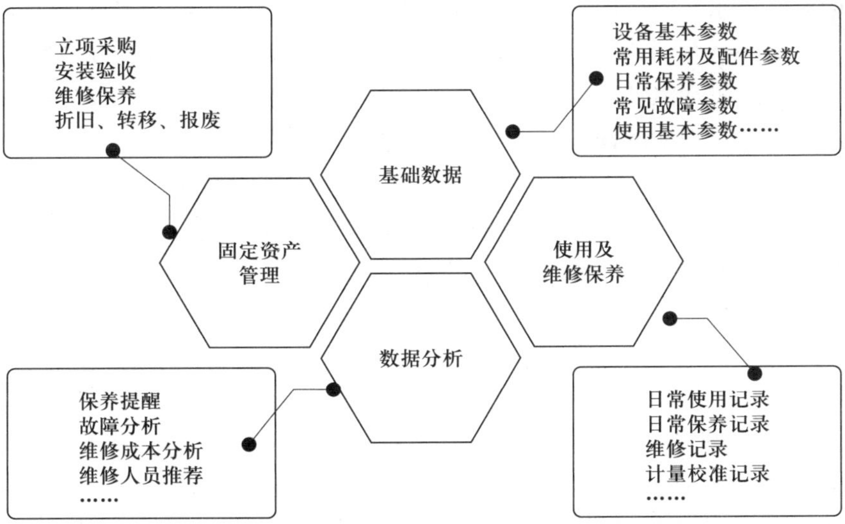

图 7－13　医疗设备管理的医院院内 SPD 工作流程

通过医院院内 SPD 系统的应用，医疗设备管理可以实现以下目标。

1）基础参数统一维护。统一维护设备基本参数和维修保养参数，为设备日常管理提供规范和标准。

2）通过创新技术手段实时监控。信息技术和物联网技术相结合，随时监控设备的使用状况和维修保养情况。

3）运用大数据分析提高运营管理水平。通过大数据应用，对设备的日常使用、维修、保养提供科学分析报告，自动生成维修保养预算报告，自动推送维修保养信息，并且直接与干系人形成对接和互动，提高整体管理效率，降低运营管理费用。

3. 医院院内物流外包的优势

医院借鉴社会物流发展经验，利用第三方物流优化成本，提高效率，从专业的医药物流企业中选出一个第三方医药物流企业为医院提供服务。

（1）实现医院内部物流的现代化、精细化管理

医院内部医药物资流通环节众多，管理要求复杂，参与人员广泛，医护、药剂人员承担了大量的医药物资物流工作。医院院内物流外包，可以优化管理医院内部物流周转效率，实现医院医药物资“零库存”模式管理，减少医院人员成本、库房占用及资金囤积，降低医院运营成本，缓解“看病难，看病贵”等问题。

（2）提升医院服务质量，提高医院经营效益

通过医药物资供应流程的梳理和物流专业管理队伍的建设，解放医护、药剂人员等医院内繁重的物流操作体力劳动，使其能更专注于药物咨询、处方审核、医药商品复核等临床药事服务；医药物资供应链服务系统与自动化配送设备的协同工作，可以实现患者用药的即时供应，提升医院服务水平，提高医院的经营效益。

（3）确保医药物资流转全过程安全性与可靠性

第三方医药物流企业为医院提供整体的软硬件方案，提高医院物流信息化水平，通过现代物流信息技术，实现医药物资流通全过程信息化及追踪管理，提高库存准确率，加强批号效期管理，加强医药物资流转过程安全管理，确保用药安全。配合医院优化品规品种，可有效避免以前医院药品管理中的诸多问题。

（4）贴近医改医药分离的目标、体现医药物资供应链服务宗旨

通过院内医药物资供应链服务系统的建设，逐渐改变传统的以药养医的格局，提高医药物资采购质量、保障医药物资合理使用、体现医药物资供应链服务的价值。

课堂互动

思考与练习

1. 简述医院院内 SPD 的概念及特点。

2. 描述医院院内 SPD 的工作流程。

3. 按照 SPD 的不同模块，描述医院药品耗材等管理中可能存在的问题。针对以上问题可以提供哪些解决方案？

章节习题

一、单选题

1. 既非药品供应方又非药品需求方的第三方企业，通过契约为客户提供医药流通的全过程服务称为（　　）。

A. 第一方医药物流　　B. 第二方医药物流

C. 第三方医药物流　　D. 第四方医药物流

2. 以下不属于第三方物流特征的是（　　）。

A. 关系合同化　　B. 服务统一化　　C. 功能专业化　　D. 管理系统化

3. 以下不属于第三方医药物流特点的是（　　）。

A. 运营规范化　　B. 管理精细化　　C. 分工专业化　　D. 信息独有化

4. 第三方医药物流企业（　　）医药物资所有权。

A. 没有　　B. 有　　C. 有一部分　　D. 不好说

5. 第三方医药物流不涉及医药物资的（　　）环节。

A. 储存　　B. 分拣　　C. 配送　　D. 购销

6. 院内物流是一种针对（　　）等医药物资的采购、存储、包装、配送直至患者给药等物流过程一体化的供应链管理体系。

A. 流通的药品　　B. 医院内部流通的药品

C. 流通的药品、医疗耗材　　D. 医院内部流通的药品、医疗耗材

7. 在 SPD 管理模式中，医院人员主要处理（　　）。

A. 临床使用药品目录制定　　B. 首营品种审核

C. 库存管理　　D. 退换货管理

8. 为实现医院零库存管理，基于 SPD 运营中心的管理，SPD 运营中心在医药物资配送至医院各个消耗部门时（　　）。

A. 物权不发生转移　　B. 物权发生转移

C. 作为资金结算点　　D. 资金进行结算

9. 以下不属于 SPD 管理模式中供应商人员主要处理的工作内容的是（　　）。

A. 收货验收　　B. 单元化分包工作

C. 订单收集　　D. 绩效考核

10. SPD 管理模式将院内医用物资供应模式从传统的“二级消耗点申领—管理部门采购—供应商送货—仓库验收入库—仓库发货”的“拉”式模式转变为（　　）“推”式模式。

A. 二级消耗点扫码消耗—管理部门采购—供应商送货—仓库验收入库—仓库发货

B. 二级消耗点扫码消耗—管理部门采购—SPD 运营中心主动补充

C. 二级消耗点扫码消耗—SPD 运营中心主动补充

D. 二级消耗点扫码消耗—管理部门采购—供应商送货

二、简答题

1. 简述第三方物流的基本特征。
2. 简述第三方医药物流的特点。
3. 简述第三方医药物流供应链的优势。
4. 什么是医院院内物流，都有哪些特点？
5. 描述医院院内物流的作业都有哪些。

单选题参考答案

1. C　2. B　3. D　4. A　5. D　6. D　7. A　8. A　9. D　10. C

第八章

医药物流和电子商务

导学情景

医药流通行业的产业互联网机会

2020 年中国医疗支出为 7.3 万亿元，位居全球第二，预计 2030 年中国医疗支出将达到 17.6 万亿元，2021—2030 年复合增长率为 9.3%。

新冠肺炎疫情推动了医疗服务线上化的需求，驱动了医药电商市场的增长。与此同时，受益于“互联网 + 医疗”政策和医院渠道处方药外流趋势，中国零售药房市场网站交易总额（GMV）将从 2020 年的 1 570 亿元增长至 2030 年的 1.2 万亿元，复合增长率达 22.6%。预计 2030 年处方药销售将占整体线上药品网站交易总额的 28%，为各品类中最高（2019 年为 13%）。

从产业演进的角度，互联网具有贯通多环节、多角色的能力，使得产业链向高效率、低成本的方向进化，医药流通行业已经走过了电商阶段，正在向产业互联网方向演进。

医药流通市场规模已超过 2.3 万亿元，在市场重塑过程中，有机会由产业互联网平台进行技术、服务、供应链、金融等市场资源调配，形成一种协作高效、分配合理的产业生态。对于医药流通行业创新者来说，服务患者、连接药企和药店、赋能医院，以数据技术为支持，叠加交付能力，形成综合服务平台，才能支撑医疗行业提效向前发展。

在新医改、“互联网 +”、医药新零售等因素的推动下，医药流通行业数字化进程已开启了暴发式提速。医药流通行业正向在线化、数据化、低成本、覆盖面广、服务能力提升的方向前进，数字化发展已成为未来发展的关键。同学们要紧跟时代步伐，认真学习本章内容。

§8－1　电子商务概述

学习目标

1. 了解电子商务的概念。
2. 了解电子商务的产生与发展。
3. 掌握电子商务与传统商务的区别及关系。
4. 掌握电子商务的特征、功能、作用。

电子商务改变了人们的生活方式。我们足不出户就可以随心所欲地在网上购物，也可以做到家事、国事、天下事事事清楚，甚至可以坐在家中聆听世界一流大学知名教授的精彩授课。新零售、无人超市这些词已经不再陌生，电子商务将人们过去的很多美好憧憬变成了现实。那么究竟什么是电子商务呢?

一、电子商务的概念和类型

1. 传统商务与电子商务

传统商务就是用户可以利用电话、传真、信函和传统媒体等方式实现商务交易和管理的过程。用户通过传统手段进行市场营销、广告宣传，获得营销信息，接收订货信息，作出购买决策，支付款项，开展客户服务等。这种手段环节多、成本高、效率低。

电子商务通常是指在全球各地广泛的商业贸易活动中，在互联网开放的网络环境下，基于客户端、服务端应用方式，买卖双方不谋面地进行各种商贸活动，实现消费者的网上购物、商户之间的网上交易和在线电子支付，以及各种商务活动、交易活动、金融活动和相关综合服务活动的一种新型商业运营模式。

传统商务与电子商务的不同主要体现在交易对象、交易时间、交易地点、流通渠道、销售方式、销售推动、信息提供、顾客方便度、顾客需求把握等方面。

2. 电子商务的分类

（1）按照商务活动的运行方式，电子商务可以分为完全电子商务和非完全电子商务。

（2）按照商务活动的内容，电子商务可以分为间接电子商务（有形货物的电子订货和付款，仍然需要利用传统渠道如邮政服务和商业快递车送货）和直接电子商务（无形货物和服务，如某些计算机软件、娱乐产品的联机订购、付款和交付，或者是全球规模的信息服务）。

（3）按照开展电子交易的范围，电子商务可以分为区域化电子商务、远程国内电子商务、全球电子商务。

（4）按照使用网络的类型，电子商务可以分为基于专门增值网络的电子商务、基于互联网的电子商务、基于企业内部网（Intranet）的电子商务。

（5）按照参与主体，电子商务可以分为企业对企业的电子商务（B2B），企业对消费者的电子商务（B2C），企业对政府的电子商务（B2G），消费者对政府的电子商务（C2G），消费者对消费者的电子商务（C2C），线上线下一体化的电子商务（O2O），企业、消费者、代理商三者相互转化的电子商务（ABC），以消费者为中心的全新商业模式（C2B2S），以供需方为目标的新型电子商务（P2D），下面对其中几种主要的模式进行介绍。

1）企业对企业的电子商务（business to business，B2B）。商家（泛指企业）对商家的电子商务，即企业与企业之间通过互联网进行产品、服务及信息的交换。通俗地讲，其是指进行电子商务交易的供需双方都是商家（或企业、公司），使用互联网技术或各种商务网络平台，完成商务交易的过程。这些过程包括发布供求信息，订货及确认订货，支付过程，票据的签发、传送和接收，确定配送方案并监控配送过程等。

2）企业对消费者的电子商务（business to customer，B2C）。B2C 模式是中国最早产生的电子商务模式，如今的 B2C 电子商务网站非常多，比较大型的有天猫商城、京东商城、一号店、苏宁易购、国美在线等。

3）消费者对消费者的电子商务（customer to customer，C2C）。C2C 同 B2B、B2C 一样，都是电子商务的几种模式之一。不同的是 C2C 是用户（消费者）对用户（消费者）的模式，C2C 商务平台就是为买卖双方提供一个在线交易平台，使卖方可以主动提供商品上网拍卖，而买方可以自行选择商品进行竞价。

4）企业对政府的电子商务（business to government，B2G）。B2G 模式是企业与政府管理部门之间的电子商务，如政府采购、海关报税平台，税务局报税平台等。

5）线上线下一体化的电子商务（online to offline，O2O）。O2O 是新兴起的一种电子商务新模式，即将线下商务与互联网结合在一起，让互联网成为线下交易的前台。这样线下服务就可以在线上来揽客，消费者可以线上筛选服务，还有成交可以在线结算，很快达到规模。该模式最重要的特点是推广效果可查，每笔交易可跟踪。

二、电子商务的特征、功能及作用

1. 电子商务的特征

从电子商务的含义及发展历程可以看出电子商务具有如下基本特征。

（1）普遍性

电子商务作为一种新型的交易方式，将生产企业、流通企业以及消费者和政府带入了一个网络经济、数字化生存的新天地。

（2）方便性

在电子商务环境中，人们不再受地域的限制，客户能以非常简捷的方式完成过去较为繁杂的商业活动。如通过网络银行能够全天候地存取账户资金、查询信息等，同时使企业对客户的服务质量大大提高。

（3）整体性

电子商务能够规范事务处理的工作流程，将人工操作和电子信息处理集成为一个不可分割的整体，这样不仅能提高人力和物力的利用率，也可以提高系统运行的严密性。

（4）安全性

在电子商务中，安全性是一个至关重要的核心问题，它要求网络能提供一种端到端的安全解决方案，如加密机制、签名机制、安全管理、存取控制、防火墙、防病毒保护等，这与传统的商务活动有着很大不同。

（5）协调性

商业活动本身是一个协调过程，它需要客户与公司内部、生产商、批发商、零售商之间进行协调。在电子商务环境中，它更要求银行、配送中心、通信部门、技术服务部门等多个部门的通力协作，电子商务的全过程往往是一气呵成的。

2. 电子商务的功能

电子商务可提供网上交易和管理等全过程服务。因此，它具有广告宣传、咨询洽谈、网上订购、网上支付、电子账户、服务传递、意见征询、交易管理等各项功能。

（1）广告宣传

电子商务可凭借企业的 web 服务器和客户的浏览，在网络上发布各类商业信息。客户可借助网上检索工具迅速地找到所需商品信息，而商家可利用网上主页和电子邮件在全球范围内作广告宣传。与以往的各类广告相比，网上广告成本最为低廉，而给客户的信息量却最为丰富。

（2）咨询洽谈

电子商务可借助非实时的电子邮件、新闻组和实时的讨论组了解市场和商品信息、洽谈交易事务，如有进一步需求，还可用网上的白板会议来交流即时的图形信息。网上咨询和洽谈能超越人们面对面洽谈的限制，提供多种方便的异地交谈形式。

（3）网上订购

电子商务可借助 web 服务器中的邮件交互传送实现网上订购。网上订购通常都是在产品介绍的页面上提供十分友好的订购提示信息和订购交互格式框。当客户填完订购单后，通常系统会回复确认信息单来保证订购信息的收悉。订购信息也可采用加密的方式使客户和商家的商业信息不被泄露。

（4）网上支付

电子商务要成为一个完整的过程，网上支付是重要环节。客户和商家之间可采用信用卡账号实施支付，在网上直接采用电子支付手段可省略交易中很多人员的开销。网上支付将需要更为可靠的信息传输安全性控制以防止欺骗、窃听、冒用等非法行为。

（5）电子账户

网上支付必须有电子金融来支持，即银行或信用卡公司及保险公司等金融单位要为金融服务提供网上操作服务，而电子账户管理是其基本组成部分。信用卡号或银行账号都是电子账户的一种标志，其可信度需配以必要技术措施来保证，如数字凭证、数字签名、加密等，这些手段的应用提供了电子账户操作的安全性。

（6）服务传递

对于已经付款的客户，应将其订购的货物尽快传递到他们手中。而有些货物在本地，有些货物在异地，电子邮件能在网络中进行物流的调配。而最适合在网上直接传递的货物是信息产品。如软件、电子读物、信息服务等。它能直接从电子仓库中将货物发到客户端。

（7）意见征询

电子商务能十分方便地采用网页上的“选择”“填空”等格式文件来收集客户对销售服务的反馈意见。这样能使企业的市场运营形成一个封闭的回路。客户的反馈意见不仅能提高售后服务的水平，更能使企业获得改进产品、发现市场的商业机会。

（8）交易管理

整个交易管理将涉及人、财、物多个方面，企业和企业、企业和客户及企业内部等各方面的协调和管理。因此，交易管理是涉及商务活动全过程的管理。电子商务的发展，将会提供一个良好的交易管理网络环境及多种多样的应用服务系统。这样才能保障电子商务获得更广泛的应用。

3. 电子商务的作用

互联网的普及和推广极大地改变了人们的生活方式，同时也促进了电子商务的飞速发展。随着电子商务魅力的日渐显露，网络经济、信息经济、虚拟企业、网络营销等一大批新词汇正在为人们熟知和认同，这些词汇从侧面反映了电子商务对社会和经济产生的影响。

电子商务已经渗透到国民经济的各个领域，涵盖了教育、医疗、旅游、农业、商业、通信、交通等多个方面。

三、电子商务的产生和行业新应用

1. 电子商务的产生

20 世纪 60 年代后，计算机和网络技术飞速发展，构建了电子商务赖以生存的基础，并预示了未来商业活动的一种发展方向，人们提出了电子商务这个概念。其产生和发展的条件主要有以下两个。

（1）信息技术的发展

信息技术的发展是电子商务产生的基础，主要体现在两个方面。

1）计算机的广泛应用。20 世纪 90 年代后，计算机处理速度越来越快。处理能力越来越强，价格越来越低，应用越来越广，这为电子商务的发展奠定了基础。

2）网络的普及和成熟。随着互联网逐渐成为全球通信与交易的媒介，全球互联网用户数量呈几何级数增长，网络快捷、安全、低成本的特点为电子商务的发展提供了应用条件。

（2）社会经济的发展

随着社会经济的发展，大多数商品出现了供应远远大于需求的现象。这时亟须一种新的商务模式来提高企业竞争力，电子商务就扮演了这种角色。电子商务是人类社会经济发展的必然趋势。

总之，信息技术的进步和经济的发展使社会网络化、经济数字化、竞争全球化、贸易自由化成为必然，现代电子商务也应运而生。

2. 电子商务的发展阶段

电子商务的发展根据其使用的网络不同，可分为四个阶段：基于电子数据交换的电子商务，基于互联网的电子商务，基于3G、4G、5G的移动电子商务（移动电商），基于新兴技术的智慧电子商务。

（1）基于电子数据交换的电子商务

从技术角度来看，人们利用电子通信的方式进行贸易活动已有几十年的历史了。早在20世纪60年代，人们就开始利用电报发送商务文件。20世纪70年代，人们又普遍采用更方便快捷的传真来替代电报，由于传真是将信息经各类信道传送至目的地，在接收端获得与发送原稿相似记录副本的通信方式，它还不能将信息直接转入信息系统，因此，利用电报、传真等技术进行的商务活动还不是严格意义上的电子商务。后来人们开发了电子数据交换（electronic data interchange，EDI）技术，在互联网普及之前，它是最主要的电子商务应用技术。

（2）基于互联网的电子商务

20世纪90年代中期，互联网迅速从大学、科研机构走向企业和家庭。1991年，一直被排斥在互联网之外的商业贸易活动正式进入互联网世界，电子商务成为互联网应用的最大热点。电子商务起源于1995年，它的先驱是一些互联网零售公司，如亚马逊。2010年之后，像沃尔玛这样的传统跨国零售商也建立了自己的网上商店（网店）。2014年之后，电子商务出现了许多新的发展趋势，如与政府管理和采购行为相结合的电子政务服务、与个人手机通信相结合的移动电商等均得到了很好的发展，跨境电商也成了电子商务发展的一个新的突破口。

（3）基于3G、4G、5G的移动电子商务（移动电商）

随着移动通信技术的发展，手机上网已经成为一种重要的上网方式。在3G和4G时代，智能手机、平板电脑的普及使得移动电商的发展极为迅速，改变了很多基于互联网的电子商务“规则”。2018年，我国三大电信运营商开始投入5G网络建设，2019年投入商用。在5G时代，电子商务可能会有更深层次的变化。

（4）基于新兴技术的智慧电子商务

2015年，政府工作报告中提出了制定“互联网+”行动计划，电子商务是“互联网+”行动计划的一项重要内容，也是核心内容之一。“互联网+”不仅是技术变革，还是一场思维变革。站在“互联网+”的风口上，O2O、新零售、互联网金融、智能制造、智慧城市等细分领域的创新应用和实践遍地开花。移动互联网、云计算、大数据、物联网、人工智能、区块链等新兴技术与现代制造业结合，促进了电子商务、工业互联网和互联网金融的快速发展。2016年，阿里巴巴提出了“五新”，即新零售、新制造、新金融、新技术、新能源。“五新”的提出，将电子商务企业（电商企业）从纯电商领域扩展至跨越行业界限的技术平台，推动电子商务进入智慧电商阶段。构建虚拟商业与实体商业空间融合的智慧商圈，创建高融合度的一流消费环境，这是电子商务发展的趋势。互联网与传统产业的融合发展不但推动了经济稳步增长，促进了产业结构创新升级，还加快了国家综合竞争新优势的形成，为我国在新一轮全球竞争中脱颖而出创造了机会。

3. 在线教育

在线教育也称远程教育、网络教育，即为了教育、培训和知识管理而进行的在线信息传递。教与学可以不受时间、空间和地点等条件的限制，知识获取渠道灵活多样。近年来，我国在线教育市场的规模快速发展，既有传统教育与互联网的结合，也有互联网巨头布局的在线教育，逐渐演化出了多种不同形式的在线教育商业模式。从电子商务模式的角度，在线教育一般可分为以下几种类型。

（1）B2C 在线教育模式

B2C 模式在“在线教育”行业占比约 47%，是在线教育的主流模式。B2C 的授课形式在不断演变，从录播课程到直播，从大班授课到一对一模式，通过掌握消费者心理，充分满足其需求来留住消费者。B2C 模式的在线教育公司，担任着教育自营主体的角色，其课程产品一般以相对垂直的教育领域为主，如语言培训、职业培训、技能培训等。

（2）C2C 在线教育模式

C2C 模式经常是通识类课程的教学平台，集众人之力，为平台提供更全面的内容支持。各大互联网巨头面对在线教育市场，也都布局了 C2C 平台以抢占资源，谁先抢占了机构、老师、用户，谁就抢占了市场先机。

4. 互联网医疗

科技革新与消费需求升级是商业领域得以重塑的最重要两大推动力，在医疗健康服务领域也是如此。在这两大推动力的作用下，现今的医疗健康服务领域出现了许多创新的商业模式。互联网医疗电子商务（互联网医疗）主要指面向消费者端（C 端）的医疗健康互联网产品。互联网医疗可以划分为以下几种类型。

（1）围绕“疾病”来提供健康服务

此类互联网医疗平台按照疾病类别开展健康服务，患者可以办理在线预约挂号、就医咨询、联系海外就医、查询住院信息等事项。

（2）围绕“药品”来提供健康服务

此类互联网医疗平台依据各自对于药品产业链的把控提供相应服务。

（3）围绕“内容”来提供健康服务

此类互联网医疗平台依据各自的健康知识库提供文字、语音、视频、直播、点播、搜索等类型的健康服务，常见的业务版块有患者自诊、医药百科、健康讲座视频、医药专业文章、健康搜索、健康直播等。

§8－2　医药电子商务概述

学习目标

1. 掌握医药电子商务的概念。

2. 掌握医药电子商务的产生与发展。
3. 掌握医药电子商务模式。
4. 理解重点岗位工作职责和工作要求。

在过去几年里，医疗产业经历着前所未有的变化，新医改的纵深推进，互联网医疗的井喷式发展，可穿戴式设备、大数据、云计算、人工智能、跨界合作等新兴技术与新兴商业思维，在不断重新塑造医药产业。医药电子商务是互联网医疗行业的核心模式之一。

一、医药电子商务

1. 基本概念

医药行业是国家的特殊行业之一，直接关系到人们的身体健康和生命安全；医药产业也是我国四大重点（计算机、汽车、医药、微电子）技术创新产业之一，是一个技术密集程度高、投入多、效益好、周期长、风险大的国际性产业。通过电子商务，建立一个覆盖整个医药购销过程的虚拟市场，使医药商品流通中的买方和卖方平等地面对一个公平透明的市场渠道，而在这个渠道中进行的所有医药商品购销行为都会通过现代化信息采集手段记录下来，并经过相应的信息处理后成为各级相关政府部门执法监督的依据。这样一种市场渠道以及相应交易模式的形成，不仅可以提高医药商品的流通效率，降低医药商品流通成本，同样对于减少我国医药商品生产、流通、销售中的不正当竞争行为有着重要意义。

医药电子商务是指医疗机构、医药公司、银行、医药生产商、医药信息服务提供商、第三方机构等以营利为目的的市场经济主体，凭借计算机和网络技术（主要是互联网）等现代信息技术，进行医药商品交换及提供相关服务的行为。

医药电子商务具有以下特征：

（1）交易过程全部或部分在网络环境下完成，但交易主体必须通过权威机构实名认证；

（2）交易双方必须具备符合法律法规要求的资质；

（3）交易范围、交易行为与方式等均必须完全符合法律法规要求。

2. 我国医药电子商务的发展历程

随着我国政策解除对医药电子商务的限制，医药电子商务概念随之正式提出，我国医药电子商务行业经过多年发展，在政策以及社会需求的推动下从初创期、探索期、发展期直至黄金期，商业模式逐渐成熟，市场也初具规模（如图 8 –1 所示）。

3. 医药电子商务发展现状

商务部发布的《关于“十四五”时期促进药品流通行业高质量发展的指导意见》，对我国医药流通行业“十四五”期间高质量发展提出明确要求。在此背景下，医药流通行业加快数字化转型，医药电子商务快速发展。行业、政策、技术以及物流的进步为医药电子商务的发展奠定了良好基础，促进了医药流通供应链降本增效。

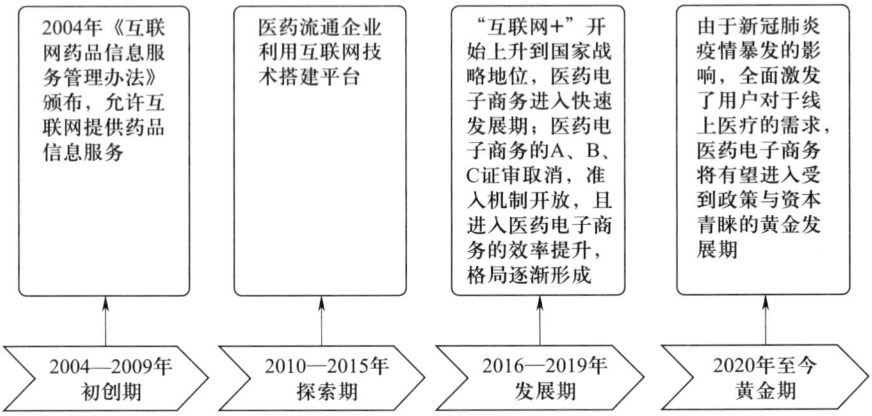

图 8－1　医药电子商务行业发展历程

经过多年发展，我国医药电子商务已经逐渐从概念阶段发展到业绩支撑阶段。2020 年受新冠肺炎疫情影响，电子商务购药成为首选，医药电子商务趁势而起，实现高速增长。医药电子商务位于医药流通产业链的中游，以数字化方式革新产业链上下游之间的联系方式，节约流通成本，提升流通效率。在政策与市场不断完善的综合作用下，中国医药电子商务发展空间巨大。

但我国医药电子商务仍存在一些问题，主要有以下几点：

（1）在宏观层面，医药电子商务的准入门槛高，相关政策法规尚不健全，无法与医保对接，市场不规范，医药物流体系不完善。

（2）在中观层面，医药电子商务的运营、维护投入高，盈利周期长。医药电子商务企业面临的成本压力高，网上销售医药商品的结构不合理。医药电子商务企业的咨询服务不完备。

（3）在微观层面，由于部分医药企业社会责任缺失，存在非法医疗广告充斥着互联网等情况，由此产生了消费者对医药电子商务的观念和认同有偏差。

二、医药电子商务模式

1. 按参与主体分类

医药电子商务按参与主体分类时与电子商务分类类似，模式主要为 B2B、B2C、O2O 三种模式。

三种不同模式对比见表 8－1。

表 8－1　医药电子商务三种不同模式的对比

模式	运营模式	盈利模式	优势	缺点
B2B	医药连锁企业自建官网或电商巨头进军医药领域与消费者之间的电子交易	销售差价及广告	信息，渠道，客户忠诚，资金安全	控制力，物流，库存不足

续表

模式	运营模式	盈利模式	优势	缺点
B2C	非盈利性的医药商品集中招标采购平台	非盈利	技术，资产，人才资源丰富	规模小
O2O	线上下单后线下指导及送药	交易佣金，广告，物流配送	结合本地特色，真实的消费体验，真实的互动营销	覆盖面窄，线上线下产品存在差异，产品及服务质量参差不齐

三种模式的共同点都是通过网络平台为客户提供医药商品或服务。

2. 按交易服务内容分类

医药电子商务按交易服务内容分为三类：第一类是为医药生产企业、医药经营企业和医疗机构之间的互联网医药商品交易提供的服务；第二类为医药生产企业、医药批发企业通过自身网站与本企业成员之外的其他企业进行的互联网药品交易；第三类为向个人消费者提供的互联网医药商品交易服务。

3. 按网站功能分类

医药电子商务按照网站功能分类可分为以下两类。

（1）健康服务型医药电商

近年来，国家十分积极地推动互联网医疗行业的发展，出台了很多相关政策制度，政策体系也日趋完善。这些政策的及时出台，不仅指明了互联网医疗行业的发展方向，也提高了医院和相关企业参与的积极性和可行性。部分医药电商企业顺应时代发展，从传统的药品服务转型为健康服务。

健康服务型医药电商的服务内容包括以下四个方面。

1）医疗内容：面向大众用户端提供在线科普、医疗资源信息获取、健康咨询、患者社群等服务；面向医生端提供医生社交、临床病例讨论、诊疗工具示例、在线学术会议、专业考试培训等服务。

2）在线诊疗：运用互联网技术提供安全适宜的医疗服务，在线开展部分常见病、慢性病复诊。

3）在线购药：线上开具的常见病、慢性病处方，经药师审核后，医疗机构、医药经营企业委托合规的第三方机构配送。

4）疾病管理：通过互联网渠道为人们提供专业健康教育、疾病监测随访、健康指导、延伸处方等服务。

（2）医药商品服务型医药电商

区别于健康服务型医药电商，医药商品服务型医药电商以患者诊疗后的医药商品服务为主。主流的医药电商平台，聚合了大量的医药零售企业，依托众多药房汇合的庞大 SKU（库存控制的最小单元）储备（多为线下药店的 10 ~ 60 倍），能够为全国各地患者提供所需医药商品，增加了偏远地区的医药商品可及性。同时，线上购药信息透明，便于比价，能适当减少消费者的医药商品开销。

三、医药电子商务重点岗位

1. 医药电子商务岗位分类

医药电子商务岗位分类见表 8－2。

表 8－2　医药电子商务岗位分类

岗位名称	岗位描述	职业能力及素质要求
医药电商客户管理	（1）能够完成线上日常销售工作，为客户导购，问题解答； （2）能够解答客户咨询，促使买卖成交； （3）能够进行接单、打单、查单等订单处理工作及客户的售后服务工作； （4）与客户在线交流，了解客户需求，妥善处理客户投诉，保证客户满意	（1）具备基本的计算机网络应用能力； （2）具备电子商务基础知识； （3）具备网络营销知识和技能； （4）具备医药商品推广及活动策划能力； （5）具备良好的销售技巧、必要的沟通协调能力、社交礼仪知识，能够建立与维护同客户的良好关系； （6）具备公共关系、商业礼仪等知识
医药电商运营管理	（1）能够结合医药商品及医药市场的特点，进行药品购销的商务谈判活动； （2）能够应用销售技巧开展医药商品销售； （3）能够运用药事管理与法规知识对医药商品进行有效管理	（1）具备医药商品相关法律法规等基本知识； （2）具备良好的销售技巧、必要的沟通协调能力、社交礼仪知识，能够建立与维护同客户的良好关系； （3）具备公共关系、商业礼仪等知识
医药电商营销推广策划	（1）能够结合医药商品特点对市场进行调查，并能对调查结果进行分析，作出有效决策； （2）能够对营销活动中消费者心理活动进行分析，作出相应的决策； （3）能够熟练运用医药市场策划的基本方法、原理、步骤与技术方法，并将所学到的理论知识应用到营销策划实践中	（1）具备消费者行为分析、竞争对手分析能力； （2）具备调查问卷设计、分析、归纳总结的能力； （3）具备根据调查结果进行商业策划的能力； （4）具备公共关系、商业礼仪等知识； （5）具备熟练使用 Excel、Word 等办公软件的能力
医药仓储管理	（1）能够对入库和退回医药商品进行验收，进行有效期医药商品的管理； （2）能够对医药商品进行保管与养护，保证医药商品在保管期内质量稳定； （3）能够按要求准确处理医药商品发货，并做好相应记录； （4）能够对库存医药商品进行系统盘点	（1）具备医药商品管理法律及专业知识； （2）具备医药物流、财务管理等基本能力； （3）具备熟练使用 Excel、Word 等办公软件的能力

2. 医药电子商务重点岗位工作主要职责

医药电子商务重点岗位工作主要职责见表 8－3。

表 8－3　医药电子商务重点岗位工作主要职责

岗位名称	主要职责
医药电商物流经理	（1）负责部门日常物流管理工作，包括运输、配送、车辆管理等； （2）制订和执行物流工作计划，对物流工作规范进行总结和完善； （3）建立物流体系职责与管理标准； （4）控制送货和仓储成本； （5）参与制订与控制部门物流运作预算； （6）制订物流解决方案，提升客户满意度； （7）定期汇总上报各项物流管理报表； （8）负责所在部门人员的考核、培训工作

续表

岗位名称	主要职责
医药电商仓储主管	（1）保障企业物料安全、准确和按相应需求及时供应，组织企业物料调配、调度，降低库存，提高企业医药商品货物使用效率，降低医药商品货物保管成本； （2）管理仓库运作团队，确保收货、包装、发货等流程按时、准确、顺利； （3）执行和完善仓库的规章制度、规范作业标准及流程，提高效率，降低成本； （4）管理存货，提出改进方案，保证仓库最大化的使用率，控制成本； （5）有效整合企业实体业务运作需求； （6）监督执行盘点工作和结果分析，并提出改进方案； （7）对承运商的协同管理
医药电商仓储专员	（1）执行库存管理流程，改进互联网销售库存管理方法，减少出错率； （2）主管电商所有销售平台，保证订单正常出货，负责打单、核单、包货，保证当天订单的正常出库及售后包裹的处理工作； （3）仓库货物出入库，检查监督出入库手续；入库货物的及时登记、清点、核对，账物不符时及时查明原因；当天完成，不得拖延； （4）负责物料货品码放整齐，散货上架，物料货物标识醒目准确，各类物料货物分区、分类分架摆放，不上架的物料货物做到码放整齐、合理、有序，有数量层次，既整洁又便于清点核对； （5）提供全面的库存分析报告，评估库存管理状态，提高电商库存管理水平； （6）定期与仓库核对数据并安排盘点，保证系统与实物的一致性； （7）完成上级交办的其他工作
医药电商物流客服	（1）负责现有客户的日常维护，及时向客户反馈货物跟踪信息，及时准确回复客户咨询的问题，帮助客户解决难题； （2）协调客户之间的关系，提高客户满意度； （3）客户发货相关文件整理，如申报清单等； （4）完成上级交办的其他工作
医药电商物流单证员	（1）制作订单； （2）协调仓库发货事宜，协调客户收货； （3）及时回复客户和销售人员有关货物进展与产品相关知识的询问； （4）货物信息的传达，将货物入库情况、库存情况和变更情况及时通知给企业其他业务部门； （5）完成上级交办的其他工作

§8－3　电子商务环境下的医药物流

学习目标

1. 了解电子商务环境下医药物流发展趋势。
2. 了解“互联网＋医药物流”的新模式。

3. 了解医药电子商务的相关法规。
4. 理解医药物流与电子商务物流的区别及关系。
5. 掌握电子商务物流的工作流程。
6. 具备熟练填写电子商务销售发货单和拣货单的能力。

一、电子商务与医药物流

1. 医药电子商务物流

物流是医药电子商务的重要组成部分，是医药电子商务得以顺利进行的关键。医药电子商务对物流的影响给物流企业带来了巨大的改变。同时，医药电子商务也提高了对物流的要求，二者相互影响，相互促进，相互制约。现代医药电子商务发展很快，物流作为其中的基本组成部分与医药电子商务的发展相辅相成。医药电子商务物流主要有两种模式，分别为自营物流和第三方物流。我国传统物流基本以自营物流为主，但近年来，发展迅速的第三方物流已经成为现代物流的重要发展趋势。但是无论是自营物流还是第三方物流都各有其特点，都是现代物流的重要组成部分。对于医药电子商务企业而言，到底应该选择自营物流还是第三方物流模式将变得尤为重要。

（1）自营物流

1）自营物流的含义。自营物流即企业自己投资建设物流运输工具、储存仓库等基础设施硬件，经营管理企业的整个物流运作过程。

目前，采取自营物流的电子商务企业主要有两类。一类是传统大型制造企业或批发企业。这类企业大多有自己经营的电子商务网站，由于其自身在长期的传统商务中已经建立起初具规模的营销网络和物流配送体系，在开展电子商务时只需将其加以改进完善，就可以满足电子商务条件下物流配送系统的要求。另一类是资金雄厚且业务规模较大的电子商务公司。电子商务在我国兴起的时候，国内第三方物流服务水平还远不能满足当时电子商务公司的要求，但这些公司持有大量的外国风险投资，为了抢占市场制高点，不惜动用大量资金，在一定区域甚至在全国范围内建立自己的物流配送系统。

自营物流体系的核心是建立集物流、商流、信息流于一体的现代化新型物流配送中心，而电子商务企业在自建物流配送中心时，应广泛利用条码技术、数据库技术、电子订货系统、电子数据交换技术、快速反应技术，以及有效的客户反应技术等信息技术和先进的自动化设施，以使物流中心能够满足电子商务对物流配送提出的各种新要求。

2）自营物流的优劣势分析。综合来看，与第三方物流相比较而言，自营物流具有以下两个方面的优势。

一是反应快速灵活。自营物流由于整个物流体系属于企业内部的一个组成部分，与企业经营部门关系密切，以服务本企业的生产经营为主要目标，因而能够更好地满足企业在物流业务上时间和空间的要求，特别是对于物流配送较频繁的企业，自营物流能更快速灵活地满足企业要求。

二是企业拥有对物流系统运作过程的有效控制权。在自营物流的情况下，企业可以通过内部行政权力控制自营物流运作的各个环节，对供应链较强的控制能力容易与其他业务环节密切配合，可以使企业的供应链更好地保持协调稳定，从而提高物流运作效率。

但自营物流也存在以下两点劣势。

一是一次性投资大、成本高。虽然自营物流具有其自身优势，但是由于物流体系涉及运输、仓储、包装等多个环节，建立物流系统的一次性投资较大，占用资金较多，对于资金有限的企业来说是一个很大的负担。同时，由于企业自营物流一般只服务于自身，并且依据企业自身物流量的大小而建立，而单个企业的物流量一般都较小，其系统规模也较小，这就导致了企业的物流成本较高。

二是需要较强的物流管理能力。自营物流的运营需要企业工作人员具有专业化的物流管理能力，仅仅依靠好的硬件也是无法高效运营的。目前，我国的物流人才培养严重滞后，导致人才严重短缺，企业内部从事物流管理的人员综合素质也不高，面对复杂多样的物流问题，经常是凭借经验或者主观考虑来解决，这成为企业自营物流一个亟待解决的问题。一些企业通过自营物流系统，既服务于本企业，又为其他企业提供物流服务，实质上是一种业务上的多元化，其物流系统的性质已经发生了一定变化，这与自营物流最初的含义已经不同了。

（2）第三方物流

1）第三方物流概述。第三方物流是相对于“第一方”发货人和“第二方”收货人而言的，由第三方专业企业来承担物流活动的一种物流形态。《物流术语》（GB/T 18354—2021）将第三方物流定义为，由独立于物流服务供需双方之外且以物流服务为主营业务的组织提供物流服务的模式。由于第三方物流是以签订合同的方式，在一定期限内将部分或全部物流委托给专业物流企业来完成的，因此又称为合同物流、契约物流或外包物流。

将物流外包给第三方物流公司是跨国公司管理物流的通行做法。按照供应链理论，将不是自己核心的业务外包给从事该业务的专业公司来做，从原材料供应到生产，再到产品销售各个环节的各种职能，都由在某一领域具有专长或核心竞争力的专业公司互相协调或配合来完成，其所形成的供应链具有最大的竞争力。

2）第三方物流的优劣势分析。在当今竞争日趋白热化和社会分工日益细化的大背景下，第三方物流具有明显的优势，具体表现如下。

一是企业可集中精力于核心业务。任何企业的资源都是有限的，也很难成为业务上面面俱到的专家。因此，企业应把主要资源集中于自己擅长的主要业务上，而把物流等辅助功能留给专业公司去做。这样可以使企业集中资源，培育其核心能力，大力发展核心业务，将其做大做强，走集约化发展道路。

二是降低运营成本。将物流外包给第三方物流公司，会降低经营成本，这主要是通过两个方面实现的。一方面可以减少固定资产的投资，加速资金周转。企业自营物流需要投入大量的资金用于购买物流设备、建设仓库和信息网络等专业物流设备。这些资源对于资金短缺的企业，特别是中小企业来说是一个沉重的负担。而使用第三方物流公司不仅可以减少设施投资，还解放了仓库和车队方面的资金占用，加速了资金周转。另一方面可以发挥规模优势、专业化优势、信息化优势，降低库存与成本。第三方物流对物流系统的精心设计与计划，可以最大限度地减少库存，放松企业的现金流量，实现成本优势。第三方物流大多是对客户运作，所形成的规模优势将大大提高资源设备的利用率，提高专业化水平和工作效率，降低成本。第三方物流所具备的高水平专业化技术能力及完善强大的信息化优势会大大提高物流管理效率，从而降低物流成本。

同时，与自营物流相比，第三方物流在为企业提供上述便利的同时，也会给企业带来诸多不利因素。

一是企业不能直接控制物流职能。企业在将物流业务外包给第三方物流的同时，也就意味着不能像自营物流那样可以对物流各个环节的活动进行自主控制，物流服务质量与效率不一定能得到完全的控制与保证。在供应链中，由于过分依赖供应链合作企业，容易受制于人，从而处于被动地位，导致供应链的控制能力变差。没有自营物流的企业对第三方物流的依赖相对更强一些，因为物流服务质量与效率取决于第三方物流，这对企业的正常生产经营活动会产生严重影响，第三方物流可能利用这种有利地位欺诈对方，在必要时提高价格，并转向那些能满足他们利益的客户，例如不按合同规定的时间配送，装卸搬运过程中故意要挟等。

二是遇到大型节假日及特殊日子，不能有效满足客户需求。对于一些大型节假日或者某些特殊日子，第三方物流往往会有放假安排或者人手不够等情况出现，造成物流速度减缓，货物可能堆在仓库数天都不能发出，客户的投诉也随之上升，导致整个服务质量下降。

三是使用第三方物流往往意味着企业不能保证客户服务的质量并维护与客户的长期关系，同时也意味着企业放弃了物流专业技术的开发，还可能造成第三方物流通过与客户的直接接触提升了其在客户心目中的整体形象，从而取代了企业的地位。

2. 医药电子商务物流的工作流程

医药电子商务物流的工作流程主要分为四个部分，分别是收货、扫描发货、物流跟踪、退换货接收。

（1）收货

医药商品到达仓库后，依据采购信息核对件数并检查包装是否完整；待确定数量和包装无误后在收货单上签字确认；确认后的医药商品依照收货仓位规划整齐地摆放并将货单交给账物组进行验收，验收必须由扫描员通过企业资源计划（ERP）系统进行逐个扫描；将收货标志贴于收货箱的侧面；扫描结束后保存打印单据。

（2）扫描发货

库存组依据账物组交给的销售订单进行配货，配货结束在配货单上签字确认后交给发货组。发货组接到医药商品货物后依据销售订单号在 ERP 系统上进行扫描，扫描时核对销售订单的数量以及医药商品信息，如有差异通知发货组进行更改；打印发货单据，在发货单据上签字确认并连同发票一起装箱，并用本公司的装用封箱胶带进行封箱；将发货标志（发货标志上应填写客户姓名、地址及联系方式）贴于发货箱上（或包装袋），并填写发货明细台账。之后交给账物组进行审核并由账物组通知自营物流或第三方物流公司，物流公司人员进行交接，交接时应核对发货数量和发货地区。确认无误后在发货单上签字，留底一联交由账物组。

（3）物流跟踪

客户需要的医药商品发货后应由专门的物流客服人员确认客户是否收到货物，并反馈客户所提出的疑问、建议、投诉及退换货信息，并将信息记录下来交给部门主管，如有退换货问题，将退换货信息及时反馈给物流信息员，由物流信息员打印退换货单据交给库存配货组或是发货打包组，接收退货。

（4）退换货接收

库存配货组或发货打包组依据物流信息员打印的退换货单据接收物流公司送回的客户退换货货物。退换的医药商品验收的流程和收货流程一样，如遇到医药商品损坏的，需及时和上级主管反映处理。

3. 医药电子商务的相关法规、政策

医药电子商务的相关法规、政策见表 8－4。

表 8－4　　医药电子商务相关法规、政策

施行时间	发文部门	政策名称	重点内容	政策类型
2022 年 12 月	国家市场监督管理总局	《药品网络销售监督管理办法》	国家药品监督管理局主管全国药品网络销售的监督管理工作。 省级药品监督管理局负责本行政区域内药品网络销售的监督管理工作，负责监督管理药品网络交易第三方平台以及药品上市许可持有人、药品批发企业通过网络销售药品的活动。 设区的市级、县级承担药品监督管理职责的部门（以下称药品监督管理部门）负责本行政区域内药品网络销售的监督管理工作，负责监督管理药品零售企业通过网络销售药品的活动	规范类
2020 年 12 月	国家卫生健康委员会、国家医疗保障局、国家中医药管理局	《关于深入推进互联网＋医疗健康五个一服务行动的通知》	医疗机构要在持续改善线下医疗服务行动的同时，充分运用互联网、大数据等信息技术拓展服务空间和内容，积极为患者提供在线便捷高效服务，以及随访管理和远程指导，逐步实现患者居家康复。互联网医院要与线下依托的实体医疗机构之间实现数据共享和业务协同，提供线上线下无缝衔接的连续服务	支持类
2020 年 4 月	国家发展和改革委员会、中央网信办	《关于推进“上云用数赋智”行动　培育新经济发展实施方案》	以国家数字经济创新发展试验区为载体，在卫生健康领域探索推进互联网医疗医保首诊制和预约分诊制，开展互联网医疗的医保结算、支付标准、药品网售、分级诊疗、远程会诊、多点执业、家庭医生、线上生态圈接诊等改革试点、实践探索和应用推广	支持类

续表

施行时间	发文部门	政策名称	重点内容	政策类型
2019 年 2 月	商务部	《关于印发〈药品流通统计调查制度〉的通知》	新修订《药品流通统计调查制度》（以下简称《制度》）分别对药品零售、医药物流、医药电商三个业态报表的指标设置和指标解释进行了修订补充，并对相关报表结构进行了调整。2018 年年报适用新修订《制度》。各地商务主管部门要通过培训会议、发放材料、网络交流等多种形式，抓紧对各级商务主管部门、药品流通企业和行业协会的相关工作负责同志和统计工作人员开展指导培训，使其尽快熟悉报表相关变化	规范类

二、电子商务环境下医药物流发展趋势

随着政策支持力度的不断加大、基础建设投入的不断增加、相关法律法规的不断完善，传统医药物流与互联网将会有更好融合。引进先进的物流设备、信息技术，对物流渠道、物流系统进行必要的整合，实现物流信息的共享和对接，是新时代的召唤。利用互联网和信息化技术，将外部需求信息与内部物流操作相结合，使企业在医药商品批发、物流配送、医药电商等方面实现高效率操作，促进医药物流产业升级。

1. 互联网 + 医药物流

“互联网 + 医药物流”体现在互联网技术支撑起了大数据的物流指挥系统，尤其是随着手持终端设备的普及，以移动互联网运用为代表的 App 使物流业务变得更加便捷实时，无论国内外，互联网电商的发展都会对医药物流价值链带来长足的影响。

一是促进第三方物流崛起。消费者购药的特性包含了量小以及分散等因素，物流成本容易抬高。对于实力较弱的医药企业而言，选择第三方物流或众包是最好的办法。国家政策允许企业委托第三方物流配送医药商品，物流企业可趁势构建医药物流系统，达到《药品经营质量管理规范》的要求，与医药电商供应链相连接，促进第三方物流的崛起。

二是电商物流将有望为物流价值链带来创新，推动信息化、标准化、自动化、流程化。国家鼓励整合医药商品仓储和运输资源，实现多仓协同，支持医药流通企业跨区域配送，加快形成以大型骨干企业为主体、中小型企业为补充的城乡医药流通网络。同时，“两票制”的实施将大幅压缩医药商品流通环节，加速医药商品零售、物流、电商行业的集约化、信息化、标准化进程。

医药物流未来发展的主导方向将会是围绕“互联网 +”不断创新，并且“互联网 + 医药物流”的融合势必加快医药物流信息化建设，加速资源整合，降低医药物流运营成本，进而提升相关企业竞争能力。

一是变革终端配送模式。面对日益增长的配送到终端患者的需求，医药物流终端配送模式变革是必然。医药制造企业、医药流通企业通过自营物流或第三方医药物流的方式，逐步

建立起多种配送到患者的终端配送体系（包括配送到门店、门店配送到家、直接配送到家、配送到集中取货点或取药箱等）。在移动互联网技术的推动下，终端配送体系可以同步研发用户体验度高的信息系统，即多功能终端 App 应用（可包含药品签收、回单确认、异常药物回传、患者用药提醒、用药过程查询等多种功能组合）。

二是开启互联网与医药物流全方位管控模式。医药物流行业应当在创新改革、平台整合、结盟合作、诚信建设等方面着重发力。首先，国家层面严格进行医药商品管理，把控医药商品源头。其次，企业通过电子监管系统上传医药商品各类信息，使含有智能监管码的医药商品出厂后的所有物流过程都处于系统监控之下，逐步建成“医药商品生产—医药商品流通—用户”的全程监管体系。全面的医药商品追溯体系建设将为互联网医药销售长远而健康的发展奠定基础，并规范现有医药商品，有效防止假冒伪劣，也可在医药流通过程出现问题时及时发现问题环节，并及时采取措施明显提升医药物流行业的规模化、集约化。

三是推进标准化建设。加强对医药物流及其标准化的研究，为加快我国医药物流标准化步伐、推进医药物流标准化进程奠定理论基础。制定针对医药物流的基础性物流标准，如对于医药物流从业准入门槛，医药物流从业人员职业技能要求，医药物流服务标准，医药商品容器、包装、编码等基础性标准进行规范，明确从业人员素质、医药仓储和运输环节作业规范等。加强标准化的宣传和引导，提高企业对医药物流标准重要性的认识，鼓励企业、行业协会等从自身工作实际出发，提出符合实践要求的医药物流标准。还要不忘注重专业人才队伍的培养与建设。

四是实践高效物流。移动互联网能够满足医院、医药企业等各方的物流需要，同时实现信息共享，提高物流运输效率。医药物流需要和移动互联网进行结合，去掉一些中间环节，更直接地对信息进行传递。具体做法可以是灵活的，如医药物流企业开发出一种 App 终端，使得医药企业、医院能够借助这个 App 来实现物流下单的功能。也可以在这个 App 中查找医药商品库存，对物流信息进行跟踪了解，以实现全品种、全链条全程可视化、可追溯，最终实现渠道库存可视、物流过程实时监控、库存科学预测及决策、供应链高效协同等功能。

2. 跨境医药物流

2013 年 9 月和 10 月，中国先后提出共建“丝绸之路经济带”和“21 世纪海上丝绸之路”的重大倡议。全球 100 多个国家和国际组织积极响应和支持，联合国大会和安理会多次将其纳入相关决议。“一带一路”建设逐渐从理念转化为行动，从愿景转变为现实，正在打造成为顺应经济全球化潮流的最广泛国际合作平台。“一带一路”使得越来越多的国内外医药企业有机会沟通和合作，也为跨境医药电商步入实质操作阶段打下坚实的基础。

2021 年 5 月 8 日，《国务院关于同意在河南省开展跨境电子商务零售进口药品试点的批复》批准在河南省开展跨境电子商务零售进口药品试点。同年 11 月 18 日，河南省人民政府办公厅发布《河南省开展跨境电子商务零售进口药品试点工作实施方案》，意味着全国唯一的跨境电商零售进口药品试点真正进入实施阶段。

【知识链接】

全国首单跨境电商零售进口药品河南落地

全国跨境电商零售进口药品试点业务于 2022 年 4 月 11 日在河南保税物流中心“全球汇”平台完成首单交易，正式启动试点业务。

2021 年 5 月，河南正式获批成为全国唯一一个跨境电商零售进口药品试点。首批试点药品为已取得我国境内上市许可的 13 个非处方药，分别为康腹止泻片、和胃整肠丸、金牌风油精、樟薄玉香软膏、活络油、普济丸、健妇胶囊、薄荷活络膏、薄荷护表油、岭南正红花油、岭南黑鬼油、肚痛健胃整肠丸、四季平安油。消费者在购买时，如在交易限值内，关税税率为零。

当日首单跨境电商零售进口药品是产地为香港的岭南正红花油，消费者在下单支付 2 分钟后，药品已完成通关，快递公司从位于河南郑州的河南保税物流中心医药仓库内取货后，以快递形式将药品发送给消费者。

据了解，每件跨境电商零售进口药品均贴有商品溯源二维码，扫码后可查询到药品基本信息、通关信息和物流信息，实现药品全链条、最小包装可追溯，确保用药安全。

未来，河南还有望逐步扩大进口药品品类，将清单扩展为境外已上市国内未上市的非处方药、国内已上市的处方药和国内未注册、医疗机构临床急需的处方药。

实训八　医药电子商务作业

一、实训目的

1. 掌握填写拣货单、销售发货单。
2. 运用计算机进行订单信息的录入和审核。
3. 养成严谨细致、认真规范、对订单准确性负责的职业素养。

二、实训准备

1. ×××大药房的有关资料
2. 药品：999 感冒灵　规格：10 袋，购买 10 盒
3. 单据：拣货单、销售发货单

三、实训内容与步骤

假设今天×××大药房收到一张订单，当天下午就要发货。在发货之前，网店仓库要根

据订单进行配货、拣货、打包等流程。具体的物流配送流程如图 8－2 所示。

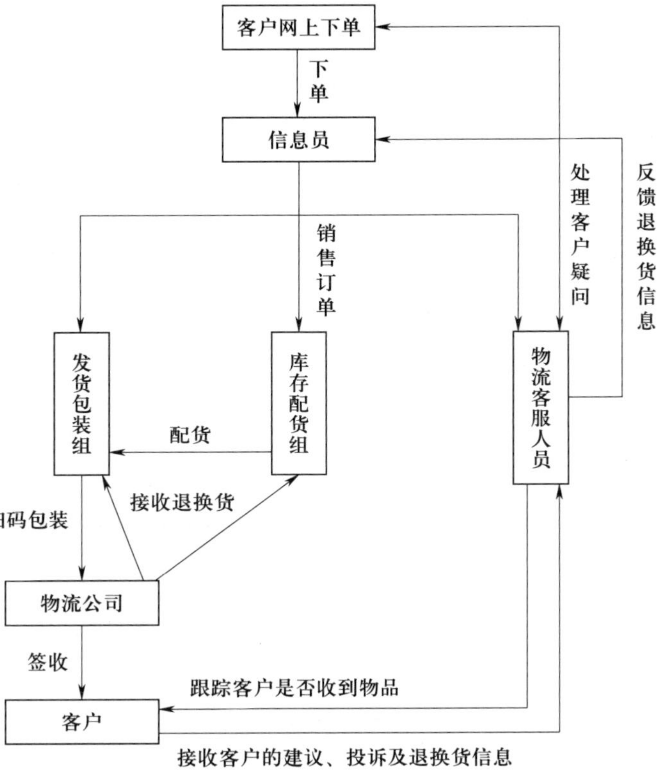

图 8－2　网上药店物流配送流程

商品存放于 04 号仓库，库位号为 A－2－4－2，请根据网上药店后台的订单信息（见表 8－5），录入销售发货单（见表 8－6）和拣货单（见表 8－7）。

表 8－5　订单信息

订单号：118077520687				成交时间：20××年×月××日 17：26			
买家信息							
ID：anner				真实姓名：王××			
地址：广州市天河区大观路××号				邮编：××××××			
联系电话：139××××××××				支付宝：××××××@126. com			
商品	商品属性	运费	备注	单价（元）	数量	优惠（元）	总价（元）
999 感冒灵	货号：ATH-CLR100 常温保存	包邮	规格 10 袋/盒	12. 6	10	0. 6	125. 4

表 8-6　　销售发货单

客户姓名：	ID：		单号：	订购日期：	
地址：					
邮编：					
联系电话：					
货号	品名	备注	单价	数量	拣货数量
运费：		数量：		小计：	
实收金额：					

表 8-7　　拣货单

仓库：		拣货日期：		
订单编号：		客户姓名：		
货位号	货号	货品名称	备注	拣货数量
总拣货数量：		总体积：	总重量：	
操作人：		核对人：	记录人：	

四、实训测评

按表 8-8 所列评分标准，对医药电子商务拣货单和销售发货单实训项目进行测评，并做好记录。

表 8-8　　实训评分标准

序号	考核内容	考核标准	配分	得分
1	内容完整性	表格内容完整，无信息遗漏（缺一处扣 5 分，扣完即止）	40	
2	内容正确性	表格内容准确无误（错一处扣 5 分，扣完即止）	40	
3	填写规范性	填写规范（错一处扣 5 分，扣完即止）	20	
合计			100	

章节习题

一、单选题

1. 在下列商品中，最适合运用电子商务方式进行销售的是（　　）。
A. 音乐　　B. 家用电器　　C. 服装　　D. 鲜花
2. 下列不属于传统物流服务功能的是（　　）。
A. 运输功能　　B. 增加便利性功能
C. 流通加工功能　　D. 物流信息处理功能
3. 关于对物流定义的理解，错误的是（　　）。
A. 物流过程需要一体化
B. 物流过程始终是由一系列作业环节组成的
C. 物流的对象应该包括“人”
D. 物流过程从横向可以分解为环节、作业和动作
4. 以下关于物流中心与配送中心的差别的论述，错误的是（　　）。
A. 物流中心向社会服务　　B. 配送中心主要为特定的用户服务
C. 物流中心在配送中心的上游　　D. 配送中心主要提供第三方物流服务
5. 电子商务的最大信息载体是（　　）。
A. 物流配送信息系统　　B. 互联网
C. 报纸　　D. 平面媒体
6. 顺丰公司参与电子商务的主要身份是（　　）。
A. 第三方物流企业　　B. 销售企业
C. 制造企业　　D. 网站经营者
7. 由买方、销售者或流通企业组织的物流叫做（　　）。
A. 第一方物流　　B. 第二方物流　　C. 第三方物流　　D. 第四方物流
8. 以下对供应链的理解你认为更为确切的一项是（　　）。
A. 物流与供应链是一回事
B. 供应链是相关企业业务、资源的集成和一体化
C. 供应链概念只是物流概念的扩展
D. 物流概念只是供应链概念的扩展

二、简答题

1. 简述电子商务的特征。

2. 简述传统商务与电子商务的区别。
3. 简述电子商务产生与发展的条件。
4. 简述电子商务环境下医药物流发展趋势的两个方面。

单选题参考答案

1. A　2. B　3. D　4. D　5. B　6. A　7. B　8. B

第九章

医药商品供应链管理

导学情景

这是一个供应链管理者的伟大时代

美国供应链管理专业协会（Council of Supply Chain Management Professionals，CSCMP）会长兼首席执行官瑞克·布拉斯根说过："这是一个供应链管理者的伟大时代。"以前，供应链管理在企业内部仅仅是辅助功能。如今，其重要性日益为人所知、被企业所认可，已经成为企业真正的战略能力，在提升企业财务成本底线、增加销售收入、改善运营策略方面起着重要作用。随着管理技术和科技手段在供应链中的应用，供应链变得越来越强大也越来越复杂。想要在如今全新的环境下取得成功的企业和个人，都必须花费时间去掌握供应链知识和技术，保持与最新的供应链进程接轨。

为什么供应链很重要？首先，这个行业仅仅在美国就吸收了大约 1.5 万亿美元的物流成本。目前美国的物流成本占美国国内生产总值（GDP）的比重已经降低到了 7.7%，而在 1980 年，物流成本占美国 GDP 的比例高达 16%。其次，美国以供应链管理定义的工作大约有 4 400 万个。由于技术更具产出力、更有效率、更加复杂，企业管理者可以把人重新部署到价值增值能力更强的岗位。在这个过程中，不仅对世界各地的经济产生了巨大影响，同时也提高了许多人的生活水平。

导入问题：

1. 为什么供应链很重要？
2. 什么是供应链管理？

§9-1 医药商品供应链概述

学习目标

1. 了解供应链的含义、特征与类型。
2. 了解医药商品供应链的含义与特征。
3. 理解供应链和医药商品供应链的区别。
4. 掌握医药商品供应链的整体结构。

供应链涵盖了从供应商的供应商到客户的客户之间有关最终产品或服务的形成和交付的一切业务活动。供应链不仅包括制造商和原材料供应商，也包括批发商、零售商和客户本身。在一个组织内部，供应链涵盖实现客户需求的所有职能，包括新产品开发、采购、生产、分销、财务和客户服务等。不论企业是否有“供应链”意识，供应链都是客观存在的。

一、供应链

1. 供应链的含义与特征

“供应链”的概念最早出现在 20 世纪 80 年代，被视为制造企业内部的一个物流过程。此后，国内外一些专家对这一说法持有不同意见，到目前为止都还没有完全达成共识。

最初，供应链所涉及的主要内容是企业内部的物料采购、库存、生产和分销等部门的职能协调问题，是为了达到优化企业内部业务流程，降低物流成本，从而提高经营效率的目的。这种传统观念仅局限于企业内部操作层面，关注企业自身资源利用目标。

随着企业经营规模的进一步扩大，市场经济进一步发展，人们对供应链的认识不断加深。供应链的概念范围开始从内部环境扩展到外部环境，同时向上延伸至供应商和供应商的供应商，向下延伸至客户以及客户的客户直到最终消费者，这一概念注重与其他企业的联系，并关注企业外部环境，将供应链范围拓展至用户、消费者群体，涵盖了商品的整个流通过程。供应链的结构则从“单链”扩展到“网链”，这是供应链在更大范围内更为系统的概念（如图 9-1 所示）。例如华为、拼多多、阿里巴巴、惠普和小米等公司的供应链管理都是从网链的角度来理解和实施，同时强调供应链的战略伙伴关系问题。

根据供应链的产生和发展过程，分析供应链概念的内涵和外延，可得出供应链具有如下特征。

（1）复杂性

在实际运作中，供应链不可能是单一的链状结构，而是交错的链状网络结构。供应链往往是由多个不同国家或地区的多种不同类型、实力的节点企业构成。由于各个企业的地理位

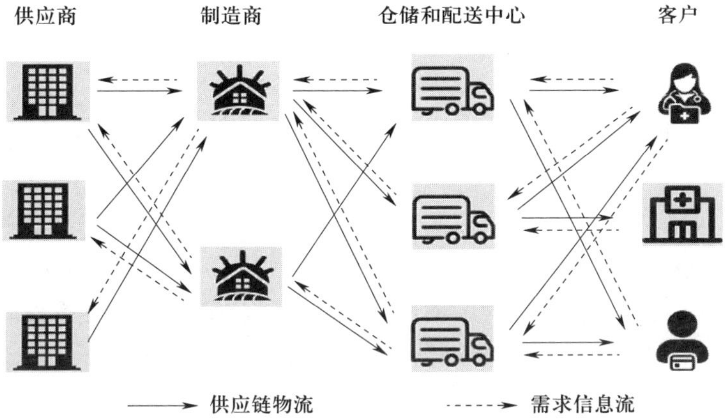

图 9－1　供应链结构示意图

置、所处的政治和法律环境、文化背景、经营理念等都可能存在着较大差异，因此供应链结构模式比一般单个企业的结构模式更为复杂。

（2）动态性

从短期来看，供应链结构一旦形成，应尽可能保持其稳定性，不要过于频繁地更换节点企业。但由于市场需求的变化，使得供应链的不确定性大大增加，供应链管理需要及时作出战略调整。从长期来看，这就需要对供应链上的节点企业进行及时更新和调整，以适应市场新需求。因此，供应链具有动态性特点。

（3）交互性

节点企业是相对而言的，某个供应链的核心企业可能是另一个供应链的节点企业，而另一个供应链的核心企业也可能是该供应链的节点企业，这主要是由于研究的重点和角度的不同造成的，这就增加了供应链协调管理的难度。

（4）面向市场需求

供应链的形成、存在、重构，都是基于一定的市场需求而发生的，并且在供应链的运作过程中，客户的需求拉动是供应链中产品流、服务流、信息流、资金流运作的驱动源。

2. 供应链的类型

根据不同的划分标准，可以将供应链划分为不同类型。

（1）按照供应链的稳定性划分

根据供应链在市场环境中的运作特点，可以将供应链分为稳定的供应链和动态的供应链。

1）稳定的供应链。稳定的供应链是指基于相对稳定、单一的市场需求而组成的供应链。一方面，稳定性取决于市场需求的稳定性，即当市场需求相对稳定的环境下所形成的供应链稳定性较强；另一方面，当供应链中的核心企业对成员企业具有很强的辐射能力和吸引能力时，供应链较稳定。

2）动态的供应链。动态的供应链是指基于变化频繁、相对复杂的市场需求而组成的供应链。在客观上，需求频繁变化的复杂的市场环境下形成的供应链必然是动态的，因为需求的变化必然导致供需关系的变化，而基于供需关系所形成的供应链也就必然发生变化。

（2）按照供应链的平衡性划分

根据供应链综合能力和客户需求的关系，可以将供应链分为平衡的供应链和失衡的供应链。

1）平衡的供应链。每一个供应链在一定时期、在相对稳定的生产技术和管理水平下，由所有节点企业，包括供应商、制造商、分销商、零售商、物流商等形成一定的设备容量和生产能力。当供应链的综合能力能满足用户需求时，供应链处于平衡状态。

2）失衡的供应链。当市场需求变化加剧时，供应链上的企业不是在最优状态下运作，造成供应链成本增加、库存增加、浪费增加等现象时，供应链则处于失衡状态。

（3）按照供应链的功能性划分

在实施供应链管理时，应该根据不同的产品特点，选择和设计不同类型的供应链系统。通常，根据产品在市场上的表现特点，可以将其分为功能性产品和创新性产品，根据不同属性的产品对供应链功能的要求不同，将供应链分为效率型供应链和响应型供应链。

1）效率型供应链，也称为实用型供应链，主要体现在供应链的物料转换功能上，即以最低的成本将原材料转化为零部件、半成品、成品，并以尽可能低的价格实现以供应为目标的供应链管理系统。

2）响应型供应链，也称为创新型供应链，主要体现供应链对市场需求的响应功能上，即把产品分配到市场以满足用户需求，对未预知的需求做出快速反应等。

（4）按照供应链的主体性质划分

根据供应链中核心企业的行业性质不同，可将其分为以制造商、分销商、零售商或集成物流服务商为主导的供应链。

1）以制造商为主导的供应链。作为供应链的核心企业，在制造商实力比较强或者中间商实力比较弱的情况下，制造商为了控制销售渠道或严格控制原有的渠道人员，逐渐形成其主导的供应链。

2）以分销商为主导的供应链。作为供应链中的核心企业，分销商是供应链中的信息中心和资源整合中心，它所具有的品牌、产品开发与设计、物流服务能力及渠道资源等核心能力与资源代表了整个供应链的竞争优势，在供应链中具有不可替代的作用。

3）以零售商为主导的供应链。由于制造商远离消费者，无法及时、准确地了解消费者的需求，因此，随着消费者力量的日益强大，作为供应链的核心企业，零售商特别是大型连锁零售商，凭借其贴近消费者和在品牌、资金、信息、渠道等方面的优势，对整个供应链的运营和管理拥有主导权，成为整个供应链网络的协调中心，逐渐形成其主导的供应链，如沃尔玛、家乐福等都是这种供应链的典型代表。

4）以集成物流服务商为主导的供应链。随着社会分工和物流专业化、社会化程度的不断提高，物流服务商尤其是综合性的第三方物流企业，通过对整个供应链物流服务业务的集成和资源整合，为客户提供“商流、物质流、信息流、资金流”四位一体的综合物流解决方案，与供应链各角色企业之间结成优势互补、风险共担、合作共赢的战略联盟，逐渐形成以第三方物流企业为主导的供应链模式。

（5）按照供应链驱动力来源划分

根据供应链驱动力的来源，供应链可分为推动式供应链、拉动式供应链及推拉结合式供应链。

1）推动式供应链。推动式供应链以制造商为核心，产品生产出来后经分销商逐级推向客户，分销商和零售商处于被动接受地位。各个企业之间的集成度较低，通常采取提高安全库存量的办法应对需求的变动。因此，整个供应链的库存量较高，对需求变动的应对能力较差。这种运作方式适用于供应链管理的初级阶段，以及产品或市场变动较小的情况。

2）拉动式供应链。拉动式供应链的驱动力产生于最终用户，整个供应链的集成度较高，信息交换迅速，可有效降低库存，并根据客户的需求实现定制化服务，为客户提供更大的价值。采取这种运作方式的供应链系统库存量低，响应市场的速度快，但这种模式对供应链运作的要求较高。拉动式供应链适用于客户需求不断变化、供大于求的市场环境。

3）推拉结合式供应链。在供应链构成的类型中，一般很难见到单一的推动式供应链或者单一的拉动式供应链，现实中的供应链结构类型更多的是“推动—拉动”结合的形式。供应链面向市场的一端主要以客户需求为驱动力，因此是拉动式的；而供应链的上游供应商一端更多是预测驱动生产和供应，因此是推动式的。

二、医药商品供应链

医药行业是关系国计民生，与生命密切相关的特殊产业，是国民经济的重要组成部分。我国政府在医药领域内作出的多项开放承诺，全方位加速了医药行业参与全球经济竞争的步伐。面对国外大型医药企业的超强竞争力，同时为了更好地适应医疗体制改革、药品流通体制改革、医疗保险制度改革等一系列改革措施的要求，医药商品供应链管理逐渐成为医药企业战略管理的一项重要内容。

1. 医药商品供应链的含义与特征

医药商品供应链的本质是医药商品或相关服务从供应商到最终消费者的流动，并在政府相关部门监管下的动态增值网链结构模式。主要成员包括新药研发部门、原材料供应商、制造商、分销商、医疗服务提供部门、保险机构、政府、药品采购组织、消费者等（如图 9－2 所示），其目的是提高医药及医疗服务提供部门的绩效，同时降低医药商品供应链成本。

医药商品供应链是基于供应链和我国医药行业的具体特点而形成的，主要呈现以下特点。

（1）医药商品供应链整体发展态势向好

据国家统计局数据显示，近年来，医药制造业规模以上企业营业收入同比增长，预计全年可实现两位数以上的较高增速。药品流通行业增速保持恢复态势，各级医疗机构恢复常态化运营，有效拉动了药品销售和利润的增长，医药供应链整体发展态势逐步向好。

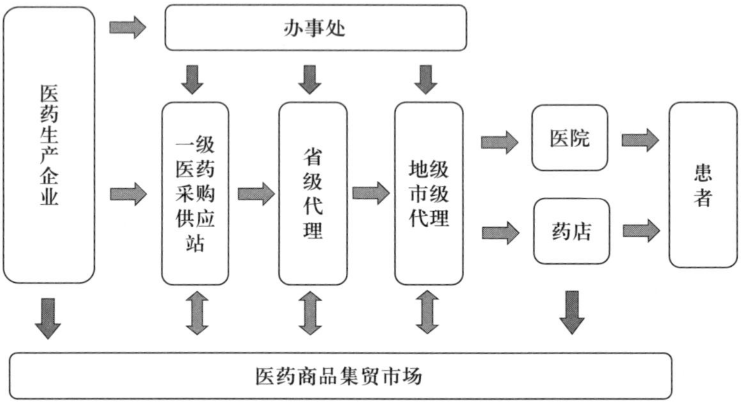

图 9－2　医药商品供应链结构示意图

（2）医药流通行业变革迎来新浪潮

现阶段，着力破除医药商品流通体制机制障碍，提升医药商品供应保障服务能力、流通效率和质量安全成为行业主旋律。可以预见，医药流通行业市场集中度将逐渐提高，业内规模较小、管理较弱、抗风险能力较差的企业将被逐渐淘汰，行业进入快速整合期，向数字化、智能化、集约化、国际化迈进。

（3）数字化医药流通走向新阶段

现阶段，行业环境、消费需求发生显著改变，在电子处方流转、医保线上支付打通、“双通道”等政策推动下，加快了“互联网＋药品流通”的模式升级，促进了医药流通行业与电商平台融合发展，衍生出智慧医药供应链、智慧物流、智慧药房等新业态和“网订店取”“网订店送”等新模式。

（4）现代医药物流发展进入新时代

提升医药流通能级的重要抓手是发展现代医药物流。当前，医药物流区域一体化建设取得进展，省域内异地设仓、多仓联动能力提升；第三方医药物流蓬勃发展，医药冷链物流规范运营；智能化、自动化物流技术和智能装备在医药物流领域广泛升级应用；全国性医药物流网络搭建逐步完善，基层终端医药配送覆盖面不断扩大。布局合理、技术先进、便捷高效、安全有序的现代医药物流服务体系已初步建立。

2. 医药商品供应链的结构分析

无论是传统的医药商品供应链，还是“两票制”等医改制度下的医药商品供应链或是医药数字化供应链，都包含着多个供应链节点主体，参与到医药商品从生产到最终被消费者使用的一系列的过程中，主要包括：医药行业监管部门、医药商品原辅料供应商、医药生产企业、医药招标中介组织、医药批发企业、医药商品分销商、医院、医药零售企业、合作伙伴（如第三方物流企业、银行等组织）、终端消费者（患者）。

医药商品供应链是一个复杂而动态的网络，具有一般供应链网络层次结构的共性。处于医药商品供应链中间环节的节点主体既有多个供应商，同时又有多个下游客户。在医药商品供应链中，可按照发生的顺序和性质不同分为供应物流和销售物流两大结构。

（1）供应物流

供应物流是指医药生产企业之间，以原材料为对象的运输、仓储、装卸、搬运、信息处理等物流活动。其特点是运输线路固定，批量大（如果采用公路运输方式，则以整车为主），频次稳定。

（2）销售物流

销售物流是指从医药生产企业的成品仓库送到消费者手中这一过程中，以成品药为对象，从医药生产企业到零售终端，包含两块性质不同的运输：干线运输和区域配送。医药商品供应链中的参与主体较多，民众更关切的是销售端供应链。

§9－2　医药商品供应链管理方法

学习目标

1. 了解供应链管理的含义。
2. 了解医药商品供应链管理的含义及现状。
3. 理解医药商品供应链管理的特点和内容。
4. 掌握医药商品供应链管理的方法和内涵。

一、医药商品供应链管理

1. 供应链管理的含义

《物流术语》（GB/T 18354—2021）把供应链管理定义为：供应链管理（supply chain management），是指从供应链整体目标出发，对供应链中采购、生产、销售各环节的商流、物流、信息流及资金流进行统一计划、组织、协调、控制的活动和过程。供应链管理主要集中在如何使企业利用供应商的工艺流程、技术和能力来提高他们的竞争力，在组织内实现产品设计、生产制造、物流和采购管理等功能的协作。广义的供应链管理可以描述贯穿整个价值链的商流、物流、信息流和资金流的流动过程，包含了整个价值链，描述了从原材料开采到使用结束整个过程中的采购与供应管理流程。但是，由于广义的供应链管理描述的价值链非常复杂，企业无法获得供应链管理提供的全部利益。因而，国内外专家学者从不同角度和侧重点对供应链管理进行了狭义的定义。

美国俄亥俄州立大学的全球供应链论坛将狭义的供应链管理定义为：供应链管理是指为消费者带来有价值的产品、服务以及信息的，从源头供应商到最终消费者的集成业务流程。

美国著名物流专家哈兰德将狭义的供应链管理定义为：供应链管理是指对商业活动和组织内部关系、与直接采购者的关系、与第一级或第二级供应商、与客户的关系等整个供应链关系的管理活动。

2. 医药商品供应链管理的含义

医药商品供应链管理是以提高医药商品质量、医疗服务水平以及医药商品供应链整体效益为目标，把整条供应链看作一个集成组织，“链”上的各个企业都看作合作伙伴，对采购过程、制造过程、交付过程、分销过程和返回过程中的物流、信息流和资金流的计划、组织、协调和控制。

二、医药商品供应链管理的特点及内容

1. 医药商品供应链企业面临的现实环境

近年来，“两票制”、税收、一致性评价等政策的施行为我国医药商品供应链带来了巨大变化。医药商品供应链链条缩短，链条节点上的医药生产、医药流通、终端结合更加紧密，行业布局加速整合。总体来看，我国医药供应链发展取得了一定的成绩，但是也必须清醒地看到，目前我国医药供应链行业仍然存在着诸多问题与挑战。

（1）整体成本过高

由于医药物流运输条件相对其他运输更为严苛，同时又存在着返程空驶等问题，资源有效利用不足，整体成本较高。

（2）区域发展不均

目前我国初步形成了以长三角、环渤海为核心，珠三角、东北、中东部地区快速发展的空间格局，但区域发展不平衡的问题也进一步凸显。

（3）相关标准缺乏

现有的医药物流相关标准覆盖面积不广，尚存许多空白区域，如第三方医学检验、院内物流等细分领域，亟须制定相关的标准。

（4）专业人才匮乏

一方面，目前医药物流企业中复合型高中端人才匮乏；另一方面，国内相关高校并未开设相关课程，技术人才、管理人才的培养不足，医药物流梯度人才建设亟待加强。

（5）创新能力不足

当前我国大力推行创新创业，我国医药行业存在同质化严重、个性化服务缺乏、市场主体运营模式固化等方面的挑战，医药商品供应链整体创新能力不足。

2. 医药商品供应链管理的特点

现阶段，医药商品供应链管理主要呈现出以下特点。

（1）集约化水平提升，行业结构优化升级

深化医药卫生体制改革已进入深水区，医药商品集中带量采购、医保支付方式改革、分级诊疗、医药商品流通体系发展指导意见等政策，驱动行业竞合进一步升级，跨区域、跨所有制的兼并重组节奏加快，医药商品供应链行业结构进一步优化。生产企业、流通企业、物流企业与医院、药房、连锁药店等终端机构之间建立经营战略联盟，进一步提升流通效率，降低医药企业物流成本，提高医药商品供应链集约化水平，实现面对市场变化的快速响应。

（2）多元化供给格局，满足消费升级需求

医药商品供应链服务模式在新形势、新环境中面临变革与挑战，服务模式多元化、企业类型多元化的医药商品供应链格局逐渐形成，满足终端用户持续多样化、个性化的消费需求。未来智能化、特色化、平台化的医药商品供应链服务企业将成为行业的新生力量。

（3）专业化物流服务，实现提质增效发展目标

医改政策推动医药商品供应链流通成本优化、效率提高，敏捷、柔性、韧性成为医药商品供应链的新特征，对专业化的医药物流服务需求愈加迫切。未来，行业将涌现一批资源要素聚集、网络布局合理、辐射带动明显、多仓高效协同、可构成多层次物流网络的典型现代医药物流企业或联盟，提供差异化、定制化、一体化的医药商品供应链服务。

（4）数智化赋能创新，智慧医药商品供应链体系形成

智能技术、数字经济在支持抗击新冠肺炎疫情、助力复工复产方面发挥了重要作用。5G 网络、大数据等技术的广泛应用，驱动医药商品供应链数字化改造与升级，促进行业企业“上线上云上平台”。医药商品流通传统模式逐渐优化，实现要素、结构、流程、服务的迭代式升级。数智化将推动行业运营管理标准化、经营决策科学化、预警防范精确化，形成成本降低、风险可控、质量安全的智慧医药商品供应链体系。

3. 医药商品供应链管理的内容

医药商品供应链管理则是对供应链所涉组织的集成和对物流、信息流、资金流的协同，主要涉及供应、生产计划、物流、需求四个领域，以满足用户的需求和提高医药商品供应链整体竞争能力。医药商品供应链管理可以归纳为以下内容。

（1）战略性供应商和用户合作伙伴的关系管理；

（2）医药商品供应链产品的需求预测和计划；

（3）医药商品供应链的设计（全球节点企业、资源、设备的评价、选择和定位）；

（4）医药企业内部与医药企业之间的物料供应与需求管理；

（5）基于医药商品供应链管理的产品设计与制造管理、生产集成化计划以及跟踪和控制；

（6）基于医药商品供应链的用户服务和物流（运输、库存、包装等）管理；

（7）医药企业间的资金流管理（汇率、成本等问题）；

（8）基于互联网的医药商品供应链交互信息管理等。

简言之，医药商品供应链管理就是优化和改进医药商品供应链的活动，医药商品供应链管理的对象是医药商品供应链的组织（企业）和它们之间的“流”；应用的方法是集成和协同；目标是满足用户需求并最终提高医药商品供应链的整体竞争能力，实现医药商品从起点开始就以尽可能快的速度、最小的成本和更为完美的供需平衡流向用户的目标。

三、医药商品供应链管理体系中的常见方法

21 世纪以来，我国医药商品供应链得到迅速发展，受到社会广泛关注，但医药商品供应链是一个复杂的系统工程，特别是企业间竞争压力的加剧和客户需求多样化的发展，产销

之间迫切需要建立起一种相互信赖、相互促进的协作关系，通过现代信息技术的手段协调相互间的流通环节，进而在最短的时间内响应市场的变化。从20世纪80年代末至今，供应链体系构建的发展态势表现最为明显的是快速反应、有效客户反应和企业资源计划。

1. 快速反应

快速反应（quick response，QR）是供应链管理的主要方法之一，它并不单纯是某种技术，而是一种全新的业务方式，是一种由技术支持的业务管理思想，即在供应链中为了实现共同的目标，至少在两个环节之间进行紧密合作。这种合作的实施会产生积极的效果，如增加销售、加速库存周转、降低企业经营成本、提高经济效益、提升企业的竞争力。

《物流术语》（GB/T 18354—2021）中将快速反应定义为：供应链成员企业之间建立战略合作伙伴关系，利用电子数据交换（EDI）等信息技术进行信息交换与信息共享，用高频率小批量配送方式补货，以实现缩短交货周期、减少库存，提高顾客服务水平和企业竞争力为目的的一种供应链管理策略。

随着竞争重点由成本向时间转移，快速反应越来越受到人们重视。快速反应已成为各相关学科的研究热点，研究者从以下不同角度对快速反应进行了定义和解释。

（1）快速反应是在客户要求的时间范围内，致力于以精确的产品数量和种类快速提供客户需要的产品与服务。

（2）快速反应包含贸易伙伴之间的信息交流、时间减少以及快速响应变化的客户需求等几方面内容。

（3）快速反应强调企业应该具备一定的响应速度和柔性，即按照客户所要求的合适的时间、地点以及价格，企业以准确的数量、品种和较高的质量快速提供客户需要的多品种的产品与服务。快速反应强调速度和柔性，目的是满足在竞争激烈、瞬息万变的市场中需求的变动。通过组织结构、文化等管理方面的变革，依靠快速的信息传递以及信息和利益的共享，将企业及其供应链伙伴集成为一个互动的网络，快速反应才得以实现。

（4）快速反应是一种响应状态，即能够在合适的时间内向客户提供合适数量、合适价格和高质量的产品，而且在这一过程中充分利用各种资源并减少库存，其重点在于增强企业生产的灵活性。

（5）快速反应是一个反馈系统，系统中所有的公司或成员（包括制造商、供应商）利用必要的技术手段共同满足消费者的需求，同时提高运作效率，获得更高的利润。

2. 有效客户反应

有效客户反应（efficient consumer response，ECR）是1992年从美国的食品杂货业发展起来的一种供应链管理战略。这是一种分销商与供应商为消除系统中不必要的成本和费用，给客户带来更大效益，而进行密切合作的供应链管理战略。

欧洲执行董事会给有效客户反应的定义是：有效客户反应是一种通过制造商、批发商和零售商各自经济活动的整合，以最低的成本，最快、最好地实现消费者需求的流通模式。

《物流术语》（GB/T 18354—2021）中对有效客户反应的定义是：有效客户反应是以满足顾客要求和最大限度降低物流过程费用为原则，能及时作出准确反应，使提供的物品供应或服务流程最佳化的一种供应链管理策略。有效客户反应的供应链过程如图 9－3 所示。

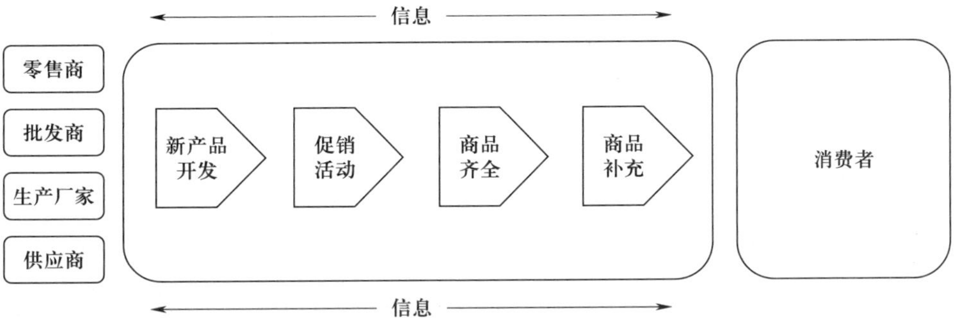

图 9－3　有效客户反应的供应链过程

3. 企业资源计划

企业资源计划（enterprise resource planning，ERP）是指建立在资讯技术基础上，以系统化的管理思想，为企业决策层及员工提供决策运行手段的管理平台。ERP 是先进的现代企业管理模式，主要实施对象是企业，目的是将企业各个方面的资源（包括人、财、物、产、供、销等因素）合理配置，使之充分发挥效能，使企业在激烈的市场竞争中全方位地发挥能量，从而取得最佳经济效益。

目前，学界从管理思想、软件产品、管理系统三个层次给出了企业资源计划的定义。

（1）企业资源计划是由美国著名的计算机技术咨询和评估集团提出的整套企业管理系统体系标准，其实质是在制造资源计划（MRPⅡ）基础上进一步发展而成的，面向供应链的管理思想。

（2）企业资源计划是综合应用了客户机/服务器体系、关系数据库结构、面向对象技术、图形用户界面、第四代语言（4CI）、网络通信等信息产业成果，以企业资源计划管理思想为灵魂的软件。

（3）企业资源计划是集企业管理理念、业务流程、基础数据、人力物力、计算机硬件和软件为一体的企业资源管理系统。

企业资源计划的核心内容可以从三方面进行概括：一种先进的管理模式，一款商品化的软件产品，一种网络化的信息系统。

【知识链接】

制造资源计划（MRPⅡ）是一种生产管理的计划与控制模式，因其效益显著而被当成标准管理工具在当今世界制造业普遍采用。

第四代语言（4CI）是以数据库管理系统所提供的功能为核心，进一步构造了开发高层软件系统的开发环境，如报表生成、多窗口表格设计、菜单生成系统、图形图像处理系统和决策支持系统，为用户提供了一个良好的应用开发环境。它提供了功能强大的非过程化问题定义手段，用户只需告知系统做什么，而无需说明怎么做，因此可大大提高生产率。

§9－3 医药商品供应链的设计

学习目标

1. 了解医药商品供应链设计的内容及原则。
2. 了解医药商品供应链设计的基本模型，可以根据目标企业的实际设计出合适的供应链。
3. 掌握根据医药商品供应链设计的内容及原则进行策划的方法。
4. 掌握医药商品供应链的设计策略，可以提出改善策略，达到理论结合实际的要求。

一、医药商品供应链体系的设计内容及原则

1. 医药商品供应链设计的内容

战略层面的医药商品供应链设计主要内容包括医药商品供应链成员及合作伙伴选择、医药商品供应链网络结构设计、医药商品供应链运行基本规则建立等。

（1）医药商品供应链成员及合作伙伴选择

医药商品供应链是非常复杂的，由多个成员组成。医药商品供应链成员包括为满足客户需求，从生产企业到销售企业，再到供应商或客户的直接或间接相互作用的所有公司和组织，医药商品究竟经历哪些节点企业最终到达消费者，决定着最终医药商品的质量。因此，如何选择医药商品供应链成员及合作伙伴是供应链管理的研究重点。

（2）医药商品供应链网络结构设计

医药商品供应链网络结构主要由医药商品供应链成员、医药商品供应链网络结构变量和供应链之间工序连接的设计方式等组成。为了使非常复杂的医药商品供应链网络更易于设计和合理分配资源，有必要从整体出发进行供应链结构设计。

（3）医药商品供应链运行基本规则建立

信任是医药商品供应链节点企业合作的基础，信任关系的建立和维系除了各个节点企业的真诚和信任，还必须有一个共同平台，即医药商品供应链运行的基本规则。其主要内容包括协调机制、资金结算方式、生产物流计划与控制体系、医药商品信息开放与交互方式、库存总体布局、争议解决机制等。

2. 医药商品供应链设计原则

（1）自上而下和自下而上相结合的设计原则

在系统模型的设计方法中，存在自上而下和自下而上两种常用的设计方法。自上而下是从全局宏观规划到局部实施步骤的设计方法，是系统分解设计的过程；自下而上是局部的功能实现到全局的功能集成的设计方法，是一种功能集成的过程。

（2）简洁性原则

为了保证医药商品供应链的灵活性和快速响应市场的能力，供应链的每一个节点（如作业、资源或节点企业），都应该具有敏捷、简单、有活力以及能快速实现业务流程组合的特点。在设计或改造医药商品供应链时，应遵循简洁性原则，尽可能减少供应链上的无效作业，由自动化设备处理能自动化处理的作业，优化选择方案和路径。选择合作伙伴时要具有战略性，选择原则包括少而精，具有雄厚的资源，并易于接受先进的管理思想，保证医药商品供应链运行的有效性。

（3）协调与互补性原则

医药商品供应链是一条很长的链条，涉及成员众多且供求关系复杂。从竞争的角度来看，医药商品供应链是一个有机整体，它在行动时，应当像悦耳的音乐或可读性极强的诗文一样抑扬顿挫、铿锵有力。因此，在设计供应链时，核心企业在选择医药商品供应链上节点企业的过程中，更需要考虑与周边环境的协同。应该遵循强强联合的原则，强调供应链的内部协调和优势互补，最大限度地利用外部资源，使每个节点企业都能够集中精力于其核心业务的发展，充分发挥各成员的主动性和创造性，形成一个团结、和谐和富有战斗力的竞争集体。

（4）战略性原则

医药相关企业为了适应经济全球化发展，保持市场竞争优势，逐渐从注重个别企业管理转变为重视医药商品供应链管理的“抱团取暖”。而在管理实践中，医药商品供应链管理是需要成本的，特别是在医药商品供应链管理思想尚未完全深入人心，链上成员间的配合还不够默契的情况下，要求医药相关企业秉承相同的原则。因此，设计者保持战略眼光，力求基于全局的角度规划和设计医药商品供应链，使医药商品供应链的所有环节都围绕同一个目标运转，显得十分必要。另外，在医药商品供应链竞争时代，企业的发展战略是依托供应链战略实现的。所以，医药商品供应链的设计应与企业的战略规划（如市场规划和产品规划）保持一致。

（5）创新性原则

医药商品供应链是一个价值链，包括从原材料到成品再到客户手中的全过程，实际上是在迈克尔·波特教授的“价值医疗”中运行的，其中包括上游价值、渠道价值等，医药商品供应链活动体现了这种价值的提升。通常认为，医药商品在这个过程中肯定存在一个最低成本，而目前要达到这个最低成本还存在很大空间。为此，在医药商品供应链设计中应具有创新的思想和眼光，打破传统企业管理中的常规和陈旧思想，集思广益，大胆开拓和创新，为医药商品供应链管理新格局打下基础。

【知识链接】

迈克尔·波特教授的“价值医疗”

价值医疗是美国哈佛大学商学院管理学教授迈克尔·波特在2006年提出的概念，被卫生经济学家认为是最高性价比的医疗，也就是以相同的或者更低的成本提升医疗效果，实际上就是质量、安全、患者体验和成本的关系，它的核心是提升医疗质量和医疗效果并降低医疗费用。

（6）系统性原则

医药商品供应链设计是一项复杂的系统工程，会牵涉方方面面的关系，尤其是要考虑合作伙伴的选择，链上成员如何协同，如何实现共赢的目标，如何进行成本分摊、利益分配、责任划分等一系列具体问题。另外，在医药商品供应链设计中，还要系统地研究市场竞争环境、企业发展现状及发展规划、医药商品供应链设计目标等战略性问题。

（7）动态与发展性原则

医药商品供应链构建之后不可能一成不变。随着市场环境的变化，链上合作伙伴关系的调整，企业内部组织和其他因素的改变，原有的供应链可能会出现各种各样的问题。随着市场和客户需求的变化，企业的医药商品计划可能会经常地发生改变，导致供应链结构巨大调整。随着供应链的运转，某些环节可能变得过于薄弱，成为制约供应链运转效率的瓶颈，甚至会导致供应链崩溃。另外，医药相关企业常常不仅仅参与一个医药商品供应链，而是在不同的医药商品供应链中担当不同的角色，医药商品供应链中某个节点企业角色的变化必然会带来医药商品供应链的波动甚至结构上的变化。因此，医药商品供应链不是僵硬、死板的而是充满活力的，应具备一定的自我适应和自我修补能力，能够随着市场环境的变化而自我调整、自我优化。

3. 医药商品供应链设计的要求

（1）客户优先

客户是医药商品供应链中唯一真正的收入来源，客户服务由客户开始，也止于客户，并且客户最能感受到医药商品供应链中相互影响的全部效应。因此，医药商品供应链的设计要考虑客户优先的原则，必须具有高度柔性和快速响应能力，以便能够满足客户的现实需求和潜在需求。

（2）定位明确

一条具有竞争力的医药商品供应链，其成员也必须具有竞争力，而且是专业化的。无论医药企业在医药商品供应链中处于主导地位还是从属地位，都必须明确其在供应链中的优势。然后企业应根据自身优势确定自己的位置，并据此制定相关的发展战略，适当地调整和取舍自己的业务活动，着重巩固企业的业务优势，保证以自己的优势业务参与供应链中。只有这样，企业才有可能在供应链中被认同，并与其他企业合作，最终实现共赢。

（3）防范风险

受自然和非自然因素的影响，医药商品供应链运作实际上存在着不确定性，从而使医药企业面临着一定风险。例如，医药商品对储存条件、安全性以及环境依赖性强，容易受到气候等自然条件影响，医药商品比一般产品风险性更大。因此，在医药商品供应链的设计中应度量和说明各种风险因素，明确各种不确定性因素对系统所产生的影响，并制定相应的防范措施。

（4）量力而行

医药商品供应链设计与运行是一个十分复杂的工程，要求企业必须具备较强的经济实力和较高的决策水平，具有一定的供应链运作技巧，符合国家标准和要求。因此，医药相关企业应根据自己的实际情况，对于医药商品供应链设计的类型、自己在医药商品供应链中的地位和作用、医药商品供应链未来运作的预期状况等问题作出理性的判断并量力而行，使医药相关企业能够掌控未来的医药商品供应链。只有这样，医药相关企业才有可能达到医药商品供应链设计与实施的目的。

4. 医药商品供应链设计的影响因素

医药商品供应链本身是一系列在业务上相互关联的企业在共同利益基础上结成的网络，其突出特点是系统性，体现了现代医药企业集成的管理思想和管理方法。要实现医药商品供应链的有效运作，在进行医药商品供应链设计时，企业必须全面考虑相关因素对医药商品供应链的影响，从结构上合理安排核心企业和非核心企业，主体企业与非主体企业，供应商、制造商以及销售商等，明确相互之间的层级关系和各企业及其相关部门之间的整体协调性。

（1）需求性质对医药商品供应链设计的影响

需求是指对有能力购买并且愿意购买某个具体产品的欲望。对医药企业而言，了解客户的需求不仅仅是估计有多少人愿意购买本企业的医药商品，更重要的是，其中有多少人是愿意购买并且有能力购买的，否则，对需求的估计本质上就不是准确的。

（2）产品生命周期对医药商品供应链设计的影响

产品生命周期（product life cycle，PLC）是指产品的市场寿命，即一种新产品从开始进入市场到被市场淘汰的整个过程。关于医药商品生命周期的讨论，大多数都把这个周期分为四个阶段，即引入阶段、成长阶段、成熟阶段和衰退阶段。

（3）医药商品多样性对医药商品供应链设计的影响

所谓医药商品多样性是指医药商品线中所包含的医药商品品种的多少。如何确定医药商品线的最佳长度，是每个医药商品线经理都必须面临的主要问题之一。如果医药商品线经理能够通过增加医药商品品种来增加利润的话，那就说明现有的医药商品线太长。

（4）不同产品类型对医药商品供应链设计的影响

美国营销大师菲利普·科特勒将产品定义为“能提供给市场，以引起人们注意、使用、获得或消费，从而满足某种欲望或需要的一切东西”。他认为产品的概念包含两个层次：一是核心利益，即顾客真正所购买的基本服务或利益，能将企业提供的产品与竞争者所提供的产品区别开来；二是潜在产品，即产品最终可能会实现的全部附加部分和新转换部分，指出了产品可能的发展趋势。从产品的概念可以看出，产品是作为满足某种需求的众多手段中的一种，所以了解客户对产品的真正需求是非常重要的。

二、医药商品供应链模型及设计策略

1. 医药商品供应链的基本模型

（1）链状模型

有一种医药商品供应链的结构是链状的，医药商品供应链的各成员企业构成链条结构的各个节点，物流、资金流、信息流构成供应链的连线。医药商品供应链运行通过前馈的信息流（需方向供方移动，比如订货合同、加工单、采购单等）和反馈的物流及信息流（供方向需方的物料流及伴随的供给信息流，比如提货单、入库单等），将供应商、制造商、分销商、零售商及最终用户连成一个整体，对整个医药商品供应链系统进行计划、协调、操作、控制和优化等各种活动。这一链状结构被称为链状模型Ⅰ（如图 9－4 所示）。

图 9－4　链状模型Ⅰ

链状模型Ⅰ是一个静态模型，表明供应链的基本组成和轮廓概貌，进一步地可以简化成链状模型Ⅱ（如图 9－5 所示）。

图 9－5　链状模型Ⅱ

（2）网状模型

链状模型Ⅰ及链状模型Ⅱ代表的只是一种抽象的供应链，并不具有代表性。现实中的医药商品供应关系十分复杂，一个制造商一般会与多个供应商和分销商相互联系，也就是说，在链状模型Ⅱ中，供应商可能不止一家，而是有 n 家，分销商也可能有 m 家。动态地考虑，制造商也可能有 s 家，这样链状模型Ⅱ就转变为一个网状模型（如图 9－6 所示）。网状模型更能说明现实世界中产品的复杂供应关系。在理论上，网状模型可以涵盖世界上的所有制造商，把所有制造商都看作其上面的一个节点，并认为这些节点存在着联系。当然，这些联系有强有弱，而且在不断地变化着。通常，一个制造商仅与有限个供应商和分销商相联系，但这并不影响我们对供应链模型的理论设定。网状模型对供应关系的描述性很强，适合于对供应关系的宏观把握。

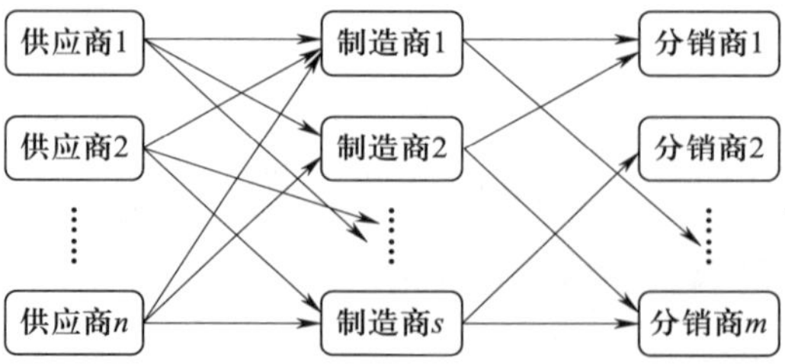

图 9－6　网状模型

（3）核心企业网状模型

核心企业的价值认同方式、管理理念及组织、信息模式对整个医药商品供应链的相应方面有着绝对性影响。从某种程度上说，这一供应链是围绕核心企业的运作而建立起来的。具有这种地位和能力的核心企业往往是那些控制了医药商品的核心技术，或拥有知名品牌，抑或是具有极强研发能力和渠道控制能力的医药企业。这种核心企业网状供应链的抽象网状模型如图 9－7 所示。

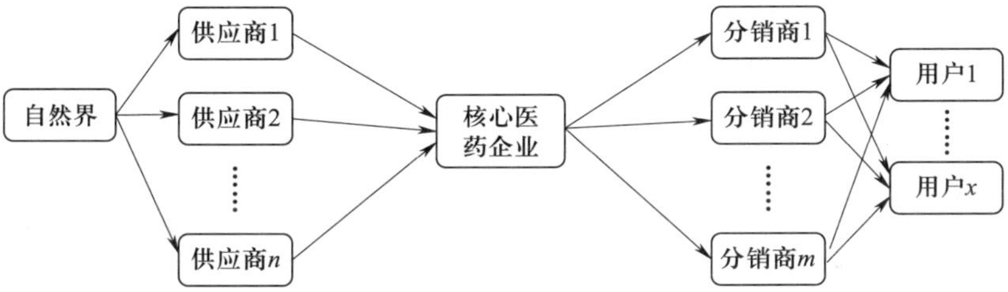

图 9－7　核心企业网状模型

2. 医药商品供应链的设计策略

（1）基于医药商品的供应链设计策略

医药商品供应链的设计首先要明白用户对医药商品需求是什么。医药商品的生命周期、需求预测，医药商品的多样性、提前期和服务的市场标准等都是影响医药商品供应链设计的重要因素。企业必须设计出与医药商品特性一致的供应链。

（2）基于成本核算的医药商品供应链设计策略

通过成本的核算和优化来选择医药商品供应链的节点，找出最佳的节点企业组合，设计出低成本的供应链，从而形成基于成本核算的医药商品供应链设计策略。该策略的核心是，在给定的时间周期内，计算所有节点组合的供应链总成本，从中选择最低成本的节点企业组合，构建供应链，其中能够使总成本最低的这些节点企业组合就是最优节点组合，由这些节点企业组成的医药商品供应链将会达到成本最小化的目的。

（3）基于投资的医药商品供应链设计策略

如果从投资的角度考虑医药商品供应链的设计问题，众所周知是先有产品后投资，这是投资企业的常规做法。可以说供应链的设计更多的是需要软决策而非技术参数的确定，如地区文化、投资期权问题（风险）等。动态联盟与虚拟制造的出现使供应链的结构形式变得复杂多样化。这样，医药商品供应链的设计既是一种非结构化的战略决策问题，同时也是一种结构化的战术性运作问题。

实训九　医药商品供应链流程优化

一、实训目的

能根据本节所学内容，为某企业的供应链设计提出建议并进行优化。

二、实训准备

1. 医药商品企业的有关资料。

2. 实训报告纸。

（备注：可以根据实际情况选择企业）

三、实训背景

九州通医药集团股份有限公司是中国最大的民营现代医药分销企业，是一家以西药、中药、医疗器械为主要经营产品，以医疗机构、批发企业、零售药店为主要客户对象，并为客户提供信息、物流等各项增值服务的大型企业集团，是医药商业领域具备独立规划集成现代医药物流中心能力，及拥有自主知识产权的现代医药分销企业。九州通医药集团股份有限公司已在全国27个省会城市设立了27家省级子公司（大型医药物流中心），在43个地级市设立了43家地市级分公司（地区医药物流配送中心）及近400个终端配送点，形成了覆盖全国大部分县级行政区域的物流配送网络，其医药供应链的结构如图9－8所示。

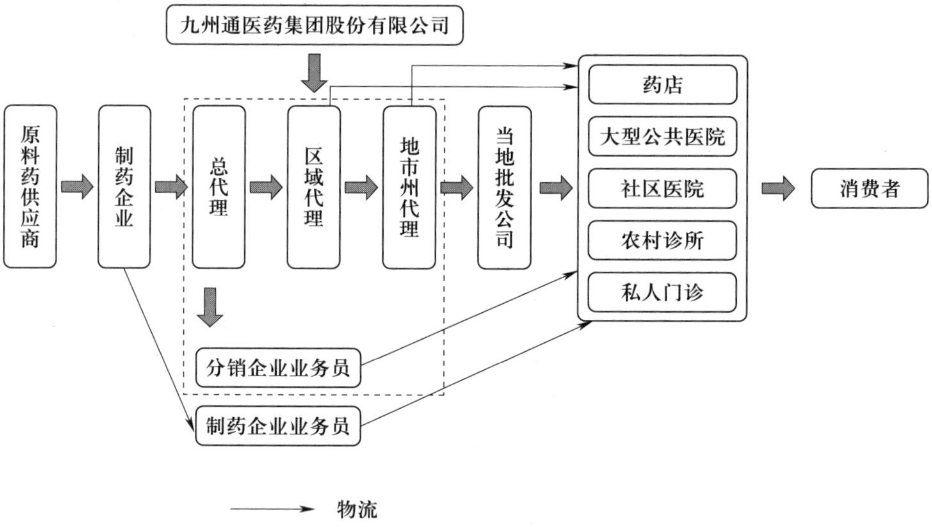

图9－8　九州通医药集团股份有限公司的供应链结构图

四、实训内容与步骤

1. 自由组合成小组，每组3～4人；

2. 以小组为单位整理企业资料，绘制企业的供应链运作图，分析其现有供应链运作中存在的问题，提出优化建议并预见其成效；

3. 结合建议绘制新的供应链运作图，并结合优化后的供应链的成效开展班级讨论；

4. 以小组为单位进行供应链优化后成果的互评和总结。

九州通医药集团股份有限公司将医药分销（商业批发＋终端配送）定位为唯一核心业

务，是其他所有业务形态发展的核心支撑平台，为其他业务发展提供上下游客户资源、物流平台、分销渠道、资金支持、业务团队和品牌建设的基础和保障，建立了覆盖全国 95% 以上行政区域的营销网络，经营质量有了明显提升。

五、实训测评

按表 9－1 所列评分标准进行测评，并做好记录。

表 9－1 实训评分标准

序号	考核内容	考核标准	配分	得分
1	资料分析	能收集企业信息，整理并绘制出供应链运作图	25	
2	问题分析	能准确找出现有供应链中存在的问题	20	
3	提出建议	能根据问题提出优化建议并预见其成效	15	
4	方案结论	能结合建议绘制新的供应链运作图	30	
5	讨论总结	优化合理，开展讨论	10	
合计			100	

章节习题

一、单选题

1. 以下描述正确的是（　　）。

A. 供应链管理就是物流管理的新战略

B. 供应链管理就是物流管理

C. 供应链管理其实就是对供应商和客户的关系管理

D. 供应链管理就是对企业流程的综合管理

2. 采用（　　）运作模式的供应链系统的库存量较低，集成度较高，信息交换迅速。

A. 分散式供应链　　B. 推动式供应链

C. 拉动式供应链　　D. 集中式供应链

3. ECR 是（　　）的缩写。

A. 快速反应系统　　B. 有效客户反应

C. 电子数据交换　　D. 电子化供应链

4. 医药商品供应链管理的特点是（　　）。

A. 集约化水平提升，行业结构优化升级

B. 多元化供给格局，满足消费升级需求

C. 专业化物流服务，实现提质增效发展目标

D. 都是

5. 不符合我国医药商品供应链特点的是（　　）。

A. 医药商品供应链整体发展态势向好

B. 医药流通行业变革迎来新浪潮

C. 医药商品供应链呈去中心化

D. 数字化医药流通走向新阶段

6. 按照供应链的稳定性划分的是（　　）。

A. 动态的供应链　　B. 平衡的供应链

C. 效率性供应链　　D. 响应型供应链

7. 不属于我国医药商品供应链企业面临的现实环境是（　　）。

A. 整体成本过高　　B. 区域发展均匀

C. 相关标准缺乏　　D. 专业人才匮乏

8. 医药商品供应链的主要成员包括（　　）。

A. 质管部　　B. 消费者　　C. 行政部　　D. 财务部

9. 属于医药商品供应链管理主要内容的是（　　）。

A. 战略性供应商和用户合作伙伴的关系管理

B. 医药企业间的资金流管理（汇率、成本等问题）

C. 基于互联网的医药商品供应链交互信息管理等

D. 都是

10. 关于快速反应管理方法描述错误的是（　　）。

A. 快速反应是一种交货方式

B. 快速反应是一个反馈系统

C. 快速反应是一种响应状态

D. 快速反应是一种供应链管理策略

二、简答题

1. 简述医药商品供应链设计的原则。
2. 供应链是什么，有哪些特性？
3. 医药商品供应链管理体系中的常见方法是哪几种？
4. 简述我国医药商品供应链管理的特点。
5. 简述供应链的类型。

单选题参考答案

1. C　2. C　3. B　4. D　5. C　6. A　7. B　8. B　9. D　10. A